大中型水库移民后期扶持监测评估

李　红　左　萍
杨　涛　唐贵忠　主编

黄河水利出版社
·郑州·

内容提要

本书共分10章，对水库移民后期扶持监测评估的理论和方法进行了深入的探讨，内容包括：水库移民概述、水库移民政策的发展与完善、新时期水库移民后期扶持政策、水库移民后期扶持政策实施工作、水库移民后期扶持监测评估理论、水库移民后期扶持监测评估的内容、指标体系、方法及组织与实施，书中还给出了监测评估实例。本书既注重理论与政策的介绍及分析，又侧重于实践操作的方法选择与指标体系的建立，其中的图表可作为水库移民后期扶持监测评估实践中的范本直接应用。

本书可供从事水库移民工作的干部、实施管理人员及后期扶持监测评估工作者学习参考，亦可作为大专院校水利水电工程移民专业师生的参考书。

图书在版编目(CIP)数据

大中型水库移民后期扶持监测评估/李红等主编．郑州：黄河水利出版社，2010．12

ISBN 978-7-80734-949-5

Ⅰ．①大… Ⅱ．①李… Ⅲ．①水库移民-监测-中国 Ⅳ．①D632．4

中国版本图书馆CIP数据核字(2010)第248938号

组稿编辑：岳德军　手机：13838122133　E-mail：dejunyue@163．com

出 版 社：黄河水利出版社

地址：河南省郑州市顺河路黄委会综合楼14层　邮政编码：450003

发行单位：黄河水利出版社

发行部电话：0371-66026940、66020550、66028024、66022620(传真)

E-mail：hhslcbs@126．com

承印单位：黄河水利委员会印刷厂

开本：787 mm×1 092 mm　1/16

印张：14．75

字数：341千字　印数：1　1 500

版次：2010年12月第1版　印次：2010年12月第1次印刷

定价：39．00元

《大中型水库移民后期扶持监测评估》

编委会

前 言

中华人民共和国成立后，为了防治水患和合理开发水资源，中国政府高度重视水库工程建设，迄今为止，已修建各类水库 8.6 万多座，其中大中型水库 3 800 多座，总库容为 5 542亿 m^3，水电装机容量 1.2 亿 kW，这些水库在防洪、发电、灌溉、供水、生态等方面产生了巨大的社会效益和经济效益，为我国经济社会可持续发展起到了重要的支撑和保障作用。修建大中型水库，势必引发大量水库移民，截至 2006 年 6 月底，全国大中型水库移民现状人口 2 500 多万人，其中农村移民 2 288 万人。如何妥善安置大中型水库农村移民并使他们达到或超过原有生活水平，是政府、移民和社会共同关注的核心问题。

我国政府对移民遗留问题非常重视，出台了一系列政策，先后设立了库区维护基金、库区建设基金和库区后期扶持基金，扶持水库移民发展生产、改善生活，解决水库移民遗留问题。在认真总结我国水库移民工作经验教训的基础上，结合新时期水库移民出现的具体问题，及时调整、修订了水库移民政策，国务院于 2006 年 5 月颁布了《国务院关于完善大中型水库移民后期扶持政策的意见》(国发〔2006〕17 号，简称国务院 17 号文件)，同年 7 月又颁布了新的《大中型水利水电工程建设征地补偿和移民安置条例》(国务院令第 471 号，简称《新条例》)，将水库移民后期扶持纳入移民工作的重要内容，并提出了具体要求和实现目标，这是我国新时期水库移民工作的纲领性文件，也是我国水库移民政策发展的里程碑，标志着我国水库移民管理工作从此将更加法制化、人性化、科学化。

如何正确贯彻执行我国新时期水库移民后期扶持政策，帮助水库移民脱贫致富，促进库区和移民安置区经济社会发展，保障新时期水利水电事业健康运行，维护社会稳定和构建社会主义和谐社会，推进库区和移民安置区社会主义新农村建设，是库区、安置区人民政府和移民机构必须长期面对并竭力完成的重要工作任务。由于大中型水库移民后期扶持多方参与、涉及面广、移民人口众多、时间跨度长、程序复杂、资金量大，稍有不慎，将影响到后期扶持政策的实施效果，损害移民利益，产生新的矛盾和不安定因素。因此，根据国务院 17 号文件的规定，应建立对大中型水库移民后期扶持政策实施的监测评估机制。引入大中型水库移民后期扶持过程中不涉及自身利益、独立的、具有监测评估经验、能力的监测评估单位，对水库移民后期扶持政策实施情况进行监测评估，既符合国际社会水库移民管理惯例，也是我国水库移民工作的迫切需要。监测评估单位受国务院或省级移民管理机构的委托，对大中型水库农村移民后期扶持政策实施情况及实施效果进行监测评估，可及时、客观、公正地发现后期扶持政策执行过程中存在的问题并提出整改意见和建议，对于保障、促进后期扶持工作的顺利进行具有深远的实践价值。

为使大中型水库移民后期扶持政策监测评估工作得以更好地操作实施，黄河水利委员会移民局组织熟悉移民管理工作的领导、专家及实际工作者，在认真研读国务院 17 号文件及相关配套文件的基础上，借鉴他人的研究成果、经验，结合近年来对多个省、县进行的水库移民后期扶持政策实施监测评估的试点经验，完成了《大中型水库移民后期扶持监测评估》的编写工作。本书对我国水库移民概况、水库移民政策的发展与完善、新时期水库移民后期扶持政策、水库移民后期扶持政策实施工作、水库移民后期扶持监测评估理论、水库移民后期扶持监测评估的内容、监测评估指标体系、监测评估的方法、监测评估的组织与实施以及监测评估实例进行了系统阐述。既注重理论与政策的介绍及分析，又侧重于实践操作的方法选择与指标体系的建立。可为从事水库移民后期扶持监测评估的机构、实际工作者提供参考素材。

水利部水库移民开发局程殿龙局长对本书的修改提出了许多宝贵意见，在此表示衷心的感谢。

由于水库移民后期扶持监测评估工作起步不久，理论准备尚欠完善，实践基础亦不扎实，且后期扶持工作本身又极具中国特色，可借鉴的成熟经验甚少，决定了本书的编写是一项极具探索性、挑战性的工作，加之我们知识与水平的局限，书中难免有不妥之处，诚望读者批评指正。

作　者

2010 年 9 月

目　录

第1章　水库移民概述

移民是人类与时俱进的重要发展活动，可以说，人类文明的发展史就是一部移民史，移民促进了人类文明的生长交融。因水利水电建设而产生的水库移民是人类移民的重要组成部分，世界水库移民已经有很长的历史，为世界各国普遍重视。我国水力资源十分丰富，蕴藏量达6.76亿kW，居世界第一位，开发潜力巨大。目前，水利水电建设如火如荼，所产生的水库移民数量还将不断增加。大规模的水库移民涉及政治、经济、文化、社会生活等各个领域，个中关系错综复杂，涉及面广，影响期长，一旦处理不好，产生的后果将十分严重。因此，水库移民问题的妥善解决是一项复杂的系统工程，关系到水库工程的顺利进行、移民的切身利益、库区及移民安置区的社会稳定。

1.1　移民的概念及分类

1.1.1　移民的概念

移民（Immigrant；resettlement），作为动名词，是指人口的迁徙活动，即从甲地迁居乙地；作为名词，即人口迁移活动的主体——个人或人群。两者是因和果的关系，前者为因，后者为果，即因为人口的迁移而产生移民，是相对于其他人或人群的特殊身份。

联合国《多种语言人口学词典》对人口迁移的定义是：人口在两个地区之间的地理移动或者空间移动，这种移动通常会涉及永久性居住地由迁出地到迁入地的变化。从该定义看，移民不是指的流动人口（要返回原居住地），而是指改变了空间位置并定居的个人或人群（不返回原居住地）。

《辞海》中对“移民”一词的释义是：①迁往国外某一地区永久定居的人（To change one's country of permanent residence）；②较大数量、有组织的人口迁移。

由以上定义可见，一般意义上的移民的特征为：要跨越一定区域，要改变居住地。在我国现行户籍管理制度下，一般意义上的移民通常是指跨越一定行政区域并办理户口迁移的人或人群。

本书所研究的移民，仅指国内有组织迁居的人群。所谓移民，是指较大数量的、有组织的、在迁入地居住较长时间的人口迁移过程和迁移人口的总称。具体地说，移民作为动名词时是指具有较长时间居住地变更的人口迁移过程，而作为名词时则指具有上述迁移行为的人（个人或群体）。

移民现象古已有之，在低生产力水平时代，人类还是自然的奴隶，征服自然和改造自然的能力相当薄弱，当自然环境、食物供给条件恶化时，为了生存需要而不得不择境而居，导致人口不断发生迁徙活动。可以说，古代移民更多的是自然型、环境型移民。随着社会经济的发展、生产生活设施建设的需要以及交通运输条件的改善，人们在空间位置上的迁居现象愈益普遍、频繁。现代移民的社会型、经济型、文化型、政治型等特征更加突出。

移民,是一种人口活动或人口变动过程,既可理解为人口地理现象,即通过人口在空间上的不断迁徙,改变了人口在空间位置上的聚集或组合状况,对人口进行了再分布,扩大了人口的地理生存空间;也可理解为一种社会现象,即移民促进了文化传播、经济繁荣、民族融合、基因交流等,有利于社会进步。因此,移民过程既是人们生存空间的变更过程,也是经济、社会、文化系统的重建过程。

1.1.2 移民的分类

移民按迁移主体意愿通常分为自愿移民和非自愿移民。自愿移民一般是自己选择的,愿意寻求新机会,以青壮年为主,如农村向城市的移民以及由政府组织的移民活动,常常能够刺激经济的增长。牵涉此类移居的人一般是这两类:①自告奋勇的单身年轻人或中年人;②由第①种人为户主的家庭,他们精力充沛,愿意冒险去寻求新的机会和挑战。非自愿移民,主要是因为较大规模的工程建设或为了某种特殊需要,居民的房屋和土地等主要的生产生活资料将被占用或被淹没,现有生存条件将不复存在,必须迁移而直接或间接影响到的人口。非自愿移民包括各种年龄的人,观念与能力各不相同,其中很多人别无选择,只有离开故土和放弃其资产。非自愿移民牵涉男女老少,有些可能不情愿搬迁,许多非自愿迁移的人不愿冒险,对搬迁和在新地方落户并从事新事业缺乏精力和资力❶。

自愿移民主要是从个体或家庭利益出发而迁居,非自愿移民则是因宏观或大局利益的需要而不得不迁居。因工程建设而产生的较大规模的有组织的人口迁移与经济社会重建活动,属非自愿移民。非自愿移民的安置较之于自愿移民的安置更为艰巨复杂,涉及社会、政治、经济、文化、心理、宗教、环境、技术等诸多方面。因此,从社会、文化、心理、经济和环境结果方面正确理解非自愿移民问题,具有重要的战略意义,因为它可能导致一个包括移民行动在内的不同的项目选择。同时,受影响的人们对项目的社会认同至关重要,因为它可以使项目继续进行而不需进行付出很大代价的延误和调整,否则,将对项目执行产生负面影响。

按移民行为和移民现象的性质,可分为工程性移民(水利、电力、交通等各类工程建设)、灾害性移民(泥石流、火山、洪水、地震、流行性疾病等)、生态环境性移民(沙漠化地区、湿地、水源地、自然保护区等)、战争性移民(自发的或有组织的)、政治性移民(如古代的强迫移民)、经济性移民(经济特区、扶贫、工商行为、择业等)、宗教性移民等。

工程移民通常指由工程建设(如水利、电力、铁路、机场、城建、工业、环保等)所产生的较大规模的有组织的人口迁移及社会经济系统的重建,从性质上讲,属于非自愿移民。工程移民与一般意义上的移民比较,或许不跨越一定行政区域(如后靠移民、城建移民),也可能不改变户籍所在地,仅仅是一种房屋的拆迁与重新安置,当然,那些涉及跨行政区域的外迁移民则与一般意义上的移民具有相同之处。但是,工程建设所产生的非自愿移民较自愿移民(或一般意义上的移民)的安置更为艰巨而复杂,涉及社会、经济、政治、文化、人口、资源、宗教、民族、风俗习惯以及移民工程技术、移民管理等诸多领域,是一项十

---

❶亚洲开发银行《移民守则》附录一"亚洲开发银行的非自愿移民政策"之3。

分庞大、复杂的系统工程,影响范围广,时间跨度长,也是世界各国及国际社会普遍关注的问题。水库工程移民也是包括内容最多、难度最大、最具代表性的工程移民。

在我国,从工程性质、移民居住地区和安置方式等不同角度考察移民,可划分为不同类型。

按工程性质分:城建(含工业)移民、交通(含铁路、河道)移民、水库移民。

按移民居住地区分:农村移民、集镇移民、城市移民。

按工程征地形状分:线形征地移民、带状征地移民、块状征地移民。

按征地对居民影响分:征地移民、拆迁移民、征地拆迁移民。

按移民生产安置行业分:农业安置移民、工业安置移民、第三产业安置移民。

按安置方式分:就地后靠移民、外迁移民、分散安置移民。

按就业安置组织方式分:农业安置移民、企业招工安置移民、自谋职业安置移民、养老保险安置移民。

按水利水电建设及涉及不同地区移民分:库区移民,坝区移民,河(渠)道、闸(站)移民。

按工程性质及其产生的移民的特点,可将移民分为:城建移民、交通与电力移民、水利水电工程移民。

(1)城建移民是指城市规划区内部道路等基础设施建设、旧城改造、工业企业迁移或新建、新区建设等所产生的移民。该类移民大多呈块状分布,房屋拆迁和移民安置房屋建设或补偿费用核算等任务重、工作繁杂。

(2)交通与电力移民是指公路、铁路、机场、河道、变电站、火电站等的修建而引发的移民。该类型的移民大多呈带状分布,其征地拆迁范围涉及行政区域多,但每个单元(村、社、街道)征占土地占总土地面积比例不大,征地移民也不多。

(3)水利水电工程移民是指因公共利益的需要进行水电站、河道、堤防、水闸、排水、泵站、灌溉、调水等工程建设而引起的较大数量的、有组织的征占土地、房屋拆迁、人口迁徙和社会经济系统的重建活动或过程的总称。本书仅以水利水电工程移民中最具代表性的、影响最大的大中型水库移民为研究对象。

1.2 水库移民的概念、属性与特征

1.2.1 水库移民的概念

水库是指在山沟或河流的狭口处建造拦河坝形成的人工湖泊。水库建成后,可起防洪、防凌、蓄水灌溉、供水、发电、养鱼等作用。有时天然湖泊也称为水库(天然水库)。水库规模通常按库容大小划分。水库规模类型划分见表1-1。

无论是哪种类型水库的兴建,都势必导致一定数量的移民。

水库移民(Reservoir immigration),指因兴建水库工程而同时或分别失去房屋、土地以及其他生产生活资源,或生产生活资源受到工程建设影响,而需要补偿和重新进行生产生活安置的单位或个人。

表 1-1　水库规模类型　（单位：万 m^3）

水库类型		总库容
小型水库	小(二)型	10 ~ 100
	小(一)型	100 ~ 1 000
中型水库		1 000 ~ 10 000
大型水库	大(二)型	10 000 ~ 100 000
	大(一)型	>100 000

显然，水库移民的产生是因为国家或社会为了获得水利水电资源而修建水库或为防止水灾而进行江河整治，水库移民不是按他们自己的意愿自行迁移，属于非自愿移民活动。水库移民数量大，又很集中，大中型水库移民少则几百上千人，多则数万数十万人，乃至上百万人，往往涉及城镇、工矿企业、交通设施、社会文化、人际关系等领域，影响面很大，情况十分复杂。因此，水库移民需要具有公共职能的政府机构来主导；同时，水库移民还牵涉到政府、移民、业主、规划设计单位、安置地居民等各方利益，因此多方参与必不可少；另外，水库移民是一个系统工程，有政府的主导和多方的参与，从前期规划到搬迁安置再到一个时段的扶持（即后期扶持），都是一个有组织的过程。

因此，水库移民是指因水利水电资源开发或大江大河治理而发生的、国家（或政府）主导的、多方参与的、有组织的、大规模的非自愿人口迁移过程及其引发的社会经济系统重建活动。

1.2.2　水库移民的属性与特征

1.2.2.1　水库移民的属性

水库工程的兴建，势必淹没大片的农田、村庄、城镇以及工矿企业，大量的移民需要政府组织动员、负责安置，移民离开原来的生产与生活环境，到异地重建家园，其社区结构和区域经济需要重组。因此，水库移民就其性质看，属于典型的非自愿移民，其复杂性与难度远高于自愿移民。即使在国外，水库移民也是一个难题，因为它涉及农村、城镇、工矿企业、交通运输、生态环境等诸多方面，既要考虑到社区结构的重组，又要考虑到区域经济的恢复与重建；既要涉及移民的生产与生活安置、后期的可持续发展，又关系到淹没区和安置区各方面的利益。水库移民搬迁安置、后期扶持是一项复杂的系统工程，集自然、社会、经济、环境等学科于一体。

因此，就水库移民的活动过程看，它是自然属性与社会属性的统一，但其本质属性是社会属性。

1.2.2.2　水库移民的特征

水库移民一般具有如下特征。

1. 政府主导性

水库移民的产生是因为国家（政府）开发水利水电资源或治理大江大河而引起的居民搬迁，移民的实施机构是各级地方人民政府以及各级地方政府移民机构，具有明显的政府主导性。政府负责移民的搬迁安置规划制定、实施以及移民政策的落实，移民过程中各种问题的处理，移民生产生活水平的恢复和提高的各种帮助，必要时还要采取行政手段干预，以确保移民工程进度。因此，水库移民过程中政府自始至终都参与其中，并发挥着主导作用。

2. 多方参与性

大中型水库移民是一项复杂、庞大的系统工程，涉及主体众多，包括政府、移民、项目法人、规划设计机构、技术咨询机构、金融机构、安置区居民等。目前，我国水库移民还采取了各方支援水库移民的原则，动员各种社会力量支持和支援移民恢复生产，重建家园，发展经济。

3. 组织系统性

水库移民是政府主导、多方参与的系统工程，体现出很强的组织性。在移民系统中，各个参与主体各司其职、各负其责；整个系统流程，从前期规划设计到搬迁安置，再到后期扶持，各个环节环环相扣，密切配合。同时，其他的政策、法规、机构设置、舆论宣传等保障体系紧跟其上，体现出很强的系统性和组织性。

4. 非自愿性

水库移民，是由水库工程建设所决定的，不以移民本身的意志为转移。这些移民不能事先筹划自己的迁移目标和从业去向，不能自由决定自己的去留，移民搬迁处于被动地位，表现为非自愿性特征。大中型水库工程一般规模较大，涉及面广，常由政府组织，往往带有很强的政府行为色彩。

5. 时限性

任何一项水库工程，都有明确的实施计划及开工、竣工时间期限。如三峡工程，根据三峡水利工程的建设规划和实施计划，在 1994 年开工建设后，1997 年第一次大江截流，2003 年开始蓄水至 135 m 水位，2006 年蓄水至 156 m 水位，2009 年全部建成，三峡水库正常蓄水至 175 m 水位。在以上不同时限以前，对应水位库区范围内的移民，必须在这一时限以前撤离原居住地，搬往新区，具有很强的时限性特征，需要按计划组织实施。移民迁建工程建设进度必须与水利工程建设同步或者适当提前。

6. 区域性

水库修建的选址，大多具有特殊的自然地理位置或社会经济战略地位，其区域性特征明显。如三峡水库蓄水涉及的 20 个县（区），总面积 5.8 万 km^2，人口 1 937 万人，其中农业人口 1 479 万人。这一地区同我国其他大多数山区一样，由于交通不便，长期处于较为封闭的自然经济状态，当地居民以农业生产为主，文化素质不高，经济相对落后，部分地区靠国家财政补贴。受水库蓄水影响，当地居民要迁出原居住地，从文化传统、生活习惯和社会群体关系等考虑，大部分人员适宜就近安置，分布于库区的一定范围之内。由于淹没区涉及人口聚集的 13 座城镇、116 座集镇，这些移民的搬迁具有很高的密度和强度。因而，移民工程量大、难度高、情况复杂，对一定区域范围内的经济社会具有重大影响，要注意对其区域社会、经济与环境背景的研究。

7. 补偿性

无论是国家的公共行为,还是企业行为,工程建设造成当地居民的生产、生活条件丧失和固定资产损失,这些移民为大局利益作出了牺牲,理应得到相应补偿,并在移民过程中得到发展。这种补偿往往是按原值或恢复原功能给予,一些私有财产少、居住条件差的弱势群体,得到的补偿亦较少,要维持或超过其原有生活水平非常不容易,更需要政府和社会的关心与帮助。库区移民补偿包括农村移民安置、城集镇迁建、工矿企业复建、专业项目复改建、环境保护等分项补偿内容。库区移民实行开发性移民的方针,国家对移民除按“原标准、原规模、恢复原功能”的原则补偿受淹受损设施和生产生活资料外,还采取多种措施保证移民的稳定安置与发展。

8. 社会性

水库移民安置是以人为中心的活动,人的社会性决定了水库移民活动的社会性。水库移民活动综合考虑到社会、政治、经济、文化、风俗、环保、就业、安置区公共设施以及移民与原居民的融合问题。水库移民工作若有疏漏,就会给移民工作造成失误,严重伤害移民的感情和利益,对移民后期发展带来诸多困难。因此,在移民搬迁安置中,必须编制切实可行的移民安置规划,考虑到农村移民的实际困难,还应建立较长时期的移民后期扶持制度,从而保证移民搬迁安置后生产生活得以恢复和提高,生活水平得以改善。

9. 发展性

修建水库在给移民造成巨大损失的同时,也孕育着重建和发展的机遇。开发性移民实现了移民系统的重建和恢复,在移民重建家园的过程中可以趋利避害,因地制宜地规划和建设移民安置区的社会经济系统。因此,水库建设给移民带来了开发资源、发展经济、建设新住地的机遇,有利于安置区人口、资源、环境、社会与经济的可持续发展。

1.3 我国水库移民概况

我国水资源总量十分丰富,达2.8万亿 m^3。但是,由于我国人口众多,人均占有水资源量只有2 300 m^3,仅为世界人均水资源量的1/4,被联合国列为13个贫水国家之一。同时,我国幅员辽阔,水资源在时空分布上极不均衡,导致我国成为一个水旱灾害频繁发生的国家。长江流域及其以南的河川径流量占全国七大河流总径流量的81%,而黄淮海流域水资源只占全国的7.2%。为控制水旱灾害,开发利用水资源,保证社会生产和人民群众生活需要,我国必须修筑大坝和水库,与此同时,不可避免地出现了如何处理大量水库移民的拆迁安置问题。

新中国成立以来,已修建各类大坝共约8.6万座,形成大中小水库共5 542亿 m^3 的总库容。通过水库与全国26万多 km^3 的江河堤防及98处蓄滞洪区联合调度,保护了4.1亿人口、3 300多万 hm^2 耕地、600多座城市和主要铁路以及交通干线的防洪安全;每年提供生活及工业用水300亿 m^3,灌溉农田面积1 600多万 hm^2。全国建成水电站4 500多座,总装机容量达6.5万MW,年发电量2 100多亿kW·h,总之,大坝的建设在防洪、灌溉、供水、发电以及综合利用等方面,发挥了巨大的经济效益和社会效益,为我国国民经济持续、稳定、快速发展提供了重要保障。

我国水库移民数量众多,以农村移民为主体。据调查,截至 2006 年 6 月底,全国大中型水库移民现状人口 2 500 多万人,其中农村移民 2 288 万人,占 92%。

我国水库移民类型多样。按照建设时期,可分为 1985 年年底前建成的水库移民和 1986 年以后建设的水库移民,各占 76% 和 24%;按照水库功能,可分为水利工程移民和水电工程移民,各占 69% 和 31%;按照水库管理隶属关系,可分为中央所属部门与单位管理的水库移民和地方管理的水库移民,各占 34% 和 66%。

水库移民耕地匮乏,生存空间狭小,发展能力不足。1985 年年底前建成的水库移民,80% 以上是就地后靠安置,安置区生存容量狭小,耕地面积急剧下降,且土地贫瘠,缺乏灌溉设施,库区耕地的单产普遍比非库区低好几成。库区和移民安置区基础设施落后,生存环境恶劣,普遍存在行路难、饮水难、用电难、上学难、就医难等问题。

我国水库移民工作大致可分为三个阶段,这三个阶段的水库移民各有其特点。

1.3.1 水库移民第一阶段及其特点

第一阶段为 1950 ~ 1957 年,修建大中型水库 20 多座,移民 30 多万人。

中华人民共和国成立后,党和政府高度重视国民经济建设,水利水电建设固然也被作为一项重要工作来抓。1950 年 10 月,政务院发布了《关于治理淮河的决定》;1955 年 7 月,在第一届全国人民代表大会第二次会议上通过了《关于根治黄河水害和开发黄河水利综合规划的决议》,与此同时,在全国范围内逐步开展了大江大河的治理。在 7 年的时间内,全国兴建了 20 多座大中型水库或水电站,移民总数约 30 万人。

这段时期的水库移民主要特点有:

(1)水库淹没实物指标比较简单,主要是补偿个人和集体的房屋与土地,专项设施建设项目少且由各个部门负责建设。

(2)正值土地改革和农业合作化初期,人均占有耕地数量相对较多,通过划拨或调剂土地,以土地置换安置移民,移民能在较短时间内恢复、发展生产。

(3)新中国成立初期,各级人民政府对移民工作十分重视,成立专门机构负责实施。移民干部工作认真,作风踏实,深入到移民户做思想政治工作,帮助移民解决实际问题。有些项目还建立了移民安置验收制度,保证了各项安置措施的落实。

(4)农村人均补偿资金虽不高,但有等量的土地补偿,且物价比较稳定。再加上广大移民自力更生、艰苦奋斗,重建家园,绝大多数移民得到妥善安置,移民的思想也较稳定。所以,遗留问题并不突出。

1.3.2 水库移民第二阶段及其特点

第二阶段为 1958 ~ 1978 年,我国的 8.6 万座水库中,大部分水库都是这一时期修建的,移民近千万人。

社会主义改造基本完成后,全国上下进入建设社会主义阶段,一大批水利水电工程也陆续上马,如三门峡、丹江口、新安江、密云、刘家峡等 280 多座大中型水库(水电站)。这段时期是中华人民共和国成立以来兴建水利水电工程最多、移民数量最大的时期。在该时期,我国遭受了严重的3年自然灾害,再加上"左"倾错误路线的干扰和影响,在移民安置工作中,出现了一些违反客观规律的现象,导致这段时期水库移民遗留问题突出。

这段时期水库移民的主要特点有:

(1)由于正处在"大跃进"和"文化大革命"的特殊历史时期,普遍存在"重工程、轻移民"的思想倾向。各级领导都忙于抓工程建设,抢进度、抢工期,而把移民工作放在次要的位置,以"一大二公"(指"人民公社"第一规模大,第二公有化程度高)的政治口号对移民进行搬迁安置动员。移民安置工作不遵循科学,不按经济规律办理,主要依靠行政手段搞"一平二调"(指在新中国盛行一时的农村基层组织"人民公社"内部所实行的平均主义的供给制、食堂制(一平),对生产队的劳力、财物无偿调拨(二调))来进行,对移民的切身利益重视不够。

(2)水库移民前期工作不扎实,从事这方面工作的专业机构和专业力量很薄弱,大多限于调查淹没损失和估算补偿投资,普遍缺少可供实施的移民安置规划,即使有移民安置规划(如新安江、三门峡),也未能付诸实施。

(3)移民安置普遍采取就地后靠,忽视环境容量分析,工作带有一定的盲目性,结果移民重迁、返迁的不乏其例。对移民安置,主要是划拨一定的土地和住房,而忽视了安置区必要的水、电、路、文、教、卫等基础设施和公共设施的建设。

(4)移民补偿标准普遍偏低,移民经费严重不足,人均补偿只有几百元。对移民房屋的补偿大多没按受淹面积计算,而只按人均几平方米进行补助,其他淹没损失没有得到补偿,这就大大增加了移民重建家园的困难,致使移民不能迅速恢复原有生活水平。加之未考虑移民发展生产经费,造成移民搬迁后生产生活水平下降。

(5)没有专门的水库移民安置政策、法规和技术标准,唯一可供遵循的是土地征用办法。所以,在移民安置上,主观随意性很大,移民利益遭受损失也缺乏申诉依据。

由于缺乏经验,对移民安置工作的复杂性认识不足,这段时期的水库建设项目中存在着重工程建设、轻移民安置的现象,表现在水库移民安置规划单一,使部分水库移民在搬迁安置后,存在着一些生产和生活基础设施不完善等方面的遗留问题。

1.3.3 水库移民第三阶段及其特点

第三阶段为1979年至今,我国建成了葛洲坝、龙羊峡、乌江渡、隔河岩、水口、五强溪、二滩、东风、桃林口、飞来峡、小浪底等70多个大中型水库大坝,长江三峡工程等大型项目也先后开工,已搬迁安置和即将搬迁的水库移民360多万人,其中三峡工程移民达120万人,小浪底工程移民20万人。

1978年我国实行改革开放后,社会主义经济建设进入全面提速阶段,城市基础设施建设需要占用大量土地,征地数量空前增加,再加上我国人口的自然增长,人地矛盾越来越突出。农村家庭联产承包责任制的实行,土地所有权和承包经营权相分离,工程建设征用土地,既要对土地所有者支付补偿费,又要对土地承包者进行安置。在水库工程建设过程中,国家既要保证工程建设用地的需要,又要负责妥善安置工程建设所涉及的移民安置问题。随着国家政治制度、法律制度建设的不断推进,征用土地和安置移民需要从法律制度上予以保证。所以,从1979年开始,我国水库工程移民逐渐实行开发性依法移民阶段。

这段时期水库移民工作的主要特点有：

(1)中央中央、国务院高度重视水库移民工作，在认真总结过去几十年水库移民工作经验教训的基础上，提出了开发性移民方针，把水库工程建设的移民需要与改善库区群众的生产生活条件结合起来，先后出台了一系列有关水库移民的政策法规，对水库移民安置规划、补偿标准、安置方式、实施管理、后期扶持和遗留问题处理等进行了规范。水库移民工作取得了很大的进展，移民遗留问题得到有序处理，移民安置效果有了明显改善，有力地维护了社会稳定，保证了水利水电建设的顺利进行。

(2)各级政府把移民工作摆上重要议事日程，提高了对水库移民工作重要性的认识，明确了指导思想和工作方针，进一步建立和完善了各级移民管理机构，建立了一系列规章制度，加强了对移民工作的管理，不断完善"政府领导、部门负责、业主参与、分级管理、县为基础"的移民工作管理体制。

(3)进一步加强移民前期工作，规划设计部门注意做好实物指标调查、规划设计等前期工作，各级政府加强了移民安置规划的实施和管理。无论是在处理老水库移民遗留问题还是新建水库移民搬迁安置工作，都要求必须结合当地实际，制定切实可行的移民安置规划。《大中型水利水电工程建设征地补偿和移民安置条例》(国务院令第471号，简称《新条例》)明确规定：新开工的项目，没有移民安置规划的，不得审批工程设计文件、办理征地手续，不得施工。该规定大大加强了移民的前期工作。在搞好淹没影响范围内人口、实物调查的基础上，根据当地的实际情况，按照社会、人口、资源和环境相协调的原则，因地制宜地编制移民安置规划。

(4)从20世纪80年代中期开始，国家在大型水库工程建设方面积极引进外资，利用世界银行贷款进行工程建设和移民安置，并引入国际社会对工程移民的先进管理理念，在移民管理方面逐步实行监理、监测和后评估工作。对移民实行监理、监测和后评估，是市场经济规律的内在要求。政府和项目法人共同委托中介组织对移民安置进度、质量和资金使用进行持续的监理、监测和后评估，标志着我国移民管理工作的科学化、制度化、国际化、市场化，也是今后移民管理工作必须坚持的道路。

(5)国家倡导并支持开发性移民方针。随着改革开放的不断深入发展，在移民安置上也提出了新的思路，拓宽了移民安置渠道，农村移民安置方式也发生了变化，改变过去单一的靠种殖业、养殖业安置的模式，而是采取因地制宜的安置方式，宜农则农，宜工则工，宜商则商，实行大农业、种养加、贸工农、农村城镇化等多途径安置移民。

(6)做好移民后期扶持工作，制定出台扶持移民发展的各项优惠政策，落实后期扶持资金，有序解决移民遗留问题，扶持移民发展生产，改善和提高生活水平。

我国在过去修建的众多水库发挥了巨大的经济效益和社会效益，同时各级政府也在实践中不断总结经验教训，关注水库移民的生产发展和生活水平的稳步提高。根据我国的国情，从中央到地方，各级政府都设置了水库移民工作管理机构，对水库移民的安置工作从研究制定有关政策、编制移民安置规划，到组织实施以及移民安置后对其进行扶持以发展生产，实行了全过程的管理。特别是改革开放后，我国政府对水库移民工作给予了前所未有的关注，先后出台了一系列有关水库移民安置的政策，实行开发性移民方针，并制定了水库移民安置条例，从法律上对水库移民安置规划、移民补偿标准、移民安置方式以及后期扶持等方面作出了合理的规定，并认真组织实施，既保证了大坝的顺利建设，又保护了水库移民的切身利益。

从近20年的情况看，我国政府在兴建大坝的过程中通过对移民实施搬迁安置，有效地改善了这部分居民的住房、交通、供电、供水、文教卫生及通信等生产和生活设施，增强了他们发展经济的能力，提高了他们的生活水平。我国的水库移民安置工作已取得较好成就。例如，水口工程和小浪底工程等大坝项目的水库移民安置工作，已经成为世界银行推荐的利用世界银行贷款援助项目中水库移民安置的成功典范。

总的来说，尽管我国是世界上建设大坝最多的国家，但是，由于我国政府对水库移民安置工作越来越重视，把关系水库移民的生存与发展问题放在重要的位置，有效地保障了水库移民的生存权和发展权，因此我国的水库移民情况总体上是好的。

思考题

1. 简述移民的概念与分类。
2. 简述水库移民的概念与特征。
3. 我国水库移民工作可分为哪几个阶段？各有什么特点？
4. 改革开放以前我国水库移民工作有哪些不足？

第 2 章　水库移民政策的发展与完善

新中国成立后，我国兴建了一大批大中型水库，水库的修建打破了移民原有的生产生活秩序，影响了库区和移民安置区经济社会的发展，大中型水库移民为国家水利水电事业的发展作出了牺牲和贡献。因此，为了保护移民权益，促进库区和移民安置区经济社会发展，维护库区和移民安置区社会稳定，国家先后出台了一系列的法律法规和移民政策，并根据经济社会的发展和实践经验的积累不断地对其进行发展与完善。本章对我国水库移民的法律法规与政策体系、大中型水利水电工程建设和征地补偿移民安置条例、水库移民遗留问题处理政策、水库移民后期扶持政策进行介绍，为研究水库移民后期扶持监测评估奠定理论及政策基础。

2.1　法律与政策

2.1.1　法律

法律(Law)是反映统治阶级意志，由国家制定或认可并保证实施，以权利和义务为内容，以确认、保护和发展统治阶级所期望的社会关系和社会秩序为目的的行为规范体系，并由国家强制力保证实施的行为准则。

法律具有如下基本特征：

(1)法律是调整人们关系的特殊的社会规范。

法律从统治阶级的利益出发，以国家的名义规定了人们的权利和义务，明确告诉人们，什么行为是合法的、可以做的；什么行为是非法的、禁止做的。以此来规范人们的行为，钳制被统治阶级，调整社会成员的相互关系，从而使有利于统治阶级的社会关系和社会秩序得到维护与发展，以实现统治阶级的阶级专政。

(2)法律是统治阶级意志的表现。

在阶级社会中，法律集中反映了统治阶级经济和政治的根本利益，它具有强烈的阶级性。统治阶级通过所掌握的国家政权，把自己的意志上升为国家意志，即以法律、法规、决定、命令、规章、条例等形式表现出来，使之具有普遍的约束力，成为人人都必须遵守的行为规则。

(3)法律是由国家制定或认可的。

国家制定就是国家机关按照特定的程序，创造具有不同法律效力的规范性文件。国家认可是指国家赋予某些早已存在的、有利于统治阶级的社会规范(如某些风俗、习惯或宗教信条等)的法律效力。

(4)法律是以国家强制力来保证实施的。

国家强制力就是国家暴力，就是指国家的专政机器（即军队、警察、法庭、监狱等）。法律在执行过程中必然遭到被统治阶级的抵制和反对，统治阶级为了迫使被统治阶级遵守法律、服从自己的意志，就必须依靠国家暴力作后盾；否则，法律就是一纸空文。

2.1.2 政策

政策(Policy)是指国家政权机关、政党组织和其他社会政治集团为了实现自己所代表的阶级、阶层的利益与意志，以权威形式或者标准化地规定在一定的历史时期内，应该达到的奋斗目标、遵循的行动原则、完成的明确任务、实施的工作方式、采取的一般步骤与具体措施。简明扼要地讲，政策是指国家或政党为实现一定历史时期的路线而制定的行动准则。政策的实质，是阶级利益的观念化、主体化、实践化的反映。政策决定政治，成为了现代社会的政治发展新动向与特征。一个国家要形成和维持下去，就必然要有其固有的国家政策，也决定着这个国家的兴衰与存亡。

政策的内容主要分为对内与对外两大部分，涉及国家和社会生活的方方面面，也牵涉到一个国家内各阶层人民的切身利益。因此，也可以这样来理解：政策是一种政治行为，是政府意志的体现；还是一种过程概念，表现为政府为达到某既定目标而采取的一系列可操作性的活动，是动态的，并与过去和未来有关；同时又是有关政府机构集体成员之间的一种默契，要求所有成员在给定的政治环境下能够把握其他成员的行为准则，而且可视为一种权威性的社会价值分配方案，这种价值分配将在与政策相关的目标群体范围内进行。

政策具有如下特征：

(1)现实性。

任何一项政策，总是根据当时的客观实际出发，为了一定的目的、动机和方案而制定的，即强调某种实用价值，为现实的社会政治、经济生活服务。

(2)系统性。

政策不是孤立的，各项政策之间存在着纵向的一致性和横向的协同性，从而形成一个完整的政策体系。政策是一个复杂的系统，包含着诸多分系统和子系统。同时，每一个政策本身也是一个系统，它又是其所属的更大系统中同其他政策相联系的子系统。

(3)权威性。

政策具有法律的或行政的约束力，一旦制定并颁布，就必须执行，而不能违反。因为政策是反映了统治阶级的意志，代表一定的利益，并按照一定的程序，经过权威机构论证而颁布的，政策的权威性是政策的阶级性的直接反映，是政策原则性的集中体现。可以说，没有权威，就没有政策。

(4)相对稳定性。

政策是从客观实际出发的，而客观事物虽然是不断变化的，但是，在一定时期内，还表现出相对稳定状态，因此政策的实施不能朝令夕改，否则，会失其权威性，也难以把握与实施。

2.2 水库移民法律法规体系与政策框架

2.2.1 我国水库移民法律体系

水库移民法律，是指为了维护水库移民的利益，调整水库移民过程中的各种社会关系，由国家制定或认可，并由国家强制力保证实施的有关移民工作和移民管理的行为准则。

经过60年水库移民的实践，我国的水库移民工作已经形成了一套行之有效的法律体系，为做好移民安置工作起到了重要作用。由于水库移民安置涉及社会、人文、经济、环境等各行各业，内容广泛复杂，因此涉及的法律法规也很多。从我国的情况看，水库移民管理的法律体系主要由基本和通用法律法规、专用或行业法律法规、特大型水利水电工程项目的专项法律法规及地方性法律法规组成。

2.2.1.1 基本和通用法律法规

1.《中华人民共和国宪法》

《中华人民共和国宪法》(简称《宪法》)是中华人民共和国的根本大法，是每一个公民都必须遵守的基本法律，其他法律也不得与之相冲突或违背。《宪法》中规定了矿藏、水流、森林、山岭、草原、滩涂等的权属以及土地的权属。《宪法》中规定“城市土地属国家所有。农村和城市郊区的土地，除由法律规定属于国家所有的以外，属于集体所有；宅基地和自留地、自留山也属于集体所有”。“中华人民共和国公民的住宅不受侵犯”，“国家依照法律规定保护公民的私有财产权和继承权”。《宪法》中还明确规定“国家为了公共利益的需要，可以依照法律规定对土地实行征收或者征用并给予补偿”。“任何组织或者个人不得侵占、买卖或者以其他形式非法转让土地。土地的使用权可以依照法律的规定转让”。“一切使用土地的组织和个人必须合理地利用土地”。

2.《中华人民共和国土地管理法》

《中华人民共和国土地管理法》确定了征用土地补偿补助的标准以及征用土地的法律程序。在1982年国务院《国家建设征用土地条例》和《村镇建房用地管理条例》的基础上，全国人民代表大会常务委员会于1986年6月25日通过了第一部《中华人民共和国土地管理法》，该法规定征用土地时，国家保护公民的合法收入、储蓄、房屋和其他财产的所有权，还明确规定了国家为了公共利益补偿补助的标准及征用土地的法律程序。1988年，对《中华人民共和国土地管理法》进行了全面修订，主要是结合改革开放以及市场经济条件下，我国土地使用、管理、供求等方面出现的新问题，在土地征用审批、征用土地补偿等方面提出了更科学而严格的要求。2004年8月28日，全国人民代表大会常务委员会对《中华人民共和国土地管理法》再次进行了修改，同年10月21日，国务院下发了《国务院关于深化改革严格土地管理决定的通知》(简称28号文件)，强调了严格执行土地管理法律法规、加强土地利用总体规划、城市总体规划、村庄和集镇规划实施管理、完善征地补偿和安置制度、健全土地节约利用和收益分配机制以及建立完善耕地保护和土地管理的责任制度。28号文件在对失地农民补偿方面突破了1999年1月1日起实行的《中华人民共和国土地管理法》规定的土地补偿费和安置补助费的总和达到法定上限的30倍的限制。

3. 其他法律

以上两法是水库移民管理法律体系中最基本和通用的法律。其他法律还有:

(1)《中华人民共和国民族区域自治法》;

(2)《中华人民共和国水法》;

(3)《中华人民共和国环境保护法》;

(4)《中华人民共和国文物保护法》;

(5)《中华人民共和国水污染防治法》;

(6)《中华人民共和国森林法》;

(7)《中华人民共和国草原法》;

(8)《中华人民共和国矿产资源法》;

(9)《中华人民共和国野生动物保护法》;

(10)《中华人民共和国传染病防治法》;

(11)《中华人民共和国水土保持法》;

(12)《中华人民共和国合同法》;

(13)《中华人民共和国城市房地产管理法》;

(14)《中华人民共和国公路法》;

(15)《中华人民共和国农村土地承包法》。

以上各项法律都是由全国人民代表大会全体会议或者常务委员会会议通过的,具有最高的权威性。

2.2.1.2 专用或行业法律法规

与水库移民有关的专用或行业法律法规主要有:

(1)《大中型水利水电工程建设征地补偿和移民安置条例》;

(2)《城市房屋拆迁管理条例》;

(3)国家土地管理局《确定土地所有权和使用权的若干规定》;

(4)《基本农田保护条例》;

(5)《土地复垦规定》;

(6)国土资源部《建设用地审查报批管理办法》;

(7)《蓄滞洪区运用补偿暂行办法》。

在水库移民专用法规中,最重要的是《大中型水利水电工程建设征地补偿和移民安置条例》,它是由《中华人民共和国土地管理法》授权,水利水电行业根据本行业的特点,制定的专门用于大中型水利水电工程移民的法规。

另外,在水库移民行业专用法规中还有国家发展和改革委员会(简称发展改革委)和水利部颁发的一些法规,如:2007年,国家发展改革委发布的《水电工程建设征地处理范围界定规范》、《水电工程建设征地实物指标调查规范》、《水电工程农村移民安置规划设计规范》、《水电工程移民专业项目规划设计规范》、《水电工程移民安置城镇迁建规划设计规范》、《水电工程水库库底清理设计规范》、《水电工程建设征地移民安置补偿费用概

（估）算编制规范》七项规范；2009 年，水利部发布的《水利水电工程建设征地移民安置规划设计规范》、《水利水电工程建设农村移民安置规划设计规范》、《水利水电工程建设征地移民安置规划大纲编制导则》、《水利水电工程建设征地移民实物调查规范》四项规范。2010 年，水利部发布的《大中型水利水电工程移民安置前期工作管理暂行办法》。随着其他更为具体、细致的有关水库工程移民的法规的制定与颁布，水库移民的前期工作和实施工作将得到进一步的完善和规范化管理。

与水库移民安置有关的其他行业法规也很多。如城镇建设、铁路、公路、电力、邮电、文物、环境保护、草原、森林、矿产资源等行业的法规，以及财政、税务、物价等部门颁布的法规，只要与移民安置有关的都要参照执行。

2.2.1.3 专项法规

专项法规目前只有一项，即 1993 年 6 月国务院颁布的经过修改于 2001 年 3 月 1 日起施行的《长江三峡工程建设移民条例》，其基本原则与《大中型水利水电工程建设征地补偿和移民安置条例》是一致的。

2.2.1.4 地方性法律法规

地方性法律法规是由有立法权的地方人民代表大会及其常务委员会制定并认可的有关水库移民的行为规范。根据有关的法律规定，由有立法权的地方人民代表大会及其常务委员会制定的水库移民地方性法规，是该地区进行水库移民工作的重要依据之一，同样具有法律效力。目前，湖南、青海、广西、云南等省（区）已根据本地区的实际出台了有关水利水电工程移民的法规，如《湖南省大中型水库移民条例》、《青海省大中型水利水电工程建设征地补偿和移民安置管理暂行办法》等。地方性法规是依据国家的政策法规，根据当地的实际情况，对国家的政策法规的进一步细化，为执行中央的政策法规提供了保障。

2.2.2 我国水库移民政策框架

水库移民政策（Immigration Policy of the Reservior Region）是指国家政权机关、政党组织和其他社会政治集团为了妥善处理水库工程中所产生的移民搬迁、安置以及移民生产生活的可持续发展及其相关问题，而以权威形式或者标准化地规定在一定的历史时期内的目标、原则、任务、工作方式、一般步骤及具体措施。

我国水库移民政策，总的目标是根据我国的国情，在修建大坝时尽可能避免或减少移民。在不可避免搬迁移民时，本着对移民负责到底的精神，做到一切从移民的根本利益出发，以科学的态度按经济规律办事；正确处理大坝建设与移民安置的关系，正确处理国家、集体和移民三者的利益关系，依法进行搬迁、安置移民；坚持开发性移民方针，扶持移民发展生产，使移民生产和生活达到或超过原有水平。通过有效安置移民，实现水资源的可持续开发利用与人口、资源、环境的协调发展。

我国水库移民政策是在借鉴了国际通用的某些国际金融组织相关政策的基础上，结合中国特色而制定的，主要分为搬迁安置政策和后期扶持政策。

2.2.2.1 搬迁安置政策

《世界银行业务手册——业务政策（非自愿移民）》[0P4.12]规定：对于靠土地为生

的移民,应当优先考虑依土安置战略。这些战略包括将移民安置在公共土地或在为安置移民而收购的私人土地上。无论什么时候提供替换土地,向移民提供土地的生产潜力、位置优势和其他综合因素至少应该等同于征收土地前的有利条件。如果移民并没有将获取土地作为优先考虑的方案,如果提供的土地将对公园或保护区的可持续性造成不利的影响,或者无法按照合理的价格获取足够的土地,除土地和其他财产损失的现金补偿外,还应另行提供以就业或自谋生计机会为主的离土安置方案。如果缺乏充足的土地,应当按照世行的要求予以说明并写入文件。

《亚洲开发银行移民手册》指出:根据所需迁移的规模,考虑各种涉及所有有关因素的现实备选方案。可能的被迁移者和安置区组织应该参与选择最好的方案。各种备选方案一定有不同的影响,需要在迁移过程中给予不同程度的支持和协助。

按照国际组织对非自愿移民安置的要求,结合我国国情,我国水库移民的搬迁安置主要采取了包括政府负责、社会动员和参与协商、经济补偿、协调发展、优惠待遇、多方支援等各项政策。

1. 政府负责

我国的国情决定了水库移民工作必须是政府行为,移民搬迁安置由地方政府负责组织实施。《新条例》第五条规定:“移民安置工作实行政府领导、分级负责、县为基础、项目法人参与的管理体制。”第二十六条规定:“移民区和移民安置区县级以上地方人民政府负责移民安置规划的组织实施。”如长江三峡工程的移民安置工作实行中央统一领导、分省负责、县为基础;黄河小浪底工程移民由水利部宏观协调、两省(河南、山西)负责、县为基础的管理体制;国家南水北调移民工作也实行中央统一领导、分省负责、业主参与、县为基础的管理体制。可谓各级政府责任明确,安置移民各负其责。

2. 社会动员和参与协商

国家建设大坝,主要目的是为了抗御洪水、减少灾害损失,开发利用水能资源,为广大人民群众创造更好的生存和发展的条件。但水库移民因建大坝而搬迁,确实也有很多困难。各级政府和有关部门通过广泛的社会宣传和思想动员工作,向移民讲清楚建设大坝的重要作用和意义;同时也要使移民知道,国家通过制定有关政策对他们实施搬迁安置,将会改善他们的生产条件和生活环境,为他们创造新的发展机会,使移民正确处理个人与国家利益的关系,从而使移民搬迁工作得到广大移民的理解和支持。同时,注重移民群众的参与协商,通过有关方式公告征地补偿标准和移民安置方案,并反复征求和听取移民意见。《新条例》第九条规定:“编制移民安置规划大纲应当广泛听取移民和移民安置区居民的意见;必要时,应当采取听证的方式。”

3. 经济补偿

以移民原有财产和经济活动情况为基础,以恢复移民原有生活水平为目标,按照移民安置规划对移民进行合理的补偿,保证移民“搬得出、住得稳、逐步能致富”,实现安置区长治久安。我国对水库移民的经济补偿补助主要包括:土地补偿费、安置补助费、青苗补偿费以及移民私有财产赔偿费。《新条例》规定:大中型水利水电工程建设征收耕地的,土地补偿费和安置补助费之和为该耕地被征收前三年平均年产值的16倍。土地补偿费和安置补助费不能使需要安置的移民保持原有生活水平需要提高标准的,由项目法人或者项目主管部门报审批或者核准部门批准。被征收土地上的附着建筑物按照其原规模、原标准或者恢复原功能的原则补偿。工矿企业和交通、电力、电信、广播电视等专项设施以及中小学的迁建或者复建,应当按照其原规模、原标准或者恢复原功能的原则补偿。

4. 协调发展

移民安置充分考虑社区重建所必须的社会、资源、环境等要求,以环境容量为依据,实行集中安置与分散安置相结合的办法,妥善安置移民,使移民安置区经济社会与人口、资源、环境协调发展。目前,我国移民安置方式具体包括农业安置、非农业安置和兼业安置。就我国开发性移民的实践看,以大农业方式安置移民是农村移民安置的重要途径。所谓大农业安置,主要是通过土地调剂、荒地与滩涂的开发等手段进行安置,目的是使移民能够满足基本生产生活条件并可持续发展。由于我国土地资源严重短缺,许多地方人均耕地不足 1 亩(1 亩 = 1/15 hm^2,余同),采用单一的农业安置方式难以保证移民经济条件的恢复和生活水平的提高,因此在经济条件、交通条件好的地方还应采取非农业安置,它包括兴办乡村企业、联合投资生产安置、易地投资安置、个体经济安置、农转非安置和养老保险安置。这种安置方式可以给移民增加就业门路,尤其是那些年轻移民,可以在市场经济条件下获得更大的发展空间,尽快改变落后面貌,实现脱贫致富。兼业安置,是指采取农业和非农业安置兼顾的方式安置,移民家庭在不完全脱离农业的条件下,同时通过向市场提供非农业产品或劳务以增加货币收入的活动。在我国耕地有限的情况下,实施兼业安置,可拓宽安置容量。无论采取何种安置方式,都要根据当地的实际情况,提取移民的意见,因地制宜,择优而定。要建立在自然资源与环境承载能力的基础上,走可持续、协调发展的道路。《新条例》第四条规定:大中型水利水电工程建设征地补偿和移民安置应当遵循的原则之一是"可持续发展,与资源综合开发利用、生态环境保护相协调"。

5. 优惠待遇

为妥善安置水库移民的生产和生活,国家和各级地方政府在其职权范围内,在有关方面给移民优惠待遇,如减免房屋建设、宅基地使用、农业生产恢复期的税赋,以及在土地划拨、粮食供应、电价优惠、优先就业等方面给移民以优惠。《新条例》第四十二条规定:"国家在移民安置区和大中型水利水电工程受益地区兴办的生产建设项目,应当优先吸收符合条件的移民就业。"第四十四条规定:"国家在安排基本农田和水利建设资金时,应当对移民安置区所在县优先予以扶持。"优惠待遇是使移民生产生活水平得以尽快恢复和发展的重要条件。各级政府和有关部门在不同的水库工程建设中,给予工程移民多项优惠,如三峡工程根据移民工作的需要,制定并出台了一些临时性、阶段性的优惠政策 100 多项。

6. 多方支援

多方支援是指动员社会各种力量帮助移民安置。多方支援移民工作是一项十分庞大的社会系统工程,组织和动员全社会的力量帮助和支持移民妥善安置。如有关政府部门、企业等帮助移民搬迁运输,有关社会组织帮助妇女儿童及残疾人,各行各业向移民安置区投资办企业、支援移民发展经济等活动。例如在三峡工程的移民安置中,中央政府还制定并组织实施了较发达的省、市对口支援三峡库区各县(市)的政策,已经对三峡库区社会经济发展起到了积极的促进作用。

2.2.2.2 后期扶持政策

水库移民后期扶持政策是从我国的国情出发，针对工程移民人数多、淹没损失大、工程周期长、投资规模大的特点，在前期补偿补助的基础上，采取的一种特殊政策，目的是为了恢复和提高移民生产与生活水平，使移民真正能够达到搬得出、稳得住、逐步能致富，也解除了移民的后顾之忧，有利于维护库区安定和社会稳定。

后期扶持政策既体现了我国政府对移民负责到底的精神，也体现了移民分享工程效益的原则。我国国情决定了水库移民不可能像国外那样实行市场化买断政策。一是我国处在社会主义初级阶段，生产力还不发达，加之与国外相比，我国单个工程的水库移民数量众多，难以承担集中赔付的压力；二是我国农村实行土地集体所有制，这种产权性质也决定了不能完全用市场化的办法。因此，这就必然要求在前期补偿补助的基础上实行后期扶持，国家在大坝建设过程中对水库移民实施安置后，再实行后期扶持政策。

后期扶持政策是通过国家设立库区维护基金、库区建设基金、后期扶持基金以及各级政府财政拨款等方式筹集资金，主要是用于改善移民安置区的交通、电力、水利、教育、通信、医疗等公共设施建设和发展生产的投资。

2.3 大中型水利水电工程建设征地补偿和移民安置条例

大中型水利水电工程建设征地补偿和移民安置，关系到广大移民的切身利益，关系到大中型水利水电工程建设的顺利进行，关系到经济发展和社会稳定。新中国成立以来，中共中央、国务院高度重视移民工作，先后出台了一系列政策措施。国务院1991年制定的《大中型水利水电工程建设征地补偿和移民安置条例》（国务院令第74号，简称《老条例》），施行十多年来，对规范征地补偿和移民安置工作，促进大中型水利水电工程建设发挥了积极作用。

中国共产党第十六次全国代表大会（简称党的十六大）以来，中共中央、国务院就解决“三农”问题、统筹城乡发展、建设和谐社会等作出了一系列重大战略决策，这对大中型水利水电工程建设征地补偿和移民安置工作提出了新的更高的要求。在新形势下，《老条例》暴露出补偿补助标准偏低、移民安置程序不够规范等问题。为了给新时期的移民工作提供有效的法律保障，切实维护移民合法权益，水利部会同有关部门在认真总结实践经验的基础上，根据《中华人民共和国土地管理法》和《中华人民共和国水法》有关规定，制定了《新条例》，并于2006年9月1日起开始实施。

《新条例》从保护移民合法权益、维护社会稳定的原则出发，明确了移民工作管理体制，强化了移民安置规划的法律地位，特别是对征收耕地的土地补偿费和安置补助费标准、移民安置的程序和方式、水库移民后期扶持制度以及移民工作的监督管理等问题作了比较全面的规定。

《新条例》由《老条例》的5章27条增加到8章63条，新增了“移民安置规划”、“后期扶持”、“监督管理”等几个重要章节。就新老条例总体而言，其共同点主要体现在4个方面：

（1）坚持开发性移民的方针不改变，仍然采取前期补偿与后期扶持相结合的办法，使移民的生活达到或超过原有水平；

(2)“分级负责、县为基础”的基本管理体制不变，县级人民政府是移民工作的组织者和实施者，担负着工作主体、责任主体和实施主体的责任；

(3)“以农为主”的安置模式不改变，对农村移民仍然坚持农业生产安置为主，保证移民拥有与安置区居民基本相当的土地等农业生产资料，土地补偿费和安置补助费主要用于解决移民的生产资料和生活安排；

(4)“三原”(原规模、原标准、恢复原功能)的原则不改变，即对集镇及专业项目的复建，强调以现状为基础，按照“原规模、原标准、恢复原功能”的原则进行复建。

《新条例》所增加的新内容，概括来讲主要体现在7个方面：明确了移民工作管理体制，强化了移民安置规划，提高和统一了征地补偿标准，扩大了补偿范围，规范了移民安置程序，加大了移民后期扶持力度，加强了移民工作的监督管理。

1. 明确了移民工作管理体制

统一、明确的管理体制是移民工作顺利开展的组织保障。与《老条例》相比，《新条例》取消了移民安置工作“包干”的提法，提出“移民安置工作实行政府领导、分级负责、县为基础、项目法人参与的管理体制”，并明确规定国务院和省级人民政府移民管理机构的职能是管理与监督，县级以上人民政府的职能是组织与领导。《新条例》明确了移民工作管理体制，理顺了工作关系，落实了工作责任，整合了服务移民的力量，为工程建设征地补偿与移民安置工作的高效实施提供了体制保障，能有效避免原来移民安置工作中经常出现的部门混乱、职能交叉等不良现象。

2. 强化了移民安置规划

《新条例》将“移民安置规划”专门列为第二章，用法规的形式规定了移民安置规划制度。首先，增加了编制移民安置规划大纲这一环节，即《新条例》规定了移民安置规划大纲编制的内容和审批程序。将移民安置规划把关工作前移到移民安置规划大纲的编制阶段，有利于确保移民安置规划编制工作在正确的原则下进行，使安置工作更加科学、合理。其次，规范了移民安置规划的编制程序。为提高移民安置规划的科学性，《新条例》还对编制规划的指导思想、应当遵循的基本原则和程序等作了详细规定。再次，规定了设计深度的要求。《新条例》规定，对农村居民点、城(集)镇、工矿企业以及专项设施等基础设施的迁建或者复建选址，应当依法做好环境影响评价、水文地质与工程地质勘察、地质灾害防治和地质灾害危险性评估。

3. 提高和统一了征地补偿标准

《新条例》与《老条例》最大的区别就是提高并统一征收耕地的补偿补助标准。即土地补偿费和安置补助费之和为该耕地被征收前三年平均年产值的16倍。随着我国生产力水平的提高和经济社会的发展，高速公路、商品房开发等建设项目的征地补偿补助标准也有了较大幅度的提高。经过南水北调等建设项目征地的试点，采用16倍的补偿标准，实践效果较好，移民能够接受。《新条例》结合土地管理法规定的上限提高并统一了补偿标准，有利于解决移民之间补助失衡的问题，并保护了移民的合法权益，充分体现了和谐社会的本质。

4. 扩大了补偿范围

《新条例》适当扩大对移民财产的补偿补助范围，其内容主要有：①移民远迁后，在水库周边淹没线以上属于移民个人所有的零星树木、房屋等，由于不在工程占地范围内，按照《老条例》是不予补偿的，但考虑到移民不可能将这些财产带走，《新条例》将其也纳入了补偿范围。②对于补偿费用不足以修建基本用房的贫困移民，还要给予适当补助。

5. 规范了移民安置程序

科学、规范的移民安置程序是维护移民合法权益、保障工程建设顺利进行的重要前提，按照提高移民工作效能、创新工作方式、增强工作透明度的指导思想，《新条例》对移民安置程序作以下规定：

(1)创新移民安置工作方式，规范移民安置资金的支付程序。项目法人应当根据移民安置规划，与移民区和移民安置区所在的省级人民政府或者市、县人民政府签订移民安置协议；签订协议的省级、地市级人民政府还可以与下一级人民政府签订移民安置协议，明确各自权责关系。签订协议的地方人民政府应当根据移民安置规划，在与项目法人充分协商的基础上，组织编制并下达本行政区域移民安置年度计划，项目法人应当按照年度计划以及安置进度，将资金支付给与其签订协议的地方人民政府，由安置区人民政府统一用于安排移民生产生活。

(2)明确移民安置形式，加强安置资金的使用管理。根据实践中农村移民在本县集中安置、在本县分散安置、在省内跨县安置或者跨省安置、自愿投亲靠友等几种不同的安置形式，《新条例》规定了县内集中安置的农村移民的土地补偿费、安置补助费和集体财产补偿费的兑付方式，通过协议的方式安排县内分散安置农村移民的生产生活，跨县级以上行政区域安置农村移民的征地补偿移民安置资金的支付方式及用途，移民自愿投亲靠友跨县安置的操作程序，搬迁费以及移民个人财产补偿费兑付方式。

(3)提高移民对安置工作的参与程度，切实保护移民权益。为了保证移民的要求和意愿能够得到及时反映，扩大移民的知情权、参与权和监督权，减少纠纷、化解矛盾，《新条例》规定：第一，编制移民安置规划大纲和移民安置规划，应当广泛听取移民和移民安置区居民的意见，必要时，应当采取听证的方式；移民实物调查应当全面准确，调查结果应经被调查者签字认可并公示。第二，县级人民政府应当将工程征收的土地数量、土地种类、补偿范围、补偿标准和金额以及安置方案等向群众公布，若群众提出异议的，县级人民政府应当及时核查，并对统计结果不准确的事项进行修改；有移民安置任务的乡(镇)、村应当将资金收支情况张榜公布，接受群众监督。第三，土地补偿费和集体财产补偿费的使用方案应当经村民讨论通过；农村移民住房由移民建造，有关地方人民或者村民委员会(简称村委会)应当规划宅基地，但不得强行规定建房标准。

6. 加大了移民后期扶持力度

《老条例》虽然规定了5～10年的后期扶持期限，但并没有给出具体的扶持规划及详细说明，导致移民舍弃自身利益搬迁之后并没有得到应有的补偿，相当一部分移民至今仍没有解决温饱问题，有些甚至十分贫困，出现了一些不稳定因素，影响了和谐社会的发展。《新条例》特别增加了“后期扶持”这一章节，详细解释了移民的后期扶持政策，规定了有关部门必须编制水库移民后期扶持规划，并明确了后期扶持的范围、期限、具体措施以及预期达到的目标，把现状人口及原状人口进行了定义，统一了扶持期限，提高了扶持标准，使得移民拥有了基本的生活保障。并完善了扶持方式，加大项目扶持的力度，坚持开发性移民的政策，使移民在搬迁之后能够继续享受国家及政府的帮助，逐渐改善自己的生活。

7. 加强了移民工作的监督管理

《新条例》增加了监督管理的环节，规定国家对移民安置和水库移民后期扶持实行全过程的监督，其中特别对水库移民的补偿、安置资金及后期扶持资金的管理给出了具体规定，要求县级以上人民政府应严格把关，定期向上一级人民政府及移民管理机构、项目法人通报有关资金拨付、使用和管理情况，并要求各级审计、监察部门切实起到审计和监管的力度，真正能够逐步建立起科学合理的监督检查、调查统计、决策方向、实施监测、验收评估为主要内容的工作监督机制。

2.4　水库移民遗留问题处理政策

水库移民遗留问题是指由于对移民安置工作处理不当，使移民生产生活水平长期得不到恢复或提高，处于贫困状态。处理移民遗留问题是对过去的移民工作的失误进行补救。

我国的水库移民工作走过了一条曲折之路。新中国成立初期，我国建设的大中型水库并不多，处理移民问题较慎重，基本没有遗留问题。农村社会主义改造基本完成之后至“文化大革命”结束，这个阶段我国兴建了大批的水库工程，但由于移民政策不健全和人为因素，产生了大量的遗留问题，主要表现在：移民生活水平提高缓慢，与非移民收入差距拉大；移民与原居民之间矛盾突出；就近、就地后靠移民安置地耕地短缺、质量差，基础设施不健全，生活不方便；部分安置区出现移民返迁现象，造成二次移民，影响水库工程的正常运行。

随着农村经济改革的发展，移民遗留问题越来越突出，经常发生移民大规模集体上访事件，成为社会的不安定因素，引起了国家有关部门的重视，先后制定了一系列的政策，以逐步解决水库移民遗留问题。

1981 年，财政部、电力部《关于从水电站发电成本中提取库区维护基金的通知》〔81〕电财字第 56 号）决定，从水电站发电中每千瓦时提取 1 厘钱设立库区维护基金，用于水库防护工作和解决库区移民遗留问题。

1985 年 8 月，中央财经领导小组专门研究了水库移民问题，制定了“谁主管谁负责，谁受益谁负担”的处理原则，并决定从中央直属老水库上缴中央财政的发电利润中设立库区建设基金，集中用于解决中央直属老水库的移民遗留问题。中央直属老水库共 87 座，年发电量 600 亿 kW·h，库区建设基金按每千瓦时 4 厘钱提取，每年可提取 2.4 亿元。

1986 年 7 月，国务院办公厅转发水利电力部《关于抓紧处理水库移民问题报告的通知》（国办发〔1986〕56 号），指出：“水库移民遗留问题的处理，不能简单地算老账、搞退赔、更不是按新标准重新补偿，而应帮助移民调整产业结构，因地制宜地发展种植业、养殖业、工副业等多种经营，提高移民自身发展生产能力，支持他们开发创业。有条件的地方，在开发、利用库区及水资源时，要尽可能吸收他们参加，使移民逐步脱贫致富。处理水库移民的遗留问题，必须明确‘谁主管谁负责，谁受益谁承担’的原则。”国办发〔1986〕56 号文件的颁布在中国水库移民史上具有划时代的意义，它阐明了水库移民工作的重要性，提出了开发性移民工作的方针，确定了处理水库移民遗留问题的政策界限和原则，明确了分级负责和筹集资金的渠道。

按照 1985 年 8 月中央财经领导小组办公会议纪要和国办发〔1986〕56 号文件的精神，在全国范围内开始了有计划、有步骤地处理水库移民遗留问题。中央直属水库中大多数项目开始分批分期编制移民遗留问题处理规划，经水电部审批后逐步实施。经过十多年的努力，移民遗留问题中一些最突出的问题得到了初步缓解，大多数水库移民情绪日趋稳定，扭转了过去移民集体上访此起彼伏的被动局面，为社会稳定和经济发展作出了贡献。

1996 年，国家计划委员会（简称计委）、财政部、电力工业部、水利部颁布了《关于设立水电站和水库库区后期扶持基金的通知》（计建设〔1996〕526 号）：决定从 1996 年 1 月 1 日起，对 1986 年到 1995 年投产和 1996 年以前国家批准开工建设的大中型水电站、水库库区，设立后期扶持基金，资金来源从水力发电站的效益中提取，提取标准每千瓦时不超过 5 厘钱，提取 10 年，主要用于扶持 1986 年以后建成的水库移民发展生产和解决遗留问题，每人每年扶持 250 ~ 400 元。

但是，解决移民遗留问题所需资金仍然显得不足，直到 2002 年，国务院办公厅转发了水利部等部门《关于加快解决中央直属水库移民遗留问题的若干意见》（国办发〔2002〕3 号），对水库移民遗留问题作了明确的界定，提出了用 6 年的时间（2002 ~ 2007 年）解决水库移民温饱问题，作为解决移民遗留问题的近期目标。2006 年国务院 17 号文件出台后，水库移民遗留问题的处理基本结束，未完成项目已纳入后期扶持政策一并实施。随着这一政策的贯彻执行，水库移民遗留问题处理进入了一个新的阶段。经过几年的努力，广大移民的生产生活条件有了较大的改善，相当一部分移民的生产生活水平达到安置区所在县农村人口的平均水平，水库移民遗留问题处理取得了明显成效。

2.5 水库移民后期扶持政策

2.5.1 后期扶持产生的背景

20 世纪 50 年代末到 70 年代末，我国历经了“大跃进”、“人民公社”、“三年自然灾害”及“文化大革命”这些特殊的历史时期。在这期间的水利水电工程建设搬迁了大量移民，由于受当时政治经济形势的严重影响，尤其是受“左”倾思想的影响，对水库移民的复杂性认识不足，许多水库在建设中甚至没有移民安置规划，而只是简单地采取行政命令的形式，盲目搬迁，草率安置。在安置时偏重生活安置，缺乏必要的生产安置。再加上搬迁中组织管理不善、补偿标准偏低、优惠政策不配套，移民的生产、生活出路都未得到妥善解决，极大地损害了移民的切身利益，产生了大量的移民遗留问题，移民不断上访、返迁，甚至到政府门前静坐。这些不仅是造成移民贫困的一大痼疾，更是社会稳定的一大隐患。如何解决移民吃饭问题，已成为一个关乎社会稳定的重要因素。在这种形势下，国务院办公厅 1986 年 7 月转发水利部《关于抓紧处理水库移民遗留问题的报告》,要求有关部门和地方人民政府要多渠道筹措资金,千方百计采取措施,变消极赔偿为积极创业,变救济生活为扶助生产,扶持移民脱贫致富,从根本上解决移民安置中的遗留问题。由此,在中国水库移民的历史上首次提出了后期扶持的概念。

2.5.2 后期扶持的概念

20 世纪 90 年代,在《老条例》中国家提出实施“开发性移民”方针,采用“前期补偿补助,后期生产扶持”的方法安置水库移民,把后期扶持定义为:在水库移民搬迁安置后的一定时期内,对移民生产发展及生活给予扶助,使其尽快恢复和超过原有生活水平,从而实现“逐步致富”的移民安置目标的行为。随着我国水库移民社会实践的不断进行以及人类发展观的不断进步,该定义已不符合科学发展、可持续发展的要求。2002 年颁行的《中华人民共和国水法》第 29 条规定:国家对水工程建设移民实行开发性移民的方针,按照前期补偿、补助与后期扶持相结合的原则,妥善安排移民的生产和生活,保护移民的合法权益;2006 年 5 月 17 日,国务院以国发〔2006〕17 号文件下发了《国务院关于完善大中型水库移民后期扶持政策的意见》(简称国务院 17 号文件),同年,国务院令第 471 号发布了《大中型水利水电工程建设征地补偿和移民安置条例》,对后期扶持的概念专章作了规定,提出了可持续发展的后期扶持的概念,要求以可持续发展为核心,实现水库移民与环境保护、生态建设和经济、社会协调发展,实现移民个体全面发展。

水库移民后期扶持政策是我国水库移民政策的重要组成部分,是帮助广大移民群众搬迁后恢复和提高生产生活水平重要的政策支撑。多年来,水库移民后期扶持政策的建立和不断补充完善以及实施的实践证明,这是一项受到了广大移民群众和有关部门赞誉和拥护的利国利民的好政策。政策的实施不但使水库移民生产生活水平得到了恢复和提高,而且解除了移民的后顾之忧,达到了使移民能够搬得出、稳得住、逐步能致富的目的,维护了库区安定和社会稳定。政策也充分体现了我国政府对水库移民负责到底的精神,它代表了广大移民群众的根本利益,同时也保障了工程的顺利进行,促进了水利水电事业的可持续发展。

2.5.3 后期扶持的必要性

根据我国水库移民政策的规定,水库移民得到妥善安置的标准是:移民的生产、生活逐步达到或超过原有水平,并能实现可持续发展。要实现这一目标,后期扶持是必不可少的,其根本原因在于:水库移民是非自愿移民,是局部社会区域内的各种社会关系和构成要件受工程影响而被强制性解体并人为重组的过程,它不可能完全按照社会经济内在的规律进行,必将直接影响到移民生产生活水平的恢复和提高。所以,水库移民搬迁后应该而且需要得到扶持和帮助,才能够尽快适应和熟悉新的社会环境、新的生产方式,逐步获得新的收入,创造新的经济来源,最终恢复甚至超过他们原有的生活水平。

水库移民后期扶持的必要性体现在以下几方面:

(1)从移民搬迁后的发展来看,需要一定时期的恢复和发展。

水库移民具有非自愿性质,移民群众从一个世代休养生息熟悉的群体和社会环境,搬迁到一个完全陌生的群体和新的社会环境中，会受到来自社会、政治、经济、人文、地理、宗教、观念、习俗等各个方面的影响和制约，要让移民群众真正融入到这个新的群体和社会环境中，有一个逐步熟悉和适应的过程，这是一个十分复杂而漫长的相互磨合即社会融合的过程。移民安置后，在新的社会环境中，新的经济结构需要建立、调整和适应，新的生产方式需要熟悉，所从事的新的产业和新的工作技术需要掌握，新开垦的土地也需要熟化，这个过程至少需要5～10年乃至更长的时间。如新疆恰甫其海水利枢纽工程，特克斯县淹没区的移民安置到巩留和察布查尔县后，由于海拔高程急剧下降，原淹没区的庄稼是一年一熟，这里是一年两熟，不仅生产方式发生了变化，就是在生产的时间上也有一个熟悉过程。再如小浪底水库淹没区河南新安县一些移民，搬迁前可以到附近的煤矿打工；当地一些私营煤矿主收入相当可观，搬迁后这些得天独厚的优势不再具备，生产生活方式都发生了变化，需要重新学习谋生手段和本领，安置后的生活水平下降是必然的。移民经济的恢复、提高和发展需要一个过程，在这个艰难的创业和重建家园过程中，移民需要来自社会各方面的支持，来自政府的资金扶持是十分必要的，也是必须的。

(2)我国的国情决定了移民安置必须实行前期补偿补助与后期扶持相结合。

我国人口多、底子薄，目前仍处在社会主义初级阶段，综合国力不够强大。为了满足经济社会发展的需要，必须进行大规模的水利水电等基础设施建设，开发利用水资源。今后20年，我国还将在长江、黄河、红水河、澜沧江、嫩江等大江大河上新建数十个大中型水利水电工程，以及建设南水北调工程。这些工程的水库移民少则几万人，多则一二十万人，移民总数估计将超过100万人。在我国社会主义初级阶段，生产力不发达，与国外相比，我国单个工程的水库移民数量众多，难以承担集中赔付的压力，而且，我国农村实行的是土地集体所有制，这种产权性质决定了不能完全用市场化的办法解决移民问题。因此，为了妥善安置移民，针对水利水电工程多数属于公益性和社会效益大的项目，且投资巨大、工期长，采取前期补偿补助、后期扶持的办法是由我国国情决定的，这样做可以减轻国家一次性投资大的压力，待工程发挥效益后，再从工程效益里提取部分资金，分期投入扶持移民，这样做有利于解决工程建设资金紧缺问题，也有利于我国水利水电事业的可持续发展。

(3)移民安置工作的复杂性决定了后期扶持工作的重要性。

移民安置工作是一项复杂的系统工程，不可预见的因素很多，从工程的前期工作进行实物指标调查开始，到制定水库移民安置规划、进行移民搬迁安置实施，以及移民管理和验收，特别是工程运行后还经常会发生塌岸、滑坡、水库淤积等灾害。许多不可预见因素都会影响到移民生产生活水平的恢复和提高。为保护移民的合法权益，解除移民的后顾之忧，保持库区安定和社会稳定，必须建立移民后期扶持机制。

(4)移民安置是库区和安置区构建社会主义和谐社会的需要。

水库移民为国家的建设作出了贡献，国家理应保护移民的合法权益。对移民进行扶持、帮助是政府义不容辞的责任和义务，而且还要有负责到底的精神。鉴于此，我国政府在不同时期，根据形势发展的需要，结合水库移民的实际制定了多项后期扶持政策，充分体现了政府对移民高度负责的精神和为广大移民群众服务的宗旨，也代表了移民的根本利益。党的十六大提出全面建设小康社会，毫无疑问是包括水库移民在内的全国人民的小康。搬迁对水库移民经济发展造成了极大的破坏,如果不实行必要的后期扶持,移民与当地群众的差距将越来越大,全面建设小康社会的目标就不可能实现。而且,如果移民问题处理不好,还将引发移民的不稳定情绪,不仅影响到库区和安置区经济发展,还将严重影响库区和移民安置区的社会稳定。

2.5.4 水库移民后期扶持政策的发展与完善

为确保国家建设顺利进行,在吸取新中国成立以来的水库移民的经验教训的基础上,中共中央、国务院和各级地方政府日益关心和重视移民安置工作,不断加强制度建设、加大经济投入,移民遗留问题的处理和后期扶持工作已逐步得到完善与加强。

我国水库移民后期扶持政策从建立库区维护基金开始,大体经历了以下 5 个阶段。

2.5.4.1 库区后期扶持政策的起步阶段

库区维护基金的建立,是国家专项后期扶持政策开始实施的标志。1981 年 6 月,电力工业部、财政部联合下发了《关于从水电站发电成本中提取库区维护基金的通知》,明确自 1981 年 1 月 1 日起试行从发电成本中提取每千瓦时 1 厘钱的库区维护基金,用于水库维护和解决库区遗留问题。1984 年 9 月,《中共中央、国务院关于帮助贫困地区尽快改变面貌的通知》中要求:水库的发电、水费和水产、林产收入在一定时期内应以一定比例用于安排水库移民生产,同时实行减免农业税政策。1985 年 7 月,国务院《水利工程水费核定、计收和管理办法》规定:尚有移民遗留问题的水库,水费可附加库区移民扶助金,用于扶助移民发展生产。1986 年 6 月,财政部根据中央财经领导小组 1985 年 8 月 27 日办公会议决定,下发了《关于增提库区建设基金的通知》,规定自 1986 年 1 月 1 日起,从水电部直属水电站的电费收入中提取库区建设基金,按每千瓦时 4 厘钱计算,1 年提 2.4 亿元,用于 1985 年底以前中央直属水库移民遗留问题处理。

在这个阶段,先后建立了库区维护基金、水费外附加库区移民扶助金和库区建设基金,表明水库移民遗留问题开始得到了重视,扶持力度也在加大。但这一时期的政策主要是针对电力部所属水电站移民,对其他水库移民实际扶持较少,又受多种因素的影响,往往落实不到位。

2.5.4.2 库区后期扶持政策基本确立阶段

1986 年 7 月,国务院办公厅转发水利电力部《关于抓紧处理水库移民问题报告的通知》(国办发〔1986〕56 号),进一步充实了后期扶持政策的基本内容,涉及的问题有:

(1)强调重视水库移民问题,提出水库移民为工程建设付出了代价,移民的遗留问题应从工程效益中得到合理补偿,有计划、有步骤地加以解决。

(2)明确提出了水库移民工作的方针,强调必须从单纯安置补偿的传统做法中解脱出来,改消极赔偿为积极创业,变救济生活为扶助生产,合理使用移民经费,提高投资效益,走开发性移民的路子,提高移民自身发展能力,支持他们开发创业。

(3)进一步明确了解决资金的渠道,即除提取库区建设基金、收取水费外附加库区移民扶助金外,还规定了地方所属水电站的库区建设基金提取办法由所属省(区、市)人民政府确定;若有些水库不发电或其他直接收益不多,对解决移民遗留问题仍有困难的,应按水库隶属关系分别由水电部和地方安排资金适当解决。

（4）明确规定了多渠道资金扶持，即农田水利资金、水土保持补助费、造林补助费、扶贫资金、小水电贷款、农业贷款等都要适当照顾移民安置区。

（5）明确了“谁主管谁负责、谁受益谁承担”的原则，同时强调上述资金应适当集中、统筹安排、专款专用、专物专用，以及加强监督管理和移民机构设置问题。

由上述可见，这个阶段的后期扶持政策内容扩展了，其适用范围和政策对象也扩大了，尤其是提出了开发性移民方针和解决资金的渠道及各类支农资金要适当照顾移民安置区，并提出了解决遗留问题的时限，这对于推动水库移民遗留问题的解决起到了积极作用。但发展也不平衡，主要是部属水库力度大，地方水库力度小，地区之间发展也不平衡。

2.5.4.3　1986年后建成投产水电站水库移民后期扶持政策确立阶段

这个阶段，以1991年2月国务院《老条例》公布实施为标志，而1993年6月国务院颁布的《长江三峡工程建设移民条例》和1996年3月国家计委等四部委《关于设立水电站和水库库区后期扶持基金的通知》对后期扶持基金政策的确立是这个阶段的主要成果。这个阶段主要有两个特点：

（1）首次以行政法规形式确认了水库移民后期扶持政策。《老条例》只适用于在建、新建的大中型水利水电工程建设的移民，但明确规定了“国家提倡和支持开发性移民，采取前期补偿、补助与后期生产扶持的办法”及“国家设立库区建设基金，用于大中型水利水电工程库区维护和扶持移民发展生产”。《老条例》还对包括后期扶持基金在内的多方面扶持措施专门作了5条规定，明确了后期扶持政策的目标、年限。2001年2月，国务院还对《长江三峡工程建设移民条例》进行了重新修订，并专列了“扶持措施”一章，内容包括设立后期扶持基金等10条，可以说是较为全面有力的扶持措施。

（2）制定了1986年后建成投产的大中型水电站水库后期扶持基金政策。国家计委等四部委根据《老条例》的要求于1996年3月颁发的《关于设立水电站和水库库区后期扶持基金的通知》（计建设〔1996〕526号），有以下主要内容：①规定了后期扶持基金的适用范围是1986～1995年投产和1996年以前国家批准开工建设的大中型水电站水库库区；②明确了基金使用范围是用于扶持库区移民发展生产和解决遗留问题；③强调并明确规定国家实行统一的扶持政策和扶持标准及年限；④明确了基金使用监督管理的责任。

可以说，这些明确的规定是水库移民后期扶持政策发展中的又一个突破。但是，《关于设立水电站和水库库区后期扶持基金的通知》中对1996年后批准建设投产水电站水库的后期扶持基金未作出明确规定；另外，关于以供水、防洪和灌溉为主或发电量很小的水库移民后期扶持基金，因具体扶持办法未出台，而较难落实。

值得一提的是，中共中央、国务院在1994年将库区建设基金纳入了《国家八七扶贫攻坚计划》，1996年又在《关于尽快解决农村贫困人口温饱问题的决定》（中发〔1996〕12号）中明确要求提高库区维护基金和库区建设基金标准，表明中共中央、国务院对水库移民工作的高度重视，并在这个阶段发挥了重要作用。

2.5.4.4　后期扶持政策调整发展阶段

这个阶段，以2002年1月《国务院办公厅转发水利部等部门〈关于加快解决中央直属水库移民遗留问题若干意见〉的通知》（国办发〔2002〕3号）为主要标志，进入了进一步调整发展的阶段。这一阶段至今已有两个突破。

(1)在库区建设基金征收范围和标准上有突破。国办发〔2002〕3号文件比较全面地提出了解决中央直属水库移民遗留问题的原则、范围、目标和基本措施,突破了库区建设基金原来征收的范围,提高了扶持标准。国务院有关部门还制定了配套规定。

(2)在立法上有突破。2002年8月重新修订颁布的《中华人民共和国水法》,首次以法律形式规定对我国水工程移民实行前期补偿、补助与后期扶持政策相结合的原则,实行开发性移民方针并保护移民的合法权益。特别是《中华人民共和国水法》中所界定的"水工程建设移民",很显然已包括了小型水利水电工程移民。

2.5.4.5 后期扶持政策改革完善阶段

这个阶段,我国总体上已进入统筹城乡发展、以工促农、以城带乡的发展阶段,有必要也有能力加大对水库移民的后期扶持。为帮助水库移民脱贫致富,促进库区和移民安置区经济社会发展,保障新时期水利水电事业健康发展,构建社会主义和谐社会,先后发布了《国务院关于完善大中型水库移民后期扶持政策的意见》、修订了《大中型水利水电工程建设征地补偿和移民安置条例》,水库移民后期扶持政策臻于完善,从而也使水库移民后期扶持工作进入了一个新时期。这个阶段主要有3个特点:

(1)体现了中共中央、国务院对水库移民的高度重视。移民后期扶持政策,由中央政治局常委会、国务院常务会议专门研究水库移民问题并做出了重要决策,这在水库移民后期扶持工作上还是第一次。

(2)国务院17号文件将科学发展、可持续发展的观念融入后期扶持工作,要求工程建设、移民安置与生态保护并重,逐步建立起库区经济发展、水库移民增收、生态环境改善、农村社会稳定的长效机制,使水库移民共享发展成果,实现库区和移民安置区经济社会可持续发展。国务院17号文件就完善后期扶持政策的指导思想、原则、目标、扶持范围、扶持标准、扶持期限、扶持方式、扶持资金筹集、扶持资金管理、其他影响人口的生产生活问题、政策实施的组织管理、宣传工作、监督检查等作了详细的规定。另外,国务院17号文件发布后,还制定了一系列的规章制度和配套文件,保证了移民后期扶持政策实施工作规范、有序地开展。

(3)《新条例》特别增加了"后期扶持"这一章节,详细解释了移民的后期扶持政策,规定有关部门必须编制水库移民后期扶持规划,并明确了后期扶持的范围、期限、具体措施以及预期达到的目标,对现状人口及原状人口进行了定义,统一了扶持期限,提高了扶持标准,使得移民拥有了基本的生活保障。并完善了扶持方式,加大项目扶持的力度,坚持开发性移民的政策,使移民在搬迁之后能够继续享受国家及政府的帮助,逐渐改善自己的生活。

历史经验已经证明:无论是在计划经济条件下,还是在社会主义市场经济条件下,水库移民都会不同程度地成为社会的一个新的贫困群体和不稳定因素,后期扶持的根本目标就是要让这个特殊群体摆脱贫困,逐步走向富裕,实现全面可持续发展,并逐步融入安置区的社会。

思考题

1. 我国水库移民工作法律中最重要的专用法律是什么？有何重要突破？
2. 新时期我国水库移民政策的主要内容是什么？
3.《新条例》与《老条例》的共同点是什么？《新条例》增加的内容主要是什么？
4. 简述水库移民遗留问题处理政策。
5. 我国水库移民后期扶持政策经历了哪几个阶段？各阶段有何特点？

第 3 章　新时期水库移民后期扶持政策

本书第 2 章对水库移民后期扶持政策的形成、发展和完善进行了详细的阐述，并对 2006 年 5 月 17 日出台的《国务院关于完善大中型水库移民后期扶持政策的意见》（国务院 17 号文件）有所提及。国务院 17 号文件是开展水库移民后期扶持监测评估工作的政策依据，因此本章专门介绍以国务院 17 号文件为主的新时期水库移民后期扶持政策。

3.1　新时期水库移民后期扶持政策概述

新中国成立以来，我国共兴建了 3 800 多座大中型水库，这些大中型水库在防洪、发电、灌溉、供水、生态环境建设等方面发挥了巨大的效益，为经济社会可持续发展起到了重要的支撑和保障作用，水库移民为此作出了重要贡献。为了帮助移民改善生产生活条件，国家先后设立了库区维护基金、库区建设基金和库区后期扶持基金，努力解决水库移民遗留问题，对保护移民权益、维护库区社会稳定发挥了重要作用。但由于扶持政策不统一、扶持标准偏低、移民直接受益不够等多种原因，目前水库移民的生产生活条件依然普遍较差，有相当多的移民仍生活在贫困之中。

随着经济社会发展，移民工作以及现行移民政策与新时期国家经济建设和现代化进程的矛盾越来越突出，甚至影响到区域社会稳定。因此，应对现行水库移民政策进行完善。后期扶持政策作为水库移民政策的重要组成部分，也必须作相应调整。

当前，我国总体上已进入统筹城乡发展、以工促农、以城带乡的发展阶段，有必要也有能力加大对水库移民的后期扶持。为帮助水库移民脱贫致富，促进库区和移民安置区经济社会发展，保障新时期水利水电事业健康发展，构建社会主义和谐社会，新时期出台的国务院 17 号文件，标志着我国新时期水库移民后期扶持政策开始实施。

完善水库移民后期扶持政策，是坚持以人为本、全面贯彻落实科学发展观的具体体现。对于帮助水库移民脱贫致富、促进库区和移民安置区的经济社会发展，保障新时期水利水电事业健康发展，以及维护社会稳定和构建社会主义和谐社会、推进社会主义新农村建设具有十分重要而深远的意义。

新时期水库移民后期扶持政策具有如下特点：

（1）政策统一，科学规范。

过去的水库移民扶持政策，从宏观上看，没有统筹兼顾水利和水电移民、新水库和老水库移民、中央水库和地方水库移民，政策不一、标准不一，政出多门、分头管理等。从微观上看，移民扶持主要靠年度计划来实现，由于没有规划和总体设计，年度计划项目临时拼凑，随意性大，不但存在“长官意志和关系情分”，而且没有长远目标，只能是头痛医头，脚痛医脚，再加上投入小，年年扶持，起色不大。

新时期移民后期扶持政策由中央统一制定，省级人民政府负总责。在扶持管理上，用全国统一的政策、统一思想的一把尺子，统一的扶持标准，来衡量移民扶持的成效，这样就规范了移民后期扶持行为，避免了移民部门既是“运动员”又是“裁判员”的双重角色。在扶持实施上，由规划代替计划，以两个规划为主线，年度预算为基础，监测评估为手段，跟踪问效，责任和权力在地方。做到项目跟着规划走，预算连着项目下，用全国统一的规划实施和预算管理制度来保障扶持的实施，使移民后期扶持管理走上科学规范的轨道。

(2)政策相互配套。

《国务院关于完善大中型水库移民后期扶持政策的意见》、《大中型水利水电工程建设征地补偿和移民安置条例》和《信访条例》相继出台。把前20年移民工作好的经验和做法上升到政策法规的层面加以确定，并针对移民工作出现的新问题和新情况，用新的政策法规予以解决。国家有关部委和省级人民政府及省直有关部门为做好政策法规的实施工作，也出台了一系列配套文件，形成了相互配套、一脉相承的政策法规体系，从而为新时期移民工作创造了良好的宏观政策法规环境，使各级部门做好移民工作也有了政策法规依据。

(3)扶持方式完善全面。

国务院17号文件在总结前20年移民扶持以项目为主的基础上，提出了“一个尽量，两个可以”的扶持方式，即：“后期扶持资金能够直接发放给移民个人的应尽量发放到移民个人，用于移民生产生活补助；也可以实行项目扶持，用于解决移民村群众生产生活存在的突出问题；还可以采取两者结合的方式。”新时期移民后期扶持方式，从政策的层面来看，完善全面，符合实际，符合移民意愿，体现了我国以人为本和执政为民的理念。

(4)发展为先。

新时期的移民后期扶持，就是要做到尽量把扶持资金发放给移民个人，这样做不仅使移民得到了更大的实惠，而且使贫困移民当年就解决了温饱。避免了过去移民扶持以扶贫攻坚为中心，年年扶持，年年走不出“扶贫—脱贫—返贫”的怪圈。新时期移民后期扶持政策实施后，各级移民工作部门，由以稳定为主线，扶贫攻坚为中心，解决热难点为突破口的总体工作思路，转移到以构建和谐库区为主轴，科学发展为中心方面来，移民工作者的主要精力也转移到谋划移民区经济发展和移民的长远生计上，实现了两全齐美。

(5)政府服务引导。

新时期移民后期扶持方式的确定权在移民，项目确定的主导权是移民，是在充分尊重移民意愿并听取移民村群众意见的基础上加以确定。政府不能用行政命令武断决策，主要是做好引导和服务，使政府的角色由主导转为服务，避免了不符合移民区实际的“政绩工程”出现。确定扶持方式必须充分尊重移民群众的意愿。

3.2 水库移民后期扶持政策的指导思想、目标和原则

3.2.1 指导思想

国务院 17 号文件提出的完善水库移民后期扶持政策的指导思想是:以邓小平理论和“三个代表”重要思想为指导,坚持以人为本,全面贯彻落实科学发展观,做到工程建设、移民安置与生态保护并重,继续按照开发性移民的方针,完善扶持方式,加大扶持力度,改善移民生产生活条件,逐步建立促进库区经济发展、水库移民增收、生态环境改善、农村社会稳定的长效机制,使水库移民共享改革发展成果,实现库区和移民安置区经济社会可持续发展。

该指导思想是做好新时期水库移民后期扶持工作的总的要求。主要有三层意思:第一,工程建设、移民安置与生态保护并重,切实改变“重工程、轻移民”和“重搬迁、轻安置”的观念,这是完善政策的思想基础;第二,强调继续坚持开发性移民的方针,完善扶持方式,加大扶持力度,阐明了完善政策的取向;第三,强调要逐步建立促进库区经济发展、水库移民增收、生态环境改善、农村社会稳定的长效机制,使广大移民共享改革发展成果,实现库区和移民安置区经济社会可持续发展,确定了完善政策的工作目标。

3.2.2 目标

国务院 17 号文件从水库移民工作的艰巨性和长期性出发,提出了完善后期扶持政策的两个目标。近期目标是:解决水库移民的温饱问题以及库区和移民安置区基础设施薄弱的突出问题;中长期目标是:加强库区和移民安置区基础设施和生态环境建设,改善移民生产生活条件,促进经济发展,增加移民收入,使移民生活水平不断提高,逐步达到当地农村平均水平。

3.2.3 原则

3.2.3.1 坚持统筹兼顾水电和水利移民、新水库和老水库移民、中央水库和地方水库移民

无论哪一种类型的水库移民,都为服从国家水利水电建设大局作出了贡献。但是过去对水电和水利移民、新水库和老水库移民、中央水库和地方水库移民的后期扶持政策不一致,使移民不能整体上受益。因此,新的后期扶持政策兼顾水电和水利移民、新水库和老水库移民、中央水库和地方水库移民,对大中型水库移民实行统一的后期扶持政策。

3.2.3.2 坚持前期补偿补助与后期扶持相结合

对水库移民坚持前期补偿补助与后期扶持相结合的原则,这是由我国国情决定的,体现了中国特色的移民政策。西方发达国家对水库移民一般采取市场化的一次性赔偿做法,基本没有后期扶持问题。而我国的国情决定了水库移民不可能像国外那样实行市场化买断政策。一是我国处在社会主义初级阶段,生产力还不发达,加之与国外相比,我国单个工程的水库移民数量众多,难以承担集中赔付的压力。二是我国实行土地集体所有

制，这种产权性质也决定了不能完全用市场化的办法。因此，这就必然要求在前期补偿补助的基础上实行后期扶持，就必然要求把前期补偿与后期扶持统筹考虑。

3.2.3.3 坚持解决温饱问题与解决长远发展问题相结合

一方面，我国还有相当一部分移民处于相当贫困之中，解决他们的温饱问题十分迫切；另一方面，整体上提高移民的生产生活水平是一项艰巨的任务，需要经过长期不懈的努力。因此，解决移民群众的困难，应当在解决温饱问题的同时注意解决长远发展问题，只有解决了长远发展问题，移民才能真正脱离贫困。所以，要坚持解决温饱问题和解决长远发展问题相结合的原则。

3.2.3.4 坚持国家帮扶与移民自力更生相结合

国家帮扶为移民生产生活的恢复和发展创造了有利条件，是必要的。但是，要从根本上改变移民贫穷和库区落后状况，还得靠移民自力更生，发挥主观能动性，变“输血”为“造血”，将国家的帮扶与移民自身的努力有机地结合起来，要把国家帮扶作为加快发展的契机，消除消极埋怨情绪，克服“等、靠、要”思想，树立自立、自信、自强不息的奋斗精神，通过共同努力实现水库移民的安居乐业。

3.2.3.5 坚持中央统一制定政策，省级人民政府负总责

移民工作涉及面广，政策性强，全国各地情况千差万别。如果全国没有统一的政策，势必造成不同地区、不同水库移民的互相攀比。所以，制定统一的政策是十分必要的。水库移民实行属地管理，省级人民政府是政策的实施主体和责任主体。只有由省级人民政府结合实际，才能把政策贯彻好、落实好。因此，必须坚持中央统一制定政策、省级人民政府负总责的原则。

3.3 水库移民后期扶持政策的主要内容

过去的水库移民后期扶持政策有的只针对中央直属水库移民，有的只针对水电移民，扶持标准差异较大，扶持期限长短不一，政策不协调、不统一，国务院 17 号文件使全国水库移民后期扶持政策得到了统一。水库移民后期扶持政策包括以下主要内容。

3.3.1 扶持范围

后期扶持范围为大中型水库的农村移民，但转为非农业户口的农村移民不再纳入扶持范围。对实行统一城乡户口制度改革政策的地区（河北、辽宁、江苏、浙江、福建、山东、湖北、湖南、广西、重庆、四川、陕西 12 省（区、市）的有关地区），农村移民是指户口制度改革前户籍为农业户口，且现在仍从事农业生产的水库移民。将水库移民后期扶持范围界定为农村移民，是因为：①水库移民中绝大多数是农村移民。②农村移民失去了部分赖以生存的土地，目前生产生活仍很困难，是当地农村的主要贫困群体，而非农业安置移民中的困难家庭，对符合条件的可以纳入城镇最低生活保障范围。③中央把“三农”工作放在我国经济工作中的重中之重，“三农”工作中难点和重点之一是水库农村移民。转为非农业户口的农村移民不再纳入扶持范围，是因为非农业户口的农村移民曾经享受过农业户口享受不到的政策、福利待遇，性质上与农业户口的移民有本质的区别，出于公平、公正的

考虑,此次政策调整不再将其纳入扶持范围,但非农业安置移民中的困难家庭,可以按照有关规定将符合条件的纳入城镇最低生活保障范围。

后期扶持对象为:2006年6月30日前搬迁的水库移民现状人口,2006年7月1日以后搬迁的水库移民原迁人口。由于2006年6月30日前搬迁的水库移民绝大多数是由20世纪建成的水库造成的,生产和生活安置水平相对较低,对移民后代的影响较大。因此,规定2006年6月30日前搬迁的水库移民扶持人口为现状人口。2006年7月1日,国家开始实行新的移民政策,特别是新修订的《大中型水利水电工程建设征地补偿和移民安置条例》颁布实施后,水库移民前期补偿补助标准得到较大的提高,移民住房和基础设施建设将得到更大的改善,移民搬迁后能够较快恢复和发展生产。所以,2006年7月1日以后搬迁的水库移民,后期扶持人口为原迁人口。

在扶持期内,中央对各省、自治区、直辖市2006年6月30日前已搬迁的水库移民现状人口一次核定,不再调整;对移民人口的自然变化采取何种具体政策,由各省、自治区、直辖市自行决定。对2006年6月30日前已搬迁的水库移民现状人口一次核定,不再调整是因为:①2006年6月30日前已经搬迁的水库移民数量庞大,且历史沿革较长,本着以人为本的原则,中央同意按照繁衍至今的现状人口予以核定;②扶持人数相对稳定,便于管理和操作;③有利于统一全国水库移民后期扶持政策,保证后期扶持资金实施总量包干管理。对扶持期内移民人口的自然变化所采取的具体政策由各省、自治区、直辖市自行决定是因为:①我国地域辽阔,各省(区、市)情况千差万别;②移民生老病死、婚丧嫁娶的情况比较复杂,涉及移民现状、政策连续性以及风俗习惯等多种因素;③照顾到各地情况的差别,给地方处置问题留有余地。

3.3.2 扶持标准和期限

对纳入扶持范围的移民每人每年补助为600元。扶持期限统一确定为20年,即对2006年6月30日前搬迁的纳入扶持范围的移民,自2006年7月1日起再扶持20年;对2006年7月1日以后搬迁的纳入扶持范围的移民,从其完成搬迁之日起扶持20年。

3.3.3 扶持方式

后期扶持资金能够发放给移民个人的应尽量发放给移民个人,用于移民生产生活补助;也可以实行项目扶持,用于解决移民村群众生产生活中存在的突出问题;还可以采取两者相结合的方式,即“一个尽量,两个可以”。具体方式由地方各级人民政府在充分尊重移民意愿并听取移民村群众意见的基础上确定,并编制切实可行的水库移民后期扶持规划。后期扶持主要是为了解决移民群众的困难和问题,为确保移民的合法权益,确定后期扶持方式必须充分尊重移民意愿。同时,应听取为安置移民调整了生产资料的村民的意见。采用直接发放给移民个人方式的,要核实到人、建立档案、设立账户,及时足额将后期扶持资金发放到移民户;采取项目扶持方式的,可以统筹使用资金,但项目的确定要经绝大多数移民同意,资金的使用和管理要公开透明,接受移民监督,严禁截留挪用。

3.3.4 扶持资金筹集及管理

3.3.4.1 扶持资金筹集

扶持资金筹集坚持全国统筹、分省(区、市)核算,企业、社会、中央与地方合理负担,工业反哺农业、城市支持农村,东部地区支持中西部地区的原则。

水库移民后期扶持资金由国家统一筹措,筹集的渠道如下:

(1)提高省级电网公司在本省(区、市)区域内全部销售电量(扣除农业生产用电)的电价,提价收入专项用于水库移民后期扶持。为了减轻中西部地区的负担,移民人数较少的河北、山西、内蒙古、吉林、黑龙江、贵州、云南、西藏、甘肃、青海、宁夏、新疆 12 个省(区)的电价加价标准根据本省(区)的移民人数一次核定,原则上不再调整;如上述 12 个省(区)2006 年 7 月 1 日以后搬迁的纳入扶持范围的水库移民所需资金出现缺口,由中央统筹解决;其他 19 个省(区、市)实行统一的电价加价。

(2)提高电价形成的增值税增收部分专项用于水库移民后期扶持。

(3)继续保留中央财政每年安排用于解决中央直属水库移民遗留问题的资金。

(4)经营性大中型水库也应承担移民后期扶持资金。

3.3.4.2 扶持资金管理

扶持资金管理有以下内容:

(1)后期扶持资金作为政府性基金纳入中央财政预算管理。通过电价加价筹措的后期扶持资金由各省级电网公司随电费征收,全额上缴中央财政。

(2)财政部会同国务院移民管理机构,按照发展改革委、财政部、水利部等部门核定的各省、自治区、直辖市移民人数和规定的标准核定应分配给各省、自治区、直辖市的移民后期扶持基金。

(3)财政部根据后期扶持基金的入库情况,按季向各省、自治区、直辖市财政部门拨付资金。

(4)后期扶持基金必须专款专用,不得挤占、截留或挪用。

(5)后期扶持基金直补到人的,必须建立完整的移民个人档案和后期扶持资金发放记录;用于项目扶持的,必须按项目制定年度资金使用计划。

(6)后期扶持资金年终结余,可以结转下年度继续使用。

3.3.4.3 现行水库移民后期扶持基金的处理

现行的库区建设基金并入完善后的水库移民后期扶持资金;现行的库区后期扶持基金并入库区维护基金,并相应调整和完善库区维护基金的征收、使用和管理。自完善后的水库移民后期扶持政策实施之日起,现行关于征收库区建设基金和后期扶持基金的政策即行废止,各地自行批准的向水利、水电和电网企业征收的涉及水库移民的各种基金、资金一律停止征收。

3.3.5 政策实施的连带影响问题处理

政策实施的连带影响问题处理主要是统筹兼顾,安排好非农业安置移民、小型水库移民和其他拆迁人口的生产生活。

3.3.5.1 做好大中型非农业安置移民工作

对于非农业安置移民，各省、自治区、直辖市要把符合条件的大中型水库非农业安置移民中的困难家庭，纳入地方城镇最低生活保障范围，切实做到应保尽保；同时，要积极通过其他渠道进行帮扶，努力改善他们的生活条件。

三峡工程农村移民与全国其他大中型水库农村移民一样，按照全国统一的后期扶持政策执行，纳入属地管理。三峡工程的其他移民问题依照《长江三峡工程建设移民条例》办理。

3.3.5.2 妥善解决小型水库移民的困难和现有后期扶持项目续建问题

小型水库是自建、自管、自用、自利的工程，与大中型水库相比，工程占地较少，移民人数不多，一般地方政府都就近调整土地，进行了安置。所以，对于小型水库移民，不纳入国家统一的后期扶持范围。各省、自治区、直辖市人民政府可通过提高本省（区、市）区域内全部销售电量（扣除农业生产用电）的电价筹集资金，统筹解决小型水库移民的困难等问题。提价标准不超过每千瓦时0.5厘（含在建后期扶持项目的后续资金投入），具体方案报发展改革委、财政部审批后实施。

在建后期扶持项目的后续资金投入可以通过以下几个渠道解决：

（1）各省、自治区、直辖市人民政府可通过提高本省（区、市）区域内全部销售电量（扣除农业生产用电）的电价筹集资金（提价标准不超过每千瓦时0.5厘）；

（2）从调整和完善后的库区维护基金中安排解决；

（3）优先纳入库区和移民安置区基础设施建设和经济发展规划中解决。

3.3.5.3 切实做好其他征地拆迁人口的工作

完善水库移民后期扶持政策可能对其他征地拆迁人口产生影响，地方各级人民政府要高度重视，密切关注这些连带影响，并不断完善对策措施。一方面，要积极做好宣传解释工作，重点讲明其他征地拆迁人口与大中型水库移民的区别，阐明后期扶持政策的实施范围，使其他征地拆迁人口明白后期扶持政策的界限；另一方面，要采取多种措施，及时解决他们生产生活中的实际困难，妥善化解矛盾，维护社会稳定。

3.3.6 促进库区和移民安置区长远发展

3.3.6.1 明确扶持重点

在提高后期扶持标准帮助解决水库移民温饱问题的同时，要继续从其他渠道积极筹措资金，加大扶持力度，解决库区和移民安置区长远发展问题，重点加强基本口粮田及配套水利设施建设，加强交通、供电、通信和社会事业方面的基础设施建设，加强生态建设、环境保护，加强移民劳动力就业技能培训和职业教育，通过贴息贷款、投资补助等方式对移民能够直接受益的生产开发项目给予支持。

3.3.6.2 落实扶持资金

解决移民长远发展问题的资金渠道有：

（1）现有政府性资金，包括预算内投资和国债资金、扶贫资金、农业综合开发资金以及政府部门安排的各类建设基金和专项资金，要向库区和移民安置区倾斜；

（2）从筹集的后期扶持资金结余中安排，用于对库区和移民安置区的扶持；

(3)从调整和完善后的库区维护基金中筹集。

同时,地方各级人民政府要加大资金投入,鼓励社会捐助和企业对口帮扶,努力拓宽资金渠道。

3.3.6.3 做好项目规划

要以水库移民村为基本单元,按照优先解决突出问题的原则,抓紧编制库区和移民安置区基础设施建设和经济发展规划,作为国家安排扶持资金和项目的前提与依据。项目的确定要坚持民主程序,尊重和维护移民群众的知情权、参与权和监督权。规划项目一定要解决移民村基础设施和经济发展中存在的突出问题,一定要与水库移民后期扶持规划和其他专项规划相衔接。对于解决水库移民遗留问题的“六年规划”中尚未实施的项目,应优先纳入库区和移民安置区基础设施建设与经济发展规划。

3.4 水库移民后期扶持政策实施的保障措施

3.4.1 提高认识,增强工作责任感

做好移民工作,妥善解决移民群众关心的问题,使他们的长久生活有保障,关系到党和政府的威信,关系到党群、干群关系,关系到改革发展稳定的大局。完善水库移民后期扶持政策,加大扶持力度,是坚持以人为本、体现执政为民思想的一项重要举措,具有十分重要的意义。各地区、各有关部门要充分认识做好水库移民工作的重要性、紧迫性和艰巨性,进一步统一思想,提高认识,加强领导,明确责任,把移民工作摆上重要的议事日程,周密部署,精心组织,稳步推进,确保移民政策落到实处。

3.4.2 落实责任,加强协调配合

移民工作实行属地管理,省级人民政府对本地区移民工作和社会稳定负总责,地方各级人民政府主要负责同志是第一责任人,要有一位负责同志分管移民工作,实行一级抓一级,逐级落实责任,做到责任到位、工作到位。国务院有关部门要按照职责分工,各负其责,密切配合,加强对水库移民工作的指导。

3.4.3 加强组织建设

在国务院移民管理机构组建之前,由发展改革委牵头会同有关部门建立部际联席会议制度,及时协调解决水库移民后期扶持政策实施中出现的问题。省级人民政府要整合现有移民工作力量,明确负责移民工作的管理机构,明确职能,加强能力建设,对参与移民工作的干部要分期分批进行培训。省以下各级人民政府可结合本地实际,因地制宜地明确负责移民工作的机构。要切实加强移民乡村基层组织建设,充分发挥农村基层组织作用,配合做好移民工作。移民工作经费要纳入同级财政预算,为后期扶持工作顺利进行提供组织和政策保障。

3.4.4 制订实施方案及配套文件

各省、自治区、直辖市人民政府根据国务院17号文件抓紧制订本地区水库移民后期扶持实施方案，报国务院批准后组织实施。要细化实施办法，制定相关配套文件，选择若干不同类型的水库先行试点，取得经验后在全省范围内推开。

3.4.5 建立健全后期扶持监督管理机制

地方各级人民政府及其负责移民工作的机构要加强经常性的监督检查，保证资金安全，确保后期扶持政策顺利实施。审定的农村移民后期扶持人数、核实的后期扶持人口以及后期扶持资金使用管理情况，要在乡村（组）张榜公布，接受群众监督；各级监察、审计部门要提前介入，加强监督检查；各级人民政府要建立水库移民后期扶持政策实施情况的监测评估机制，加强监督、协调和指导。

3.4.6 加强宣传，维护社会稳定

各级宣传部门要坚持正确的舆论导向，为后期扶持政策的顺利实施营造良好的舆论氛围。要大力宣传国家的移民法规，配合移民部门做好后期扶持政策的有关宣传、解释工作，充分体现党和政府对水库移民的关心与照顾。要把握好宣传报道口径，严肃宣传纪律，防止炒作。地方各级人民政府要始终注意做好维护稳定的工作，认真排查各种不稳定因素，及时化解矛盾。要耐心细致地做好移民的思想政治工作，引导移民以合理合法的方式表达利益诉求，坚持依法办事、按政策办事，确保社会稳定。

思考题

1. 新时期水库移民后期扶持政策的特点有哪些？
2. 水库移民后期扶持政策的指导思想、目标和原则是什么？
3. 水库移民后期扶持政策的主要内容有哪些？
4. 水库移民后期扶持政策实施的保障措施有哪些？

第 4 章　水库移民后期扶持政策实施工作

在领会水库移民后期扶持政策的精神实质之后，还必须对政策颁布以后如何开展实施工作有充分的了解。只有充分了解后期扶持政策实施的各项具体工作，才能有的放矢地开展监测评估工作。

4.1　水库移民后期扶持政策实施工作概述

实施水库移民后期扶持政策，是中共中央、国务院做出的一项重大决策，是落实科学发展观、建设和谐社会的重要举措。自国务院 17 号文件颁布实施以后，全国各省（区、市）高度重视，认真学习领会国务院 17 号文件的精神，按照全国水库移民后期扶持政策部际联席会议的部署，加强领导，落实责任，精心组织，统筹安排，在深入实际调查研究的基础上，从本省（区、市）经济社会发展和水库移民实际情况出发，积极稳妥地开展了后期扶持政策实施工作，基本实现了“政策兑现、资金安全、社会稳定”的目标。

后期扶持政策实施工作主要包括建立健全实施工作机构、制订实施方案及配套文件、开展试点工作、加强政策宣传、移民人口核定登记、确定扶持方式、编制后期扶持相关规划、规划实施等工作。

从全国来看，新时期水库移民后期扶持政策实施工作主要有以下特点：

（1）涉及人口多、范围广。

截至 2006 年 6 月 30 日，全国纳入后期扶持范围的大中型水库农村移民达 2 288 万人。而纳入大中型库区和移民安置区基础设施建设和经济发展项目扶持的人数更多，达到 1 亿多人。全国有 31 个省（区、市）和新疆建设兵团，333 个地级市，2 258 个县，10% 左右的行政村都涉及大中型水库移民。

（2）投资量大。

按照目前国家初步出台的后期扶持基金政策、库区基金政策及 0.5 厘的电价加价政策，经初步估算，截至 2008 年底，全国水库移民后期扶持资金征收达 230 亿元左右（其中后期扶持基金约 180 亿元，库区基金约 35 亿元，0.5 厘的电价加价约 15 亿元），而且随着水利水电建设的迅猛发展，资金还将继续增加。如果再加上政府财政预算的倾斜资金、各个行业部门接口到的资金及其他资金，则水库移民后期扶持的投资规模更大。

（3）项目过程复杂。

一是项目构成的复杂性。后期扶持项目的内容非常广泛，涉及人畜饮水、供电、通信、学校、医院、公路、桥梁、水利设施等的建设，也有开荒造地、中低产田改造、种植业、养殖业、加工业、乡镇企业、技术培训、生态环境建设等，其品种繁多、规模不等，多达数十甚至数百种，极其复杂。

二是单项工程规模小型性。水库移民后期扶持中的单项工程多为饮水、供电、公路、医疗、学校、土地开发、种植、养殖、加工等项目，为一村一组而建，又由于其分布的广泛性，单项工程的规模都属小型项目，技术比较简单。

三是责任主体多元性。有些项目责任主体落实到村，有些项目由群众自己做，有些由县级移民主管部门来实施。

(4)资金涉及的管理层较多。

中央、省(区、市)、县、乡、村各级都涉及水库移民后期扶持资金的管理。由于新的后期扶持政策的实施直接关系到广大移民群众的切身利益，关系到国家的稳定、民族的团结，关系到社会主义新农村建设的宏伟蓝图，关系到和谐社会的建立，政策实施的效果如何，意义重大，不容闪失。

4.2 建立健全实施工作机构

国务院 17 号文件要求，水库移民工作实行属地管理，省级人民政府对本地区移民工作和社会稳定负总责，地方各级人民政府的主要负责同志是第一责任人，要有一位负责同志分管移民工作，实行一级抓一级，逐级落实责任，做到责任到位、工作到位。根据文件精神，各省(区、市)人民政府分别成立了以主管副省长为组长、省发展改革委、公安厅、教育厅、监察厅、民政厅、财政厅、编委办、社会劳动保障厅、国土资源厅、交通厅、农村工作委员会、水利厅、林业厅、卫生厅、审计厅、地税局、政府法制办公室、物价局、扶贫开发办公室、信访局、宣传部、维稳办等为成员单位的水库移民后期扶持工作领导小组，下设办公室，作为全省水库移民后期扶持工作的管理部门；各市(地、州)、县(市、区)也成立了水库移民后期扶持工作领导小组，并整合现有的移民工作力量，建立和完善移民工作管理机构，充实工作人员，明确相应的职责和权限，实行一级抓一级，把地方政府是责任主体、工作主体、实施主体的要求落到了实处。

同时，加强各级移民干部培训，提高移民干部素质，使广大移民干部深刻领会中央文件精神，准确把握政策界限，掌握正确的工作方法，增强移民干部做好群众工作的能力，成立移民工作组深入库区宣传后期扶持政策、核定登记扶持人口、征求移民村组对后期扶持方式的意见、及时解决移民在生产生活中遇到的实际困难、妥善化解矛盾、维护社会稳定，从而为移民后期扶持政策的实施提供了强有力的组织保障。

4.3 制订实施方案及配套文件

4.3.1 编制后期扶持政策实施方案

根据国务院 17 号文件的要求，中央要求各省(区、市)要认真领会国务院 17 号文件的精神，掌握政策界线，在深入实际调查研究的基础上，从本省(区、市)经济社会发展和水库移民的实际情况出发，编制后期扶持政策实施方案，并上报国务院审批，作为指导本省(区、市)后期扶持政策实施的操作性文件。为确保实施方案全面完整，具有可操作性，国家发展改革委办公厅、水利部办公厅联合印发了《国家发展改革委办公厅、水利部办公厅关于印发大中型水库移民后期扶持政策有关配套文件的通知》(发改办农经〔2006〕1249 号),对实施方案的内容和格式提出了以下要求。

4.3.1.1　**大中型水库移民现状及落实后期扶持政策的指导思想、原则和工作目标**

(1)简要阐述本省(区、市)大中型水库移民现状。主要包括大中型水库数量、移民人数、移民人口分类情况,以及移民收入情况、土地占有情况和安置区基础设施状况等。大中型水库数量和移民人数应与中央和各省(区、市)共同核定数相一致。

(2)提出本省(区、市)落实后期扶持政策的指导思想和基本原则。

(3)明确本省(区、市)落实后期扶持政策的近期工作目标和中长期目标,并尽量量化为具体指标。

4.3.1.2　**落实后期扶持政策的措施和办法**

(1)提出本省(区、市)大中型水库农村移民人口核定登记工作安排意见;明确将中央核定的后期扶持人数落实到移民户或村组的原则、程序和方法;明确本省(区、市)对扶持期内移民人口自然变化的处理办法。

(2)明确本省(区、市)水库移民扶持标准和扶持期限。扶持标准和扶持期限应严格按照国务院 17 号文件的规定执行,不得自行调整。

(3)提出本省(区、市)落实"一个尽量,两个可以"扶持方式的原则、依据和程序。在此基础上,明确以村为单元、以县为单位编制水库移民后期扶持规划的原则、目标、责任主体和时间安排。规划中应明确资金发放到个人和实施项目扶持的具体办法。项目扶持的内容应与所在库区和移民安置区基础设施建设和经济发展规划相衔接。

(4)明确本省(区、市)编制项目扶持所涉及的库区和移民安置区基础设施建设和经济发展规划的原则、目标,以及编制工作的责任主体和时间安排。

(5)提出本省(区、市)拟制定的相关配套文件的目录、主要内容和制定出台的时间安排。配套文件应包括扶持人口核定登记管理办法、后期扶持方式的意见、后期扶持资金管理办法、项目扶持管理办法、监督检查和责任追究制度、宣传提纲等。

4.3.1.3　**开展后期扶持政策试点工作的安排**

(1)提出本省(区、市)开展落实水库移民后期扶持政策试点工作的原则、范围、方法、步骤、组织领导和时间安排。试点水库应具有代表性,跨省(区、市)水库不能作为试点。试点工作的时间不宜过长,原则上不超过 3 个月。

(2)说明各个试点的基本情况,明确试点工作的重点和处理相关事件的对策措施。

(3)提出开展试点工作干部工作队伍的组成、领导和责任;提出干部培训的工作方案,包括培训对象、内容和时间安排。

4.3.1.4　**落实后期扶持政策的保障措施**

(1)明确省级人民政府负责移民工作的组织领导机构和当前的移民管理机构,并提出加强组织和制度建设、完善管理机构、保障工作经费和落实工作责任的具体措施。

(2)明确县、乡两级人民政府在后期扶持政策实施过程中的责任,提出充分发挥移民村级组织作用以及鼓励移民自力更生、艰苦奋斗的措施。

(3)分析本省(区、市)后期扶持政策实施后可能带来的连带影响,特别是对大中型水库非农安置移民、小型水库移民和其他征地拆迁人口的影响,并在实施方案中提出相应的对策措施。提出通过提高电价筹集资金用于解决小型水库移民问题的初步方案。

(4)提出排查化解库区和移民安置区不稳定因素的工作方案,以及处理突发性事件的应急措施和工作预案。

(5)提出加强宣传工作的方案,特别是要对与移民面对面进行政策宣传提出具体要求。宣传方案应主要包括宣传的内容、宣传报道的口径、宣传的方式、组织领导和时间安排。

(6)提出加强与相关省(区、市)沟通协调。确保跨省(区、市)水库"同库同策"的工作机制和具体措施。

4.3.2 制定配套文件

国务院17号文件发布以后,中央出台的后期扶持政策配套文件主要有:大中型水库移民后期扶持政策宣传工作提纲、关于大中型水库农村移民后期扶持人口核定登记工作的意见、大中型水库移民后期扶持政策实施方案编制要求、后期扶持基金征收使用管理办法、经营性大中型水库移民后期扶持资金管理办法、后期扶持结余资金使用管理办法、库区维护基金征收使用管理办法、后期扶持资金征收使用责任追究办法等。

为切实贯彻落实好后期扶持政策,各省(区、市)还先后制定了大中型水库移民后期扶持人口核定登记办法、人口核定登记试点方案、移民后期扶持方式确定办法、移民扶持政策宣传提纲、移民后期扶持资金管理暂行办法、项目扶持管理办法及大中型水库移民后期扶持监督检查和责任追究办法等配套文件,为开展水库移民后期扶持政策实施工作提供了强有力的制度保障,从而促进了水库移民后期扶持工作的科学化和规范化。

4.4 开展试点工作

按照"先行试点、探索经验、完善方案、全面推开"的原则,各省(区、市)选择若干不同类型的、具有代表性的水库开展后期扶持政策实施试点工作。试点工作期间,各省(区、市)人民政府要切实加强领导,认真研究部署,各有关部门精心组织,密切配合,广大人民群众积极参与,以顺利完成试点水库移民后期扶持人口核定登记、扶持方式确定以及做好后期扶持规划编制的初步设想等工作。试点工作的重点是检验各省(区、市)制定的人口核定登记管理办法是否合理,确定后期扶持方式的原则和程序是否可行,移民群众对政策落实工作的意见,可能引发的各种不稳定的因素及其处置效果,从而为进一步落实移民后期扶持政策积累经验。

4.5 加强政策宣传,维护社会稳定

加强政策宣传工作,可以使从事移民工作的干部深刻领会中央政策的内涵和精神实质,把握好政策界限,掌握好工作方法,增强做好群众工作的能力;可以使移民群众正确理解中央政策,充分感受到党和政府的关心和爱护,积极配合,参与监督,增强后期扶持工作的透明度;可以使社会各界全面了解后期扶持政策实施工作的重要意义,为后期扶持政策

的顺利实施营造良好的舆论氛围，切实维护社会稳定。

国务院17号文件出台后，国家发展改革委印发了《国家发展改革委关于印发大中型水库移民后期扶持政策宣传提纲和国发〔2006〕17号文件政策解答的通知》（发改农经〔2006〕1539号），明确了后期扶持政策宣传应紧扣国务院17号文件精神，全面、系统、准确地宣传完善政策的重要意义，历史背景，指导思想、目标和原则，后期扶持政策完善的主要内容，以及后期扶持政策实施的保障措施等。各省（区、市）根据该宣传提纲，结合本地区实际情况，组织编制本地区大中型水库移民后期扶持政策宣传提纲和政策问答等，对宣传工作提出了明确要求。在政策宣传方面，围绕政策实施各个阶段的工作重点，严格按照统一宣传口径，坚持正面宣传，严肃宣传纪律，通过广播、电视、报刊等大众媒体广泛深入宣传水库移民政策法规。同时，组织宣传小分队，运用移民群众喜闻乐见的方式，深入库区和移民安置区开展进村入户、面对面的宣传活动，使移民政策深入人心，家喻户晓，形成了各级移民干部掌握移民政策，广大移民群众理解拥护移民政策，全社会了解支持移民政策的良好局面。

同时，地方各级人民政府要密切注意做好维护稳定工作，认真排查各种不稳定因素，及时化解矛盾。并且耐心细致地做好移民的思想政治工作，引导移民以合理合法的方式表达利益诉求，坚持依法办事、按政策办事，确保社会稳定。

4.6 移民人口核定登记

4.6.1 人口核定登记要求

人口核定登记是贯彻落实水库移民后期扶持政策的基础性工作，关系到后期扶持政策实施的成败，关系到移民群众的切身利益，关系到库区和移民安置区的社会稳定与长远发展。为了做好大中型水库农村移民后期扶持人口核定登记工作，确保水库移民后期扶持政策顺利贯彻实施，维护移民合法权益，国家发展改革委办公厅、水利部办公厅印发了《国家发展改革委办公厅、水利部办公厅关于印发大中型水库移民后期扶持政策有关配套文件的通知》（发改办农经〔2006〕1249号），明确了人口核定登记工作的目标、工作要求、组织领导以及保障措施，以规范和指导全国大中型水库移民后期扶持人口核定登记工作。文中明确指出以下内容。

4.6.1.1 人口核定登记工作目标

人口核定登记工作就是要将中央核定的各省（区、市）的扶持人数落实到具体村组或移民户。能够核实到人的，一定要核实到人；实行直补到人的，必须核实到人。通过扎实有效的工作，保障后期扶持政策的顺利实施。

4.6.1.2 人口核定登记工作的要求

（1）人口核定登记的对象为大中型水库的农村移民。其中，2006年6月30日前搬迁的水库移民为现状人口，2006年7月1日后搬迁的水库移民为原迁人口。

（2）各省（区、市）2006年6月30日前已经竣工或开工建设的水库移民扶持人数，以2006年中央与各省（区、市）共同核定确认的扶持人数为准，一次核定，不再调整。在扶持期内，对移民人口的自然变化采取何种具体政策，由各省（区、市）自行决定，转为非农业户口的农村移民不再纳入扶持范围。

（3）人口核定登记要坚持以原始的规划设计文件为依据。

（4）下列人口不能核定登记为扶持人口：已经转为非农业户口的原迁移民和移民的后代；原迁移民和移民的后代出嫁或入赘到非移民户的后代；为安置农村移民调出土地的人口；水库淹没影响的城集镇、工矿企业、专业设施迁改建新址占地涉及的征地拆迁人口。

（5）人口核定登记要建档立卡，建立统一的登记表。能够核实到人的，要以户为单位登记造册，登记内容应包括人口姓名、性别、身份证号码、与户主的关系、所属水库名称、搬迁时间等；无法核实到人的，要说明无法核实到人的原因，并以村组为单位登记造册，登记内容应包括村组名称、扶持人数、所属水库名称、搬迁时间等。

（6）人口核定登记工作要严格掌握政策，坚持走群众路线，坚持公开、公平、公正的原则，把工作做深、做细、做实。在核定登记前，要将人口核定登记办法等事项予以公告；移民户核定登记表要经移民户主签章认可，移民村组核定登记表要经所在村组签章认可；人口登记结果在上报前须张榜公示，接受群众监督。

（7）人口核定登记结果要自下而上逐级汇总。汇总成果应由组、村、乡、县、市各级负责人分别签章认可。各省（区、市）还应以水库为单位汇总人口核定登记成果。对于跨省水库的人口核定登记，相关省（区、市）要相互协调，确保人口核定登记“同库同策”。

4.6.1.3 人口核定登记工作的组织领导

人口核定登记工作实行属地管理，由省级人民政府负总责，以县级人民政府为基础组织实施。县级以上地方人民政府要明确专门的机构牵头组织开展人口核定登记工作，挑选一批思想素质好、政策水平高、业务能力强、群众工作经验丰富的干部组成工作组，具体承担人口核定登记工作。

移民所在乡镇人民政府要高度重视，把人口核定登记工作当做一件重要的任务来抓，抽调专门人员配合做好人口核定登记工作。移民所在村要充分发挥基层组织的战斗堡垒作用，全力以赴做好本村人口核定登记工作，切实维护社会稳定。

地方各级监察部门要加强对人口核定登记工作监督检查；省级移民管理机构要组织力量对本地区人口核定登记结果进行抽查，发现问题，及时督促整改、纠正或查处。

4.6.1.4 人口核定登记工作的保障措施

人口核定登记工作政策性强、涉及范围广、成果质量要求高，为确保人口核定登记工作的顺利进行，各省（区、市）结合本地区实际研究制定相关人口核定登记办法，认真做好有关工作人员的培训工作，统一思想，提高认识，准确把握政策界限，掌握正确的工作方法，为做好人口核定登记工作打下坚实基础。各级地方人民政府要切实保障人口核定登记的工作经费，发展改革、财政、公安、水利、电力等部门以及工程建设管理、设计等有关单位要密切协作，积极配合人口核定登记工作组开展工作。农村基层组织要引导移民群众积极参与，共同做好人口核定登记工作。各级人民政府要切实加强对人口核定登记工作的监督检查，及时研究解决工作中存在的问题，确保人口核定登记工作顺利进行。要切实把好人口核定登记工作质量关，严禁虚报移民人口，对违反国家有关政策规定，弄虚作假、以权谋私的,要给予严肃处理。

按照中央要求,各省(区、市)研究制定本地区大中型水库移民后期扶持农村移民人口核定登记工作的意见、办法、实施细则等政策文件,组织人口核定登记工作机构,明确责任,强化措施,在搞好摸底调查,积累有效经验的基础上,切实做好本地区人口核定登记工作,将中央核定的后期扶持移民人数落实到具体村组或移民户,为后期扶持政策的实施奠定坚实的基础。

4.6.2 人口核定登记程序

人口核定登记工作涉及面广、政策性强、成果质量要求高,是后期扶持政策实施工作中的一项重要任务。下面结合2008年对某县后期扶持监测评估工作的实践,介绍人口核定登记的程序,以期读者对人口核定工作有更深入的了解。

该县在人口核定登记工作中加强组织领导,明确各级责任,加大宣传力度,严格核定程序,按照“尊重历史、实事求是、公开透明、确保稳定”的原则开展工作,着力确保人口核定登记准确无误。其人口核实登记程序如下。

4.6.2.1 **成立机构,培训人员**

县政府成立了人口核定登记工作领导小组,并挑选了一批思想素质好、政策水平高、业务能力强、群众工作经验丰富的干部,组成工作组,经过必要的培训后,具体承担人口核定登记工作。

4.6.2.2 **宣传动员**

利用会议、宣传栏、广播、电视等形式,按照统一的宣传口径,广泛宣传国务院17号文及有关移民后期扶持政策配套文件和省、市、县人民政府的文件政策精神,将人口核定登记办法予以公告。

4.6.2.3 **核定登记**

(1)各户申报。群众根据移民身份界定条件进行申报,村移民身份审查委员会或监督委员会对各户申报的情况进行审查或监督,逐户进行认定,如表4-1所示。

(2)逐户登记。将认定的结果,在所在村张榜公示7天,群众无异议后,由村登记员统一以户为单位进行登记,填写农村移民人口核定登记表,如表4-2所示。

对原列入项目扶持范围的“跨库村生产安置移民”和移民安置规划内的该迁而未迁人口,要进行专门统计,如表4-3所示。

(3)上报乡(镇)。登记结果在村监督委员会的监督下,由村、组负责人员签字盖章,并以村为单位汇总上报到所在乡(镇),形成乡(镇)后期扶持人口花名册,张榜公示7天。如表4-4所示。

(4)逐户核查。公安户籍管理部门,对村上报的登记成果,对照户籍册,逐户核查移民身份,并签字盖章。

(5)逐户审核。乡(镇)对村上报的登记成果,逐户进行审核,签字盖章,并以乡(镇)为单位汇总上报到县移民管理机构审查。

表 4-1　________水库农村移民后期扶持人口登记表

____________县(市、区)____________乡(镇)____________村____组　　　编号：

<table>
<tr><td rowspan="3">户主</td><td>姓名</td><td></td><td>性别</td><td></td><td colspan="2">出生年月</td><td></td></tr>
<tr><td>户口所在地</td><td colspan="2"></td><td>身份证号码</td><td colspan="3"></td></tr>
<tr><td colspan="2">何年何月从何地迁出</td><td colspan="3"></td><td>是否原迁人口</td><td></td></tr>
<tr><td rowspan="4">家庭成员</td><td>姓名</td><td>性别</td><td>与户主关系</td><td>出生年月</td><td>身份证号码</td><td>是否原迁人口</td><td>备注</td></tr>
<tr><td></td><td></td><td></td><td></td><td></td><td></td><td></td></tr>
<tr><td></td><td></td><td></td><td></td><td></td><td></td><td></td></tr>
<tr><td></td><td></td><td></td><td></td><td></td><td></td><td></td></tr>
<tr><td colspan="2">本户后期扶持人数</td><td></td><td>其中原迁人口</td><td></td><td>户主(签章)</td><td colspan="2"></td></tr>
<tr><td>村民小组意见</td><td colspan="3">(签章)
年　月　日</td><td>村委会意见</td><td colspan="3">(签章)
年　月　日</td></tr>
<tr><td>乡镇核准意见</td><td colspan="7">(签章)
年　月　日</td></tr>
</table>

登记员(签章)：　　　　　　　　　　　　复核员(签章)：

表 4-2　________水库农村移民后期扶持人口分户汇总表

________县(市、区)________乡(镇)________村(居)______组　　　　制表时间：　年　月　日

<table>
<tr><td rowspan="2">序号</td><td rowspan="2">户主</td><td rowspan="2">合计</td><td rowspan="2">男</td><td rowspan="2">女</td><td colspan="4">户口临时迁出</td><td rowspan="2">原迁</td></tr>
<tr><td>小计</td><td>现役士兵</td><td>大中专在校学生</td><td>服刑</td></tr>
<tr><td></td><td></td><td></td><td></td><td></td><td></td><td></td><td></td><td></td><td></td></tr>
<tr><td></td><td></td><td></td><td></td><td></td><td></td><td></td><td></td><td></td><td></td></tr>
<tr><td></td><td></td><td></td><td></td><td></td><td></td><td></td><td></td><td></td><td></td></tr>
<tr><td colspan="2">合计</td><td></td><td></td><td></td><td></td><td></td><td></td><td></td><td></td></tr>
</table>

填报单位(签章)　　　　　　　　　　　　负责人(签章)

表 4-3 ________水库农村移民不登记到户人数统计表

__________县(市、区)__________乡(镇)__________村　　　　统计时间：　年　月　日

<table>
<tr><td>村名称</td><td></td><td>不登记到户的移民扶持人数(人)</td><td></td></tr>
<tr><td>“跨库村生产安置移民”或规划内的该迁而未迁人口情况说明</td><td colspan="3"></td></tr>
<tr><td>填报人</td><td>(签章)
年　月　日</td><td>村民小组或村委会</td><td>(签章)
年　月　日</td></tr>
<tr><td>乡(镇)意见</td><td>(签章)
年　月　日</td><td>县(市、区)移民管理机构意见</td><td>(签章)
年　月　日</td></tr>
</table>

说明:1. 此表由移民村组按移民后期扶持人口核定登记办法要求填报。

2. 不登记到户的移民人数是指列入项目扶持范围的“跨库村生产安置移民”和移民安置规划内的该迁而未迁人口。

表 4-4 ________县(市、区)农村移民后期扶持人口花名册

制表时间：　年　月　日

乡(镇)名称	村	水库名称	扶持人口编号	姓名	性别	出生年月	身份证号码	登记表编号	是否系原迁	是否系无土安置	是否系户口临时迁出

填报单位(签章)：　　　　　　负责人(签章)：　　　　　　公安户籍(签章)：

4.6.2.4 自查验收

为保证人口核定登记的准确性,各乡(镇、街道)成立自查验收委员会,对本乡(镇、街道)的大中型水库移民后期扶持人口核定登记情况进行自查验收。自查验收的主要内容包括移民身份核定依据、人口核定登记工作的程序和做法、人口核定登记成果、群众对人口核定登记结果的满意度等四个方面:

(1)移民身份核定依据验收。审查本地原迁移民身份证明材料、外地迁入移民身份证明材料、移民配偶及后代身份证明材料、移民配偶及后代与原迁移民关系证明材料等的真实有效性。

(2)人口核定登记工作的程序和做法验收。人口核定登记工作责任主体是否明确、具体工作程序和做法是否规范合法、宣传工作是否做到家喻户晓、是否制定人口核定登记细则、登记结果是否在移民村张榜公布等。

(3)人口核定登记成果验收。人口核定登记档案基础材料是否完整、人口核定登记

是否齐全、各类数据统计是否正确、移民身份分类是否清楚明了等。

(4)群众对人口核定登记结果的满意度验收。有关人口核定登记工作方面的移民上访情况、主要矛盾集中体现在哪几个方面、对于影响移民区稳定的突出问题如何处理等。

在各乡(镇、街道)验收委员会全面自查验收的基础上,县验收委员会采取随机抽查的办法,以听汇报、查资料、开座谈会和入户走访的形式进行验收。

4.6.2.5 监察监督

纪检、监察部门全程参与后期扶持工作,设立举报箱,公开举报电话,加大对移民人口核定工作的监督力度,对违反有关政策规定,弄虚作假、以权谋私、虚报移民人口的,一经查实,依据有关规定严肃处理。

4.6.2.6 汇总人口核定登记成果

按照人口核定登记程序完成人口核定登记工作之后,对辖区内的大中型水库后期移民扶持人口进行统计汇总,形成移民后期扶持人口核定登记成果,报上级人民政府或移民管理机构以作为移民后期扶持资金发放的重要依据。

登记核实汇总成果包括:①辖区内大中型水库数量与名称;②各水库涉及移民户数与人口数量;③移民在各乡(镇)的分布。如表 4-5 和表 4-6 所示。

表 4-5 ________县(市、区)大中型水库后期扶持人口(按水库)汇总表

序号	水库名称	现有移民户数(户)	现有移民人数(人)

填表单位(盖章): 填表人(签章): 复核人(签章): 日期:

表 4-6 ________县(市、区)大中型水库农村移民后期扶持人口(按乡(镇)分布)汇总表

序号	乡(镇)	水库(多个水库应逐一列出)	现有移民户数(户)	现有移民人数(人)
各乡(镇)各水库农村后期扶持移民人口合计(人)				

填表单位(盖章): 填表人(签章): 复核人(签章): 日期:

4.7 确定扶持方式

在总结多年来水库移民后期扶持工作经验教训的基础上,国务院 17 号文件明确了后期扶持方式确定的原则和程序,提出了“一个尽量,两个可以”的扶持方式,即后期扶持资金能够直接发放给移民个人的应尽量发放到移民个人,用于移民生产生活补助;也可以实行项目扶持,用于解决移民村群众生产生活中存在的突出问题;还可以采取两者结合的方式。为让移民直接受益,政策特别规定,具体扶持方式的确定,必须充分尊重移民意愿并听取移民村群众意见,听取移民村群众意见的范围,应以为移民调整生产资料涉及的自然

村或村民小组为基础合理确定。

4.8 编制后期扶持相关规划

水库移民后期扶持相关规划是实施后期扶持政策的重要依据，主要包括：大中型水库移民后期扶持规划（简称后期扶持规划）、大中型水库库区和移民安置区基础设施建设和经济发展规划（简称建设和发展规划）。两个规划都是后期扶持政策实施的重要文件，但它们有明显的区别。

后期扶持规划的重点是落实“一个尽量，两个可以”的扶持方式，解决移民的温饱问题和生产生活存在的突出问题。实行项目扶持的，必须以村为单位，选择移民和移民村组的群众能够直接受益的小项目，原则上不规划跨村组的大项目。

建设和发展规划是结合区域经济社会发展的项目扶持规划，规划的重点是：加强基本口粮田及配套水利设施建设，加强交通、供电、通信和社会事业等方面的基础设施建设，加强生态建设、环境保护，加强移民劳动力就业技能培训和职业教育。按照优先解决突出问题的原则编制，主要解决库区和移民安置区长远发展问题。

同时，两个规划的项目扶持也有区别，主要有：第一，资金来源渠道不同。后期扶持规划的项目扶持的资金来源于销售电量加价提取的后期扶持基金；建设和发展规划的项目扶持的资金来源是多渠道的，有向库区倾斜的中央投资，有结余的后期扶持基金，还有调整完善后的库区维护基金。第二，扶持的范围不同。后期扶持规划的项目扶持只用于解决移民村群众生产生活存在的突出问题，建设和发展规划的项目扶持用于统筹解决库区和移民安置区的基础设施薄弱和长远发展问题。第三，项目确定的方式不同。后期扶持规划的项目必须经过移民村绝大多数移民同意后确定；建设和发展规划的项目由地方政府根据实际情况确定。这两种项目扶持，都要坚持以规划为前提，并做好两个规划之间的衔接，充分发挥扶持资金效益。

4.8.1 编制后期扶持规划

后期扶持规划是贯彻落实国务院 17 号文件的重要保障，也是指导移民后期扶持工作的重要文件。规划内容应包括：制定规划的必要性、意义、指导思想、原则、依据、目标、范围、内容、工作程序及时间安排等。后期扶持规划的编制，以移民村组（自然村）为单元，由县级人民政府组织编制，经市人民政府审核后，报省人民政府审批。编制的后期扶持规划应涵盖以下内容。

4.8.1.1 规划编制的必要性和意义

规划是今后一段时间大中型水库移民后期扶持工作的重要依据，编制规划是做好大中型水库移民后期扶持工作的基础和关键。编制后期扶持规划是为了使移民后期扶持工作有明确的目标、任务、进度、措施，它有助于后期扶持工作按照规划逐步推进、实现，是移民后期扶持政策实施的前沿端口，编制后期扶持规划也有助于移民管理机构或其他部门对照检查移民后期扶持工作的进展和执行情况。

4.8.1.2 规划编制的指导思想和基本原则

1. 指导思想

以邓小平理论和“三个代表”重要思想为指导，坚持以人为本，贯彻科学发展观，全面落实国务院17号文件精神,从解决水库移民温饱和生产生活突出问题入手,充分尊重移民意愿,完善扶持方式,提高移民直接受益程度,使移民共享改革发展成果,促进农村社会稳定和移民安置区经济社会可持续发展。

2. 基本原则

编制后期扶持规划应遵循以下基本原则:

(1)坚持移民自愿。确定扶持方式和扶持项目,要坚持移民自愿的原则,充分尊重移民意愿,并听取移民村组(自然村)群众意见。

(2)坚持优先解决温饱问题。把解决移民温饱放在首位,兼顾移民生产生活突出问题,逐步提高移民生活水平。

(3)坚持开发性移民方针。在国家的帮助和扶持下,动员移民群众自力更生、艰苦创业,合理开发利用资源,增强自我积累、自我发展的能力,增加收入,解决温饱,摆脱贫困。

(4)坚持经济发展与生态保护相结合。既要考虑加快发展生产,又要注意保护生态环境,实现移民安置区生产发展、生活水平提高、生态环境改善。

(5)坚持维护移民安置区社会稳定。在切实维护移民群众合法权益的前提下,统筹兼顾,合理安排和处理好相关群众的问题,促进规划的顺利实施和移民安置区的社会稳定。

4.8.1.3 规划编制的依据

(1)《大中型水利水电工程建设征地补偿和移民安置条例》(国务院令第471号);

(2)《国务院关于完善大中型水库移民后期扶持政策的意见》(国发〔2006〕17号);

(3)《财政部关于印发〈大中型水库移民后期扶持基金征收使用管理暂行办法〉的通知》(财综〔2006〕29号;

(4)《财政部关于加强大中型水库移民后期扶持资金管理的通知》(财企〔2006〕202号);

(5)《国家发展改革委办公厅、水利部办公厅关于印发大中型水库移民后期扶持政策有关配套文件的通知》(发改办农经〔2006〕1249号);

(6)经批准的大中型水库移民后期扶持政策实施方案及其配套文件;

(7)移民安置所在县国民经济和社会发展"十一五"及中长期规划;

(8)移民的意愿及移民村组社会经济现状调查资料;

(9)其他相关资料。

4.8.1.4 规划的目标

规划的期限:原则上以不超过3~5年为宜。

规划的目标:重点解决水库移民温饱和生产生活突出问题。

规划目标要尽量量化,提出移民人均纯收入的具体指标。有项目扶持的村组(自然村),还要针对扶持的项目提出应达到的具体指标。如土地资源(耕地等)、住房、人畜饮水、农田水利、道路、供电、医疗、教育、生态环境等方面的指标。

4.8.1.5 规划的范围

后期扶持范围为大中型水库的农村移民。其中,2006年6月30日前搬迁的水库移民为现状人口,2006年7月1日以后搬迁的水库移民为原迁人口;后期扶持规划是针对纳入扶持范围的移民每人每年补助600元的扶持规划；采取资金直接发放方式的，规划范围不能超出扶持人口；采取项目扶持方式的，规划范围原则上限于移民村组（自然村）。

4.8.1.6 规划编制的基础工作

1. 扶持人口核定登记

移民扶持人口核定登记是准确把握扶持对象规模与特征、发放移民扶持资金的重要关口，必须要有完备的移民扶持人口核定登记办法，对登记成果要反复核定并张榜公布。

2. 移民情况调查

（1）移民主要情况及意愿调查。主要包括：土地资源、收入水平及构成、住房条件、对扶持方式的意愿等。

（2）移民所在县及移民村组（自然村）社会经济调查。主要包括：移民所在县及移民村组（自然村）的人口、年人均纯收入水平、土地资源、基础设施状况及存在的主要问题。

4.8.1.7 规划的内容

1. 移民生产生活现状及其评价

移民生活现状包括移民收入水平、住房状况、交通、人畜饮水、供电、通信和社会事业等；移民生产现状包括移民拥有土地资源（数量和质量）、收入来源、产业结构、职业技能水平等；移民生产生活水平与当地群众的比较（从绝对值和相对值两个方面进行比较分析）；对移民生产生活存在的突出问题及原因从自然因素、经济因素、社会因素、政策因素等方面进行分析。

2. 后期扶持方式

（1）后期扶持方式确定的原则和程序。包括工作主体、征求意见的范围、方式及移民群众的主要意愿、听取移民村组（自然村）群众意见的方法。扶持方式的确定，坚持能将移民核定到人的，要尽量将资金直接发给移民个人，也可以实行项目扶持，还可以实行现金直补与项目扶持相结合的方式。

（2）移民和移民村组（自然村）群众对扶持方式的主要意见。

（3）规划移民村组（自然村）的具体后期扶持方式。

（4）后期扶持方式实施的保障措施。

3. 资金直接发放规划

（1）资金发放对象。以移民村组（自然村）为单位，列出扶持户数、人数、扶持对象的个人主要信息资料。

（2）资金发放的依据、程序、方式、标准、年限、时间。

（3）资金发放的效果及其相关影响的分析。

（4）资金发放工作的监督管理措施。

4. 项目扶持规划

（1）项目确定的原则。根据绝大多数移民的意愿，按“先生存、后发展”及“需要与可能相结合”的原则，分轻重缓急具体列出本村组（自然村）存在的突出困难和问题，并分析其存在的原因和对移民生产生活的影响，在此基础上提出规划项目安排意见。

规划项目重点限于移民村组（自然村）、移民群众能直接受益的项目，原则上不安排跨村和移民村组(自然村)以外的项目。特殊情况确实需要安排跨村和移民村组(自然村)以外项目的,应征得相关移民村组(自然村)大多数移民和移民村群众的同意。

规划应尽量避免安排经营性项目,以规避风险。

(2)项目可行性分析。主要包括项目的建设规模、建设条件、主要工程量、投资估算、进度安排、效益分析、环境保护、风险评估、建设主体、运行管理等方面的内容。投资规模超过50万元(含50万元)的项目,必须根据项目所在行业的规程规范编制可行性研究报告。

5.规划资金规模

(1)年度投资规模:600元/人×扶持人数。

(2)规划投资总规模:年度投资规模×扶持年限。

(3)采取直接发放资金方式的,要说明直补到人资金数量。

(4)采取项目扶持方式的,要提出年度项目计划。

6.保障措施

(1)明确负责移民工作的管理机构,并提出加强组织和制度建设、完善管理机构、保障工作经费和落实工作责任的具体措施。

(2)明确县、乡两级人民政府在后期扶持政策实施过程中的责任,提出充分发挥移民村级组织作用以及鼓励移民自力更生、艰苦奋斗的措施。

(3)提出开展移民干部培训的工作方案。培训方案应主要包括培训的对象、内容和时间安排。

(4)明确各级政府的移民稳定工作责任和具体工作要求。

(5)提出排查化解库区和移民安置区不稳定因素的工作方案,以及处理突发性事件的应急措施和工作预案。

7.规划实施效益评价

(1)经济效益评价。实行现金直补的,分析对移民收入水平的直接影响和间接影响。实行项目扶持的,分析项目实施后对移民收入水平和当地经济发展的影响。

(2)社会效益评价。分析规划实施后,对当地经济社会发展和其他相关群众生产生活的影响。

(3)环境效益评价。分析规划项目实施后,对当地生态环境的影响。

4.8.1.8 规划的工作程序与时间安排

规划编制要有明确的分阶段的目标与任务,以及相应的时间安排。

4.8.2 编制建设和发展规划

建设和发展规划即大中型水库库区和移民安置区基础设施建设和经济发展规划,是对水库移民后期扶持长远工作的统筹部署,它带有方向性、战略性、指导性,是确保库区和移民安置区长期发展与稳定的一项重要基础工作。建设和发展规划由县级人民政府组织编制,省级人民政府按照批准的大中型水库库区和移民安置区基础设施建设和经济发展规划纲要进行审批。建设和发展规划编制以库区和移民安置区的村(组)为基本单元,要与县域经济发展五年规划相衔接,原则上每五年编制一次。编制的建设和发展规划应涵盖以下内容。

4.8.2.1　规划的指导思想和基本原则

1. 指导思想

以邓小平理论和“三个代表”重要思想为指导，坚持以人为本，贯彻科学发展观，全面落实国务院17号文件精神，按照实施开发性移民方针的要求，在解决水库移民温饱问题的基础上，结合社会主义新农村建设和全面建设小康社会的要求，整合各方力量，加大投入力度，逐步改善库区和移民安置区生产生活条件，不断提高移民收入水平，建立库区和移民安置区社会稳定长效机制，促进经济社会可持续发展。

2. 基本原则

(1)坚持突出重点，统筹兼顾，村组直接受益，优先解决移民群众生产生活中的突出问题，加强基础设施建设、社会事业发展，促进库区和移民安置区全面发展。

(2)坚持从实际出发，因地制宜，根据各地实际情况，在分析需要与可能的基础上，合理确定发展目标，科学规划，协调发展。

(3)坚持以人为本，尊重移民意愿，切实维护移民村群众在规划编制和实施中的知情权、参与权和监督权。

(4)坚持开发性移民方针，增强移民村群众自我发展能力，在国家的帮扶下，动员移民村群众自力更生、艰苦创业，合理开发利用资源，增强自我积累、自我发展的能力。

(5)坚持保护生态环境、节约利用土地、严格保护耕地的方针，按照建设资源节约型社会的要求，促进人与自然和谐，实现经济发展与人口、资源、环境相协调和社会经济可持续发展。

(6)坚持与区域经济发展规划相结合，在本地区经济社会发展规划的基础上，制定本规划，加快库区和移民安置区经济社会的发展速度。

4.8.2.2　规划目标

1.规划水平年

2006年为规划基准年，近期规划水平年为2010年，中长期规划水平年为2020年，远期规划水平年为2026年。

2. 规划目标

(1)近期目标。通过加大投入，解决制约库区和移民安置区经济发展的突出问题，使库区和移民安置区的经济社会发展基本达到当地“十一五”末的平均水平。

基本建成能满足移民粮食自给的旱涝保收农田，南方有条件的地区达到人均0.5亩以上、北方争取人均1亩以上的基本口粮田。

基本实现移民村群众饮水安全。

行政村通公路，并基本解决村组内的交通问题。

村(组)通电，基本实现移民村群众户户通电。

行政村有卫生室。

解决义务教育阶段移民村群众子女上学问题。

争取每户有1个以上劳动力接受劳务输出技能培训或农业实用技术培训。

基本实现行政村通广播电视、通电话。

移民村群众生存条件明显好转,库区和移民安置区的生态环境有所改善。

(2)中长期目标。结合建设社会主义新农村和全面建设小康社会的要求,进一步加强库区和移民安置区基础设施和生态环境建设。

(3)远期规划目标。移民村生活水平逐步达到当地农村平均水平,实现库区和移民安置区的经济社会与当地农村同步发展。

4.8.2.3 规划编制的依据

(1)《大中型水利水电工程建设征地补偿和移民安置条例》(国务院令第471号);

(2)《国务院关于完善大中型水库移民后期扶持政策的意见》(国发〔2006〕17号);

(3)《财政部关于印发〈大中型水库移民后期扶持基金征收使用管理暂行办法〉的通知》(财综〔2006〕29号);

(4)《国家发展改革委办公厅、水利部办公厅关于印发大中型水库移民后期扶持政策有关配套文件的通知》(发改办农经〔2006〕1249号);

(5)经批准的大中型水库移民后期扶持规划;

(6)库区和移民安置区所在县国民经济和社会发展"十一五"规划、中长期规划及相关专项规划;

(7)村(组)的经济社会现状调查资料;

(8)有关行业的规程、规范及其他相关资料。

4.8.2.4 规划的范围

规划的范围为大中型水库库区和农村的移民安置区。

4.8.2.5 规划的基础工作

1.基本资料收集

(1)可供移民村开发利用的各种资源(储量、质量和分布)、开发利用现状、开发条件、发展规划、环境状况等资料。

(2)库区和移民安置区所在县行政区划图,当地国民经济和社会发展"十一五"规划以及农业、水利、电力、交通、卫生、教育、生态建设、国土资源、环境保护、通信、扶贫等部门专项规划。

(3)库区和移民安置区2006年农村人均纯收入资料。

(4)库区和移民安置区2006年主要农副产品、建材、运输价格和人工工资等资料,有关工程定额和取费标准。

(5)历年来水库移民问题处理情况。

2.基本情况调查

以村(组)为基本单元对库区和移民安置区生产生活现状以及存在的主要问题进行调查。

(1)移民村群众生产生活现状。包括农田水利设施、人畜饮水、道路、供电、通信条件和社会事业状况,以及移民村群众拥有土地资源、收入构成、收入水平和职业技能水平等方面的情况。

(2)存在的主要问题及从自然因素、经济因素、社会因素、政策因素等方面对其进行原因分析。

(3)移民村群众对扶持项目的意愿。包括移民村群众意愿的调查方法和调查成果。

4.8.2.6 规划任务及主要内容

1. 任务

建设和发展规划作为国家安排库区和移民安置区扶持资金和项目的前提与依据,其主要任务是解决库区和移民安置区长远发展问题,重点是加强基本口粮田建设及配套水利设施建设,加强交通、供电、通信和社会事业等方面的基础设施建设,加强生态建设和环境保护,加强移民劳动力就业技能培训和职业教育,发展使移民能够直接受益的生产开发项目。

项目确定时,要切实维护移民群众的知情权、参与权和监督权,在规划报告中要说明移民群众在规划编制过程中的参与情况和主要意愿。库区及安置区规划要与乡镇规划相衔接。

中央直属水库移民遗留问题处理2002~2007年规划中未完工及未实施的项目,可优先纳入本规划逐步解决。

2. 主要内容

(1)基本口粮田建设及水利设施配套项目规划。

在落实耕地和基本农田保护各项措施的前提下,拟定土地整理、开发、中低产田改造及农田水利配套设施项目,发展农产品生产基地建设,计算主要工程量,估算工程投资并提出资金筹措方案,说明移民受益情况。

(2)农村饮水安全、农村沼气、交通、供电、通信和社会事业等基础设施项目规划。

对人畜饮水存在困难或饮水安全没有达标的村(组),可规划必要的水源开发、引水、供水、改水等项目。

对于适宜发展沼气的村(组),可规划建设农村沼气项目。

村(组)内交通条件差的,可规划村(组)内道路整治项目及其他必要的交通设施;对不通公路的行政村,可规划公路建设、道路改造等项目。

对无电地区应规划必须的输、供电设施,对农村电网进行完善。

社会事业方面,对文化、教育设施不完善或条件较差的行政村,可规划必要的校舍、文化站等文化教育设施;对医疗卫生条件较差的行政村,可规划卫生室项目;对不通电话、电视的村(组),可规划必要的通信广播设施。

以上项目要结合现有专项规划,按照有关规程、规范设计,计算主要工程量,估算工程投资并提出资金筹措方案,说明移民受益情况。

(3)生态建设及环境保护规划。

对库区和移民安置区需要进行生态环境保护的地方,可规划生态环境保护项目,重点包括库区塌岸、浸没影响、淤积、水土流失等问题的处理。提出处理方案,计算主要工程量,明确资金筹措方案,说明项目区生态环境改善情况。

(4)劳动力技能培训和职业教育规划。

根据移民村劳动力状况,结合劳动力市场需求和输出情况,规划实用技术、职业技能培训和职业教育项目,说明培训内容、范围、费用、移民受益及劳动力转移情况等。

(5)生产开发项目规划。

生产开发项目规划应根据区域经济发展、产业布局和市场需求,充分利用库区和移民安置区资源，在尊重移民村群众意愿的基础上，对移民群众直接受益的种植业、畜牧业、渔业和加工业、服务业等项目进行合理的规划。提出扶持方向，扶持方式、投资估算，市场与效益（包括移民增收）分析。

对于移民群众受益范围广、市场前景好、效益突出的龙头企业项目可进行适当扶持，但是要明确这类项目的产权组成和经营管理方式。

以上各类项目要根据所在行业的有关规定编制相应的技术文件。

4.8.2.7 规划投资规模及筹措方案

对规划项目投资进行汇总，估算规划所需的投资总规模，提出分年度投资计划。根据实际情况提出切实可行的资金筹措方案，并提出政府性资金（包括预算内投资、国债资金、扶贫资金、农业综合开发资金）、各类建设基金、专项资金等和其他资金的投入额度。

4.8.2.8 规划实施效益分析

针对各个项目实施的效果，总体分析规划目标实现程度。

(1)经济效益分析。

分析规划实施后，对移民村群众收入水平和当地经济发展的影响。

(2)社会效益分析。

分析规划实施后，对移民村群众生产生活水平和当地经济社会发展的影响。

(3)环境效益分析。

分析规划项目实施后，对当地移民村群众生存条件及生态环境的影响。

4.8.2.9 规划实施的保障措施

(1)明确规划实施管理工作的组织领导机构，提出各级机构的工作职责和管理权限。提出为保障规划顺利实施拟制定的规章制度名称及主要内容。

(2)落实规划实施管理工作的机构经费和工作经费；提出落实资金筹措方案中地方配套资金的措施。

(3)明确监督监管机制，提出移民监督、行政监督、监测评估的主要内容。

4.9 后期扶持相关规划实施

后期扶持相关规划的实施是贯彻落实国务院17号文件的重要内容，是解决水库移民温饱问题及促进库区和移民安置区经济社会发展的重要手段，是解决后期扶持政策中各种矛盾的有效措施。后期扶持相关规划实施主要包括年度计划编报、直补资金发放、项目实施管理等工作。

4.9.1 编报年度计划

编报年度计划是后期扶持规划分期、分步骤完成的重要环节，年度计划的制定应以批准的后期扶持规划与建设和发展规划为依据。

年度计划编报的主要内容包括：年度计划文件和项目计划表。计划文件内容说明上年度计划执行的简要情况，本年度计划编制的指导思想、项目内容、资金数量、主要工作、达到的目标和效益，主要措施及配套资金落实等情况；以村为单位，逐级上报汇总，形成县

(市、区)年度总计划。

年度计划表分为两类:一是以后期扶持规划为依据制定的年度计划表,包括后期扶持直补计划、项目计划,如表4-7、表4-8所示;另一类是以建设和发展规划为依据制定的年度计划表,如表4-9所示。

表4-7　_____县(市、区)_____年度大中型水库移民后期扶持直补计划表

序号	乡(镇)	村	组	所属水库	直补人数	年度直补资金		发放方式		
						金额(元)	标准(元/人)	发放机构	按季发放	
									金额(元)	标准(元/人)
合计										

填表单位(盖章):　　　　　　填表人(签章):　　　　　　复核人(签章):

表4-8　_____县(市、区)_____年度大中型水库移民后期扶持规划项目计划表

项目地点(乡、村、组)	水库名称	受益人群	项目名称	建设内容和规模	资金(万元)			预期收益
					小计	投资	自筹	
合计								

填表单位(盖章):　　　　　　填表人(签章):　　　　　　复核人(签章):

表4-9　_____县(市、区)_____年度大中型水库移民后期扶持建设和发展规划项目计划表

申报单位:

项目地点(乡、村、组)	水库名称	项目名称	建设内容和规模	资金(万元)			预计效益		
				小计	投资	自筹	工程效益	受益(人)	
								人数	移民
		一、基本口粮田及水利设施							
		二、基础设施							
		1. 农村饮水安全							
		2. 农村沼气							
		3. 交通							
		4. 供电							
		5. 社会事业							
		三、生态建设及环境保护							
		四、技术培训和职业教育							
		五、生产开发							
		⋮							

填表单位(盖章):　　　　　　填表人(签章):　　　　　　复核人(签章):

4.9.2 后期扶持资金发放

后期扶持资金发放是贯彻国务院 17 号文件的重要措施，能使移民群众直接感受到党和政府的温暖及后期扶持政策带来的实惠。根据后期扶持方式确定的情况，县级移民主管部门将核定登记的农村移民人口的发放名册报县政府批准后，报送县财政局；然后县财政局根据发放名册将资金划入指定银行为移民开设的专用账户中；银行为移民户或个人办理存折或银行卡；移民凭存折或银行卡到银行领取现金。资金发放期间，还要定期对移民人口自然变化情况进行核查。

4.9.3 后期扶持项目实施

由于各地情况不一，后期扶持项目实施的做法也不尽一致。笔者仅结合 2008 年对某县后期扶持监测评估工作的实践，介绍后期扶持项目实施的做法，以供参考。

4.9.3.1 项目确定的原则

(1)移民自愿的原则。

确定的扶持项目，既要公开、公平、公正，经过民主决策，充分尊重移民意愿，听取移民所在村组群众的意见，又要能为移民解决实际问题。

(2)因地制宜的原则。

扶持项目既要结合本村组的自然条件、经济社会发展水平和生产生活方式，认真解决当前突出问题，又要与建设高水平小康社会和建设社会主义新农村相结合，切实解决水库移民长远发展的问题。

(3)发展与保护并重的原则。

项目的确定，既要考虑加快发展生产，又要注重保护生态环境，实现移民村生产发展、生活水平提高、生态环境改善。

(4)突出重点的原则。

以解决当前移民村群众生产生活中存在的突出问题为重点来规划项目。

(5)开发性移民的原则。

在国家的帮助和扶持下，动员移民自力更生、艰苦创业，合理开发利用当地资源，增强移民村群众自我积累、自我发展的能力。

(6)维护稳定的原则。

在切实维护移民群众合法利益的前提下，统筹兼顾，合理安排，处理好不同群体的关系，兼顾各方面利益，促进移民后期扶持项目的顺利实施和移民村的社会稳定。

4.9.3.2 项目确定的程序和方法

(1)成立项目管理小组。

以村为单元的建设项目要成立村移民后期扶持项目管理小组。各村在广泛听取移民和移民村群众意见的基础上由村委主任提名并经村民代表大会讨论，选举产生移民后期扶持项目管理小组。

(2)推荐项目。

村移民后期扶持项目管理小组召开会议，由各小组成员根据本村实际情况和大多数群众的意愿,提出本年度本村建设的扶持项目意向,经商量讨论通过,并由小组成员签名后,确定为本年度本村拟建扶持项目。如需安排跨移民村以外的项目由镇政府提出拟建扶持项目,但应征得相关移民村大多数移民和移民村群众的同意,并由相关村盖章认可。

(3)公示。

确定的拟建扶持项目须在公开场所予以公示,以征求绝大多数村民的意见,使项目更贴近实际,更体现群众意愿。

4.9.3.3 项目的内容选择

后期扶持项目应选择移民直接受益的小型工程,扶持资金投向为人畜饮水、农田水利、村组道路、文教卫生、农村沼气、小流域治理等公益基础设施。

各项建设工程应以移民村组为基本单元,原则上非移民村组(自然村)不得纳入项目扶持范围,村委会为项目实施责任主体。

4.9.3.4 项目计划的制定

后期扶持项目实行年度计划管理,每年第一季度,县(市、区)移民管理部门按照省(区、市)编制后期扶持项目计划建议,经县(市、区)发展改革委审核汇总后,报省(区、市)水库移民管理局审批。确需调整年度计划的项目,按照原程序报批。

4.9.3.5 项目进展的监督

村项目管理小组或委托的项目监督机构应全程监督项目的资金投放进度、工程进度及质量控制。

4.9.3.6 项目验收程序

(1)村移民后期扶持项目管理小组自验,并整理收集项目原始凭证。

(2)村移民后期扶持项目管理小组负责将项目资金使用情况、项目建设情况予以公示,接受群众监督,公示时间不少于7天。

(3)经乡(镇)人民政府报请县移民主管部门组织相关部门验收。

(4)后期扶持项目验收合格,验收单位应签署项目验收鉴定书。同时办理移交手续,移交村委会负责运营管理。村委会负责对项目建设过程中产生的项目报告、招投标书、合同书、施工原始记录、相关会议记录、公示情况记录等所有资料进行收集、整理、装订、归档、保管。

项目验收人员应履行实地察看、测量项目工程,审查原始凭证、群众公示反映等程序,并视情况召开由移民群众代表、专业管理人员参加的验收座谈会听取意见。

思考题

1. 后期扶持政策实施主要有哪些工作?
2. 新时期后期扶持政策实施工作的特点是什么?
3. 移民人口核定登记的要求有哪些?
4. 移民后期扶持相关规划的内容有哪些?

第 5 章　水库移民后期扶持监测评估理论

对大中型水库移民后期扶持实施监测评估（简称监评），是我国新时期移民管理工作的一项重要实践活动，必须有相对成熟的理论加以指导，才能保证该项工作的顺利实施。本章拟就监测评估理论的形成、基本框架、监测评估的作用与意义以及监测评估理论在国际国内移民管理中的运用情况进行介绍，并提出水库移民后期扶持监测评估的概念、必要性、作用、原则、依据及任务，为移民后期扶持监测评估工作提供理论依据。

5.1　监测评估理论的起源及其理论框架

5.1.1　监测评估理论的起源

监测评估（Monitoring and evaluation）对于管理领域来说是近 30 年才出现的一个新概念。尽管从字面上看，“监测”所具有的监督、巡视、巡查、督察、评议等管理方法古已有之；“评估”一词早在 20 世纪 50 年代就在联合国系统及一些发达国家的管理文件中出现，但将监测和评估作为管理系统的重要组成部分提出来却是近 30 年才出现的。

监测评估作为现代管理方法的萌芽可追溯到 20 世纪 30 年代，当时，美国政府为了检验其新分配计划在经济大萧条期间的作用，对一些政府启动的项目开始进行评价。在 20 世纪 60 年代，美国政府启动了“向贫困宣战（War on Poverty）”计划，投入数亿元新建了大批公益项目，国会和公众对项目资金的使用效益和影响极为关注，政府开始正式将监测评估作为现代项目管理手段，对这些投资项目积极开展了以经济效益为核心的评价。在肯尼迪总统时代，则将这种体制进一步用于加强有关社会项目的责任感和信息反馈。在约翰逊总统和尼克松总统时代，这种体制得到了进一步的推广。随后，这种方法作为改善管理的一种有效手段，在加拿大、南美、欧洲、澳洲等国家和地区得到了广泛采用和推广。

在联合国系统内，20 世纪 50 年代初评价系统已开始萌芽，但对其认识不够深入。在 60 ~ 70 年代，当时联合国系统在开发及技术援助项目中的项目管理工作更多的是关注工程投入的资金发放而不是受益人的影响，因此对监测评估系统仅限于概念上的应用。

进入 20 世纪 80 年代后，由于以下三个方面的原因，这种情况发生了变化。

第一，60 年代联合国系统对发展中国家的开发和技术援助主要致力于“经济增长”指标，后来被证明是失败的，因为这种方式无论从绝对还是从相对方式上看都没能使构成世界 1/3 人口的居于贫困线以下的大多数人受益。这使之清楚地认识到必须调整以“经济增长”战略为中心的传统思路而转向社会公平和其他的经济社会指标。1979 年在罗马，由联合国粮农组织（FAO）举办的世界农业改革及农村发展大会上（WCARRD）明确指出农村发展的基本目标应是消除贫困、饥饿和营养不良。具体目的是增进公平、国家粮食自给、生态和谐和保护自然资源。关注农村贫困问题必须了解农村的社会经济结构和各种群体之间的关系。因此,监测评估工作自然被作为农村开发项目的有机组成部分之一。

第二,50~70年代这30年间项目失败的主要原因之一是项目执行不力,为了有效地执行项目,项目各方都一直在寻求一种有效的工具。监测评估工作可以在短期、中期、长期中从各个方面加强项目管理的功能,从而得到了各方的认可和青睐。

第三,世界范围内可用于开发的资源的逐步缩减也迫使项目各方不得不认真思考优化资源使用的途径,以便能达到最佳的开发质量和效果。

基于以上原因,无论是捐赠国还是受援国都越来越认识到监测评估是进行有效的目标导向型项目管理的重要工具,尤其是在农业及农村发展项目中它能够帮助瞄准贫困的弱势群体和项目受益人,从而有效发挥扶贫的作用;同时,这种体制还可以作为有效的早期项目纠错手段,于是,这些体制开始被联合国系统的机构和组织广泛接受和采用。随后,这些机构也开始像50年代末和60年代初支持和帮助发展中国家构建国家发展计划能力那样,鼓励发展中国家构建国家监测评估体系作为目标导向型的发展管理工具。

尽管目前在各监测评估组织和机构内部就监测评估的目的、模式、方法等有关问题还有争论,但已有越来越多的组织和机构接受评价理论和方法。在过去的30年中,监测评估理论和方法作为一种专业活动领域得到了长足的发展,其运用范围已遍及北美、大洋洲、西欧和其他地区;在加拿大、美国、英国、瑞典等国家已成立了专业评价协会,在澳大利亚地区、中美洲和欧洲还成立了大区协会;其应用领域已不仅仅限于项目,还包括较项目更宽的计划、规划、政策等。各地还办起了一些关于评价的专业期刊及专业出版社,出版了评价手册,开发了评价软件,国外还有一些大学开办了评价专业并能授予高级学位。可见,监评系统无论在联合国系统还是在众多的国家管理系统中都扮演着越来越重要的角色。

5.1.2 监测评估的理论框架

根据分析监测评估方法的起源,我们认为监测评估作为优化任务决策和管理手段的理论基础是基于以下几个方面的逻辑假设:

(1)任何一项任务(如项目、计划、政策、制度等)的制定者对其任务都规定了明确的目标,并希望通过任务的执行使目标得以实现;

(2)任务设计和执行的有效性是任务得以实现的决定性因素,借助过去类似的知识和经验可以大大提高任务设计和执行的有效性;

(3)一项新任务的设计和执行必然会出现影响任务目标实现的不可预见因素,有些不可预见因素的出现甚至会对能否实现目标产生重大的影响;

(4)任务的执行过程中可以通过采取适当的措施及时校正偏差或趋利避害,从而促进任务目标的实现;

(5)这些适当的措施只能通过深入分析任务执行过程中的各种数据和信息才可获得。

如果以上假设成立,就必然需要一种能及时、系统地收集执行过程中有关任务表现的数据和信息,并以此作为分析问题和提出解决问题措施的基础,即需建立一个面向任务的监测评价体系。如以上假设有任何一项不成立,则无需建立这种体系。

对于人类生活中的经济建设和社会发展任务而言,上述(1)、(2)、(3)、(4)项假设是任务决策和管理中的一般常识,我们可以认为是公理性假设。对于第(5)项假设,我们可以借鉴现代管理学的知识来认定它也是成立的。现代管理学认为,人类寻求解决问题的办法有三种形式,即直观方法、判断方法、分析方法。直观方法是以个人的直觉为基础的一种决策方法,虽很常见,但只有极少数人凭直觉成功地解决了问题;判断方法是以个人的主观经验和知识为基础,显然其准确性因人而异,且对复杂任务无能为力;分析方法一般要通过问题辨识—确定贡献影子—审查决策约束—提出替代方案—选择可行方案—决定最优方案—监测反馈七个步骤构成一个科学、严密的决策循环过程,从而可以提供一套广泛而可靠的解决问题的方案,在问题解决方案中是最可靠、使用最广泛的一种方法。可见,建立监测评估体系作为优化任务决策和管理手段的全部假设是成立的。

监测评估体系作为一种优化任务管理的手段,在目前的应用中,其“体”主要表现为物质形态,即组织机构系统,是运行其功能的物质载体;其“系”则主要表现为非物质形态,其中又可分为规范机构本身运行的制度系统、数据处理与信息分析方法系统、收集数据和信息供加工、处理的指标系统。监测评估体系功能的正常发挥,需要各个系统密切配合,缺一不可。

5.2 监测评估的概念与特点

5.2.1 监测评估的概念

监测评估是一种管理手段,是项目管理中的一个有效组成部分。其职能简单地说就是诊断项目计划实施过程中存在的问题以及可能产生的后果,对项目计划的实施情况和效果作出评价,针对存在的问题和值得推广的经验,及时地把信息传递到管理者手中,以便管理者进行决策,使项目达到最佳效果。

“监”是指监视、督察,“测”是指测量、猜度、推想,“监测”是为了特定的目的,依据一定的指标体系对监测对象的发展轨迹实行连续不断的观察、测量、记录、对照、分析和评定。它既是对项目实施情况的评价,又是对项目投入使用、基础设施建设以及项目受益人服务方面的评价。既对工程技术作出评价,也对其影响的经济社会作出评价,是项目实施机构进行良好管理不可缺少的一部分。监测的主要目的是为项目实施提供持续不断的反馈信息,尽早发现存在的问题,以便及时进行调整。

“评”是指评定价值高低,“估”是指估计、揣测、大致推算,“评估”是指阶段性的评定与推断,它针对既定的目标就其适合性、执行情况、效率及效果进行评判。它可以是一个监测周期的总结,或是一个项目实施中间的总结,也可以是项目结束后最终的总结。评估常常需要收集一些项目之外的资料(如人口、经济、时间等)进行对比分析。

监测评估是依据项目的实施计划,对项目实施进行连续或者定期的检查,并对检查结果进行评价,审视项目的投入与产出是否与计划一致,如果不一致则通过调整实施方案,使得项目的行动进程与目标产出满足项目实施计划的要求。

5.2.2 监测与评估的关系

监测与评估既有联系,也有区别。监测是连续不断地、随时随地对过程中发生的情况进行了解、分析、对比，而评估是对事件发生的过程进行阶段性判断、总结，因此监测是评估的基础，评估的基础资料来源于监测，而评估是对阶段性的监测工作的总结，是监测工作成果的反映形式。监测和评估都是管理手段。事实上，在实际工作中，连续地调查、对比、分析是不可能的，而只是间隔一段时间定期地开展工作。在进行项目监测评估工作时，监测工作必须是覆盖到项目过程中的关键的里程碑，监测和评估工作结合进行，通过定期的调查、对比、分析，对阶段性的工作予以判断、评定，总结经验，找出差距和潜在的薄弱环节，提出改进建议，协商解决方案。

5.2.3 监测评估的特点

监测评估作为项目管理活动具有以下特点：

(1)项目实施计划是监测评估的参照物。

监测评估着重于实现目标的检查和监督，而目标是通过实施计划来实现的。因此，监测评估是在对实际发生的情况与实施计划进行对比的基础上，识别项目实施中存在的问题，提供给项目实施者调整实施计划和进行资源配置的信息，从而保证项目实施计划的实现。

(2)监测的信息是项目评估的依据。

监测过程是收集项目执行过程中的投入、产出、进度、效果、影响等方面的信息，在进行评估时，以所收集的信息为基础，评估实际情况与实施计划存在的不同，识别项目实施存在的问题，总结经验教训，改进项目等的执行和决策方式、方法，优化资源配置，提高效益。从这个意义上讲，监测是为评估服务的，评估是监测功能的体现，两者相互支撑，不可分割。

(3)监测评估是对项目的过程管理。

监测评估着重于对项目执行过程中的阶段性完成情况进行信息采集，并以此为依据，分析项目实施中存在的问题，针对问题提出解决方案，是对项目实施过程进行的动态管理。

5.3 监测评估的作用

项目监测评估是为项目实施中的管理控制决策服务的，其主要作用如下：

(1)监测评估是项目实施的工作保障。

项目监测评估的根本目的是为项目实施中的管理决策和控制提供支持与保障，任何项目实施工作都需要不断地去分析和发现项目实施的实际情况与项目计划和设计之间的差异，并且根据这些差异去作出变更，即调整项目的计划和修订项目的设计。此时就需要进一步评估这些变更、调整和修订工作的必要性和可行性，而且需要评估由此是否会导致项目整体上的不可行，从而确保项目最终能生成既定的产出物和实现项目既定的目标。同时，人们对于项目实施工作的绩效和其中的偏差也都是通过项目监测评估去全面认识的，人们对于项目实施中所要采取的各种变更和控制措施的可行性和合理性也是通过项目监测评估去认识的。因此，监测评估实际上是项目成功的基本保障。

(2)监测评估是项目绩效度量的手段。

在项目实施过程中,不管是项目业主、项目承包商还是项目的其他相关利益主体,都需要对整个项目实施的绩效不断地作出科学的度量。这种项目绩效的度量不仅是项目管理控制的依据,也是项目管理费用支付的依据。但是,一般意义上的项目绩效度量工作并不等于项目监测评估工作,因为项目监测评估工作的内容、作用和范围要远远大于一般意义上的项目绩效度量工作。不过,项目监测评估却需要首先从综合全面的绩效评估入手,然后才能进一步去做项目实施情况、项目变更方案和项目未来发展更为广泛的评估工作。

(3)监测评估是项目跟踪决策的基础工作。

在项目实施过程中有很多情况需要对项目的初始决策做出必要的修订,即对于项目最初的计划和设计等安排做必要的修改和变动,此时,人们就必须权衡利弊去作出项目的跟踪决策,在这种项目跟踪决策中人们首先必须开展项目跟踪监测评估,通过开展这种评估为项目的跟踪决策提供依据,所以监测评估是项目跟踪决策的基础工作。这种监测评估有时需要全面评估项目初始决策方案的对错和优劣,最主要的是评估项目实施中所出现的各种变化和发展及其对项目的影响,从而全面分析在新情况下的项目可行性和必要性,并进一步制定出新的项目跟踪决策。

5.4 监测评估在移民领域的应用

5.4.1 移民监测评估的起源与发展

非自愿移民监测评估的概念来源于世界银行。20 世纪 60 ~ 70 年代,在世界银行的贷款项目中,缺乏对移民的重视,对移民工作没有明确的目标、统一的步骤和充足的资源,移民安置工作做得不成功,导致大量移民生活水平长期得不到恢复,这种结果直接违背了世界银行开发项目的宗旨。为此,世界银行于 1980 年制定了一套完整的如何处理移民搬迁安置工作的政策性文件——《世界银行资助项目中的非自愿移民所产生的社会问题》(运用导则说明 2.33),作为世界银行执行手册的一部分,规定了移民安置工作的目标、原则、执行的程序、实施过程中监督的方法以及衡量移民安置工作是否成功的基本条件。这是所有国际援助机构中第一部完整的移民安置工作的文件,因此确立了世界银行在移民安置理论与政策研究中的主要倡导者和开拓者的地位。1986 年,在对实施的移民安置工作评估的基础上,又颁发《实施政策说明》(OP10.08),对原导则做了补充和修改。1988 年,世界银行又将上述两个政策文本合并成一份详细的政策性文件《开发项目中的非自愿移民——世界银行贷款项目政策性导则(世界银行技术文件 NO.80)》。1990 年,移民政策经修订并重新颁布为世界银行文件《非自愿移民》(业务导则 OD4.30)。2001 年 12 月,世界银行对包括非自愿移民政策在内的贷款保障政策再次进行了完善,颁发了非自愿移民业务政策和世界银行程序 OP/BP4.12,共同取代了《非自愿移民》(业务导则 OD4.30)。在世界银行的所有移民政策中,都规定了必须对移民安置文件中规定的活动进行监测和移民安置文件中的目标是否实现进行充分的评估。

世界银行贷款项目移民监测评估主要经历了下列阶段:

1980 年以前,移民监测评估只是作为世界银行等国际金融组织对其所参与的农业贷款项目进行检查工作的一项内容,其注意力主要是评估项目实施的效果。

1980年以后,世界银行对非自愿移民的注意力转移到了督促借款人编制移民安置行动计划上,而对移民安置实施的监督仍主要集中在移民搬迁进度上,其职能仍主要由世界银行定期检查团来完成。

真正意义上的移民监测评估是从1990年的福建省水口水电站项目开始的,并在以后得到逐步加强。这里一个重要的背景是世界银行内部对移民工作重视的程度不断增强。随着印度Namada水库事件的发生(其结果是世界银行停止对该项目的贷款,因为印度政府没有按世界银行的要求来做非自愿移民的安置工作),世界银行内部开始对非自愿移民的问题重视起来。1993年,世界银行组织了一个专门的工作组,对当时世界银行的所有涉及非自愿移民的项目进行了全面检查,并编制了一个题为《移民与发展》的报告,对世界银行贷款项目移民安置工作进行了总结。在1993年的移民大检查之后,世界银行法律部门基本上将移民业务政策当做百分之百遵守的内部法规。在项目的准备和实施周期中,对移民安置行动计划是否按时完成,在内容上是否完全符合世界银行业务政策的要求,项目实施后移民工作是否能严格按移民安置贯彻执行,世界银行的法律和技术部门要进行更严格的审查,这也意味着以前一些移民工作中的随意做法已逐渐被淘汰,移民安置行动计划编制及监测评估工作得到了严格执行。

5.4.2 监测评估在我国移民领域的实践

改革开放以来,世界银行对我国的业务迅速开展,世界银行贷款项目准备和实施中的一些做法、指南,也开始随着项目实施、研讨会等进入我国,并为国内同行所接受。这不仅包括传统的项目经济评估、财务分析,还包括对环境影响评价的标准、做法以及移民安置的相关政策。概括地讲,世界银行对我国移民安置工作的要求大体可分为两个阶段:

第一阶段大致是20世纪80年代中、后期开始,到90年代初期世界银行对我国的非自愿移民行业报告编制之前。在这一阶段,世界银行中国贷款项目中,对移民安置工作的关注重点主要放在一些大型水电项目上,而对其他领域的大量项目则介入较少,并没有像目前这样严格地按世界银行项目业务政策对每一个有征地安置的项目进行移民安置计划的审查,施工项目不要求国内项目单位编制移民安置行动计划,而且,当时绝大部分项目没有开展移民监测评估工作。

第二阶段开始于20世纪90年代,当时随着印度Namada水库事件的发生,世界银行内部开始对非自愿移民的问题重视起来,因此对我国的非自愿移民工作亦提出了更高的要求。这种要求一方面反映在深度上。对有征地拆迁的项目不仅仅满足于项目单位完成了其项目的征地安置计划,而且对移民安置计划的内容、落实等方面提出更高、更具体的要求。特别是要求在安置规划的编制中,对各个安置方案是否可行,对移民在安置后的收入是否能超过或起码维持其原来的水平,对安置工作的实施是否有切实可行的详细的实施计划,移民安置机构是否落实,对移民实施过程的监测、统计、监督方案是否可行均需有详细说明。另一方面反映在广度上。现在,几乎所有涉及征地拆迁的项目,无论是水库项目,还是交通、火电、城建项目都有世界银行的移民专家参与,并对移民安置计划的编制提出严格的要求。甚至,那些只涉及征用很少土地的项目,世界银行也要求项目单位准备详尽的移民安置行动计划并开展监测评估工作,以使世界银行对这些没有搬迁只有少量征地项目的征地数量、补偿政策等方面有更好的了解,确认是否符合世界银行业务政策的要求。对大量非水电项目,世界银行对其移民安置计划的要求也越来越严,常用对水库项目的标准来要求这些项目。

我国移民监测评估最早起源于水利水电行业。20 世纪 80 年代,我国最早在水口水电站项目中利用世界银行,以加强国际合作交流,提高国内业务、技术、管理水平。建设征地和移民安置工作也是加强国际合作交流的主要内容之一。1989 年,世界银行在准备水口水电站项目移民的中期报告和开展水口水电站项目Ⅱ期贷款评估时,无法获得必需的关于移民安置的资料,考虑到世界银行贷款政策中关于移民监测评估的规定,提出必须建立独立的信息源,将移民安置的信息渠道从移民实施机构转移到独立的监测评估渠道,并与我国有关部门进行了协商且取得一致意见。同年,我国就监测评估工作提出了工作大纲,得到了世界银行的认可。这样,一方面,水口水电站项目移民监测评估工作使世界银行移民政策中"移民监测评估"取得了实质性突破;另一方面,也拉开了我国移民监测评估的序幕。

由于水口水电站项目移民独立监测评估工作对移民安置的成功起到了关键性作用,其成效得到了国内、国际的普遍认可。十多年来,我国利用世界银行援助贷款先后兴建了以海南大广坝枢纽、太湖防洪工程、四川二滩水电站、湖南江垭水电站、黄河小浪底水利枢纽等为代表的水利水电工程项目,以浙江电力发展项目、上海外高桥电厂、扬州二电厂、内蒙古托克托电厂等为代表的电力项目以及一大批交通和城市项目,在准备和实施中,均引进了世界银行对非自愿移民安置的政策性导则,并开展了移民监测评估工作。移民监测评估亦由"增加独立的信息渠道"一种手段逐渐变成世界银行贷款项目移民安置的一项工作制度。2000 年 6 月,世界银行驻中国代表处在总结了世界银行贷款项目移民监测评估工作 10 年经验的基础上,编制并颁发了《世界银行中国贷款项目移民监测评估业务指南》(简称《指南》),规范了世界银行我国贷款项目移民监测评估工作的程序、内容、方法、时间、报告制度等。按照《指南》的定义,移民监测评估的主要内容包括:移民知情参与权的实现,移民对自己前途决策权利的实现,移民补偿权利的实现,移民生存和发展权利的实现,移民享受最基本公共产品权利的实现,移民分享项目效益权利的实现,移民监督、表达和申诉权利的实现,移民意愿在安置中的体现,移民生产能力的恢复和重建,移民生活水平的恢复和提高,移民获得的帮助和支持等方面。

我国的政治制度和非自愿移民安置的体制,使得世界银行的移民监测评估得以实施并取得成功。世界银行在贷款项目中推行移民监测评估的实质性效果是:世界银行贷款项目的移民安置效果比非世界银行项目要好,大部分世界银行贷款项目的移民安置工作取得了成功。目前,我国的移民安置工作实施监测评估已经成为确保移民安置效果,保障移民根本权益的必要手段,在世界银行、亚洲开发银行贷款项目以及大型水利、电力、交通等工程项目上逐步得到了广泛的应用,并越来越受到行业管理机构、业主单位等的高度重视。

5.5 水库移民后期扶持监测评估的概念

水库移民监测评估通常包括内部监测评估与外部监测评估。内部监测评估是业主和移民实施机构依靠自上而下的管理系统对移民工程计划的实施进行连续的内部监控，目的在于全面、及时、准确地掌握移民的进展，发现和解决问题，为顺利实施移民工作提供决策依据。外部监测评估即独立监测评估，是由独立于项目业主及移民实施机构的具有移民监测评估能力的组织或机构，对移民活动进行的周期性的监测和客观评估，以发现已经存在的问题或潜在的问题，提出解决问题的意见和建议，报告项目业主和移民实施机构，以推动移民安置实施工作的不断改进和完善。

本书所述移民后期扶持监测评估，则是外部监测评估。

水库移民后期扶持监测评估（外部），是一个基于社会学理论的管理技术、管理工具，它是指具备工程移民监测评估能力的单位接受国家或省级移民管理机构的委托或授权，根据国家批准的有关水库移民后期扶持的文件、法律法规和各项合同、协议、责任书等，通过使用社会学的工作方法，对水库移民的后期扶持政策实施情况、后期扶持资金的使用管理情况及后期扶持政策实施效果等方面在规定的期限内进行定期的调查、对比、分析，对阶段性的工作予以判断、评定，总结经验，并找出移民后期扶持的差距和潜在的薄弱环节，提出改进建议和解决方案。

由以上定义可知，水库移民后期扶持监测评估的概念应包括如下要素：

（1）承担监测评估的单位必须具备监测评估能力；

（2）实施移民后期扶持监测评估的机构应获得移民管理机构的授权或委托；

（3）实施移民后期扶持监测评估必须以我国已颁布的有关移民后期扶持的文件、法律法规及相关的地方性法规、制度、行业规定等为依据；

（4）实施移民后期扶持监测评估应使用科学的调查研究方法，建立完整的指标体系，对移民后期扶持的实施与效果进行客观公正的判断、评价，并提出建议与解决措施。

5.6 水库移民后期扶持监测评估的必要性

水库后期扶持监测评估是贯彻落实国务院 17 号文件的一项基础性工作，也是加强后期扶持政策实施监督管理的重要手段。建立监测评估机制，对于确保后期扶持资金安全和高效使用，维护移民群众的合法权益，促进库区和移民安置区的经济发展和社会稳定具有重要意义。

5.6.1 完善我国移民管理体制的需要

移民是一项复杂的系统工程，又是水利水电工程不可分割的一部分，固然应按工程建设程序和规定运作。过去，水库移民遗留问题较多，除由于对水库移民的繁杂性和艰巨性认识不够和投资数量不足外，在管理体制上也缺乏有效的监测评估体制，总是把水库移民实施阶段的工作全部交给地方政府，而地方政府在实施过程中却缺少相应的监测评估机制，政府作为的不到位、政府人员业务能力差出现的失误等在所难免，导致移民安置的效果较差。因此，改革传统的移民管理体制以增加其效率便势在必行。这既是移民群众切身利益的要求，也是国家政治社会稳定和地区经济发展以及人民生活水平提高的要求。改革传统的移民管理体制，着眼点在于在坚持地方政府负责制的条件下，引入移民监测评估机制。

5.6.2 落实移民工作“以人为本”及科学发展观的需要

过去，我国政府在水库移民决策的指导思想上过分强调服从大局，对国家、集体利益考虑多，对移民个人权益考虑少，牺牲了移民的利益，伤害了移民的感情，从而导致水库移民遗留问题较多，库区经济发展缓慢，库区人口贫困现象严重。随着我国社会主义市场经济体制的逐步确立，以及法治社会的建设，“以人为本”及构建和谐社会主义社会的科学发展观已成为主流，维护移民合法权益的呼声日益响亮。我们必须建立科学的、符合市场规则的人性化的移民监测评估机制。实施移民后期扶持监测评估，从扶持范围、扶持标准、扶持期限、扶持方式、扶持资金管理、扶持进度、项目扶持质量、移民生产生活水平提高状况、基础设施完善状况等各方面、各阶段全过程监测评估，可以防止错误观点在移民后期扶持工作中发生，切实保障移民的合法权益，将“以人为本”的科学发观在移民后期扶持管理中得以具体落实。

5.6.3 增强政府依法行政的需要

通过移民后期扶持监测评估促进移民后期扶持管理系统合理有序、有规律地良好运行，真正做到从“人治”走向“法治”；通过移民后期扶持监测评估实践，能够发现已制定的移民法规、条例中某些不够完善的地方或难以操作之处，以利于移民法规、条例的修改和完善，促进移民法规、条例质量的提高；通过监测评估实践可以真实地反馈移民管理人员素质与后期扶持政策实施质量的匹配情况，并找出人员配备上的差距，从而在队伍建设上有针对性地得到补充和加强，以便形成精简、高效的移民后期扶持管理队伍。

在具体移民后期扶持中要科学决策、依法行政、信息获取，但是，移民各级实施部门，对于基层发生的移民后期扶持各类信息往往难以共享，监测评估单位作为局外的独立方，可以客观获取相关信息，及时与各级政府部门共享，通过行政渠道更好更快地解决移民后期扶持中出现的各种问题。

5.6.4 后期扶持政策有效实施的重要保障

开展移民监测评估是后期扶持工作有效开展的需要。新的后期扶持政策的实施直接关系到 2 288 万移民的切身利益，涉及资金数额巨大，移民工作涉及面广，政策性强。加强对水库移民后期扶持政策实施情况的监测评估、检查和管理，完善相关监测评估、检查机制是政策到位、责任到位、效果到位的必要保障。国家发展改革委、水利、财政、监察、审计等部门的监测评估和检查工作由于针对目标单一，对水库移民工作的有关情况缺乏总体了解，同时检查深度和范围也明显受到时间、人员、机构等多种客观条件的制约，很难全面、系统地掌握移民后期扶持政策执行的总体情况，不容易及时发现实施过程中存在的问题，各级政府对政策的组织编制和实施过程势必缺乏必要的监测评估和适时的指导。因此，在水库移民后期扶持政策实施过程中开展移民监测评估工作，由专业的、独立的监测机构对扶持政策实施全过程进行监测评估，能够全面、客观地反映扶持项目进展情况，监测评估移民机构扶持政策执行情况，及时为项目的实施提供指导，切实保障移民的合法权益，必将为扶持政策的贯彻、落实起到重要的保障作用。

5.7 水库移民后期扶持监测评估的作用

水库移民后期扶持监测评估是通过对移民后期扶持政策实施过程的跟踪调查，并与移民后期扶持前的基本情况和后期扶持规划、目标对比分析，从而对移民后期扶持政策的落实、效果及移民后期扶持规划目标是否实现作出评估；对移民后期扶持政策实施活动中发现的问题，分析原因、提出建议，并提请各级政府、移民管理机构、实施机构及有关各方改进，为领导科学决策提供更接近甚至符合实际的技术参考，以确保政策顺利实施并达到预期目标。

后期扶持监测评估的作用主要有以下几方面：

(1)通过连续不断地监测和对监测结果的评价，确定移民后期扶持政策实施活动是否遵循了移民后期扶持政策实施规划，对没有按移民后期扶持政策实施规划实施或实施不完善的移民后期扶持活动，及时提出补救建议。

(2)通过监测评估，检查移民后期扶持政策实施规划是否达到有关后期扶持政策、法律法规的要求，是否满足了移民后期扶持实施的需要，如有不当，监测评估单位则要及时提出调整意见，以确保后期扶持政策落实到位。

(3)通过监测评估可使移民管理机构和相关单位及时、详细地了解移民后期扶持的实际进展、存在的问题以及工作改进的方面和措施；也可帮助移民管理机构和相关单位了解移民后期扶持目标的实现程度以及移民后期扶持政策实施的社会、经济和文化效果。

(4)通过监测评估移民后期扶持政策的执行情况、移民机构的运行、移民生产与生活水平的恢复提高、移民的抱怨与申诉、移民参与、协商、信息公开情况等，评价移民后期扶持政策与移民后期扶持政策实施规划的适宜性，评估移民实施机构的工作效率，掌握移民生产与生活水平恢复程度和移民后期扶持目标的实现程度，发现已存在或可能出现的问题，提出建议或预警。

5.8 水库移民后期扶持监测评估的原则和依据

移民后期扶持监测评估工作，应由独立的监测评估单位对移民后期扶持政策实施规划实施的情况进行调查、了解和评价，科学地进行数据采集和资料分析，保证监测评估结果的准确性。监测评估单位应科学、客观、公正地评价移民后期扶持政策的实施情况，及时地向有关移民主管部门报告，并提出意见和建议，推进移民后期扶持工作的顺利开展。

5.8.1 水库移民后期扶持监测评估的原则

为了真正实现监测评估的作用,监测评估单位在进行后期扶持监测评估时应遵循如下原则。

5.8.1.1 依法监测评估的原则

依法监测评估的原则是被授权的监测评估单位从事移民监测评估活动的基本原则。国家移民管理整个领域都应坚持依法办事,才能保证所进行的移民监测评估行为合法、适当、有序、高效,才能达到保护各方利益的目的。从事监测评估的人员必须熟知有关移民工作的法律法规,按照法律法规的要求对监测评估内容、对象、程序、效果等进行检查、对比、分析、报告以及提出整改意见。

5.8.1.2 独立性原则

所谓独立性原则,就是监测评估单位要以移民管理机构和实施机构之外第三方的身份,独立地开展水库移民后期扶持的监测评估工作。监测评估人员对移民后期扶持的核心问题应认真听取各方意见,实事求是地作出自己的独立判断、做出科学和公正的结论。监测评估单位只有保持独立性,才能独立地开展监测评估工作,监测评估报告才具有真实性。监测评估单位与移民管理机构、实施机构之间不存在经济关系和隶属关系,在监测评估过程中,不受移民管理机构、实施机构的任何影响,独立地开展监测评估工作。

5.8.1.3 科学性与规范性原则

所谓科学性原则,即监测评估单位要以科学的态度、科学的方法制定移民后期扶持监测评估工作大纲,采用科学的方法收集、处理、分析移民后期扶持过程中的各种数据,并进行科学评价,及时将监测评估结果报告移民管理机构。科学性原则要求监测评估单位应运用系统的观点分析研究水库移民后期扶持过程中的客观现象,对这些现象进行系统、综合的监测评价,找出它们之间的联系规律,提出经得起历史检验的对策。

水库移民工作本身是一项集社会、经济、环境和资源再分配于一体的复杂系统工程。水库移民后期扶持要进行系统的监测评估,只有科学的工作方法才能事半功倍。如水库移民后期扶持监测评估工作中的样本选择,指标确定,村、户监测,调查资料的收集、复核、分类、计算和分析,结果的表达,对策合理性分析等都必须讲究科学的方法,才能使监测评估工作顺利完成。

所谓规范性原则,是指在移民项目监测评估中所使用的方法和程序应符合统一规范的基本原则。包括在移民后期扶持项目评估中用国家和地方政府以及监测评估单位自身的各种规范化的监测评估方法、规范化的监测评估参数和指标以及规范化的项目监测评估程序和步骤三个方面。其中,监测评估单位使用的项目评估方法需要参照有关权威部门发布的具体方法和规定;另外,监测评估方法还必须符合国家和地方政府的相应法律法规。对于规范化的项目评估参数和指标,首先是指移民项目的监测评估要采用相对规范的统一指标进行评估,以便各移民项目的对比研究,其次是指移民项目的监测评估要使用国家和地方主管部门发布或规定的评估参数。

5.8.1.4 客观、公正性原则

所谓客观性原则,是监测评估人员自始至终应保持客观的态度去寻求水库移民后期扶持过程中真实状态的准确信息,正视事实,不带有任何偏见,保证监测评估结果能如实地反映水库移民后期扶持过程中的实际情况,并对有关问题提出科学、准确的合理化建议。客观性原则的核心是实事求是,一切从实际出发,不夸大,不缩小,一切以事实与数据为依据,不因任何外来因素的干扰而影响事实和数据的真实性。

所谓公正性原则,即监测评估单位应按照移民后期扶持规划和国家有关的法律法规的要求,准确地评价移民后期扶持政策实施的进度、质量,以及经济社会效益。

5.8.1.5 职业道德原则

所谓职业道德原则,是指监测评估人员必须要有高度的事业心和责任感,应以崇高的敬业精神来从事这项工作。因此,监测评估员在严格遵守国家法律、法规和政策之外,必须具有较高的职业道德修养水平。移民监测评估人员不能谋个人私利,不能收受移民实施机构的任何礼品、现金,要有职业操守,严格按照国家政策、法规、规范、标准和合同目标,依照既定的程序,认真履行职责,建立良好的工作作风,自觉维护好监测评估人员和监测评估单位的社会形象。

5.8.1.6 群众性原则

所谓群众性原则,是指在水库移民后期扶持监测评估过程中,坚持相信群众,依靠群众,认真听取群众的反映和意见,处理好与监测对象的关系,取得他们的信任和协助。移民后期扶持监测评估的根本目的是服务于移民、维护移民的利益。因此,必须深入基层、深入群众,了解到最直接、最真实的一面。当然,移民后期扶持政策涉及移民的切身利益,由于移民成员结构复杂,移民素质、道德修养也有很大差异,对移民的意见,监测评估人员要善于辨别,多方求证,作出正确的判断。

5.8.1.7 效率优先原则

效率优先原则体现在两方面:一方面是监测评估工作者本身的效率优先,即在水库移民监测评估工作过程中要充分体现效率优先,以花费最合理的时间和费用取得高效率的成果;另一方面是对水库移民监测评估效率优先,因为水库移民在后期扶持过程中经常遇到比较急迫和突出的实际问题,必须讲究时效,及早地反映给移民管理机构,使问题得到尽快的解决。

5.8.1.8 预防为主的原则

移民监测评估产生与发展的前提条件是拥有一批具有丰富的移民安置技术与管理知识和实践经验,精通法律与经济的专门高素质人才,形成专门化、社会化的高智能监测评估单位,为移民后期扶持政策的落实提供保证。由于移民后期扶持时间长、涉及面广,监测评估人员必须具有预见性,并把重点放在“预控”上,“防患于未然”。在制定监测评估规划、编制监测评估细则和实施监测评估手段时,对于移民后期扶持过程中在人口核定、扶持标准、扶持方式、扶持期限、扶持项目的质量、扶持资金管理方面有可能发生的失控问题要有预见性和超前的考虑,制定相应的对策和预控预警措施予以防范。

5.8.1.9 定性分析与定量分析相结合的原则

所谓定性分析(Qualitative analysis),就是对研究对象进行“质”的方面的分析。具体

地说是运用归纳和演绎、分析与综合以及抽象与概括等方法，对获得的各种材料进行思维加工，从而能去粗取精、去伪存真、由此及彼、由表及里，达到认识事物本质、揭示内在规律的目的。这种分析对人们鉴定和判别事物属性具有一定的参考价值和评估作用。定性分析主要是解决研究对象“有没有”、“是不是”的问题，定性研究分为三个过程：分析综合、比较、抽象和概括。

所谓定量分析（Quantitative analysis），是对社会现象的数量特征、数量关系与数量变化的分析。其功能在于揭示和描述社会现象的相互作用和发展趋势。定量分析是为了确定认识对象的规模、速度、范围、程度等数量关系，解决认识对象“是多大”、“有多少”、“有多快”、“占多少”等问题。定量分析常用于判定事物发展的深度、广度、作用范围的大小，作用时间的长短等量的规定性。

定性分析与定量分析应该是统一的，相互补充的；定性分析是定量分析的基本前提，没有定性的定量是一种盲目的、毫无价值的定量；定量分析使定性分析更加科学、准确，它可以促使定性分析得出广泛而深入的结论。

在水库移民后期扶持监测评估活动中，有些指标不能量化，只能进行定性描述；有些指标虽然可以量化，但计量单位不同，指标间可能出现不可公度性，需要进行定性的补充说明。因此，对定量指标的特征值应准确测度，对定性指标加以正确描述，并采用系统综合评价方法对总体情况进行综合评估。

5.8.2 水库移民后期扶持监测评估的依据

移民后期扶持监测评估必须依法实施，按章执行，即按照一定的法律规定对水库移民后期扶持进行全面的监测评估，以保证移民后期扶持目标的实现。虽然，我国目前尚无移民后期扶持监测评估的专项法律，但是，在有关的条例、文件、意见中却对移民后期扶持监测评估作了相关要求，如 2006 年 9 月 1 日起施行的《新条例》第四十七条规定：国家对移民安置和水库移民后期扶持实行全过程监督。省、自治区、直辖市人民政府和国务院移民管理机构应当加强对移民安置和水库移民后期扶持的监督，发现问题应当及时采取措施。第四十八条规定：国家对征地补偿和移民安置资金、水库移民后期扶持资金的拨付、使用和管理实行稽查制度，对拨付、使用和管理征地补偿和移民安置基金、水库移民后期扶持资金的有关地方人民政府及其有关部门的负责人依法实行任期经济责任审计。第五十一条规定：国家对移民安置实行全过程监督评估。国务院 17 号文件也明确指出：对水库移民后期扶持资金的征收和使用各级监察和审计部门要提前介入，加大工作力度，加强监督检查。各级人民政府要建立水库移民后期扶持政策实施情况的监测评估机制。

水库移民后期扶持监测评估工作的主要依据有：

（1）《大中型水利水电工程建设征地补偿和移民安置条例》（国务院令第 471 号）；

（2）国务院 17 号文件及其配套文件；

（3）地方经济社会资料；

（4）经批准的大中型水库移民后期扶持规划年度计划及预算；

（5）经批准的大中型水库库区和移民安置区基础设施建设和经济发展规划年度计划及预算；

(6)有关行业规程、规范，省级人民政府制定的有关规章、方法，以及地方政府配套文件；

(7)监测评估合同或协议。

除此之外，水库移民后期扶持监测评估还必须遵循相关的法律、法规、条例，主要有：

(1)《中华人民共和国合同法》；

(2)《中华人民共和国土地管理法》；

(3)《中华人民共和国招投标法》；

(4)《中华人民共和国审计法》；

(5)《中华人民共和国水法》；

(6)《中华人民共和国环境保护法》；

(7)《中华人民共和国水土保持法》；

(8)《中华人民共和国森林法》；

(9)《中华人民共和国草原法》；

(10)《中华人民共和国农村土地承包法》；

(11)《中华人民共和国村民委员会组织法》；

(12)《建设工程质量管理条例》；

(13)《工程建设监理规定》；

(14)《公路工程质量监督规定》；

(15)《村庄和集镇规划建设管理条例》；

(16)《中共中央、国务院关于促进农民增加收入若干政策的意见》；

(17)《退耕还林条例》。

另外，还包括各省、自治区、直辖市、计划单列市等人民代表大会通过的有关移民的条例、法规等，也包括《工程建设标准强制性条文》、《建设工程监理规范》以及有关的工程技术标准、规范、规程等。这些相关的法律、法规共同构成移民后期扶持监测评估依据的法律体系。

5.9 水库移民后期扶持监测评估的任务

监测评估单位一旦与移民管理机构签订监测评估合同或协议，就必须按照合同或协议要求完成监测评估任务。根据我国目前有关移民后期扶持政策的规定，后期扶持监测评估工作的主要任务是对后期扶持政策实施情况、后期扶持资金的使用管理情况、后期扶持政策实施效果进行监测评估。

(1)监测评估后期扶持政策实施情况。主要包括后期扶持规划和项目规划的制定与实施情况，后期扶持政策实施保障机制运行情况等。

(2)监测评估后期扶持资金使用管理情况。主要包括后期扶持基金、库区基金、后期扶持结余资金、0.5 厘电价加价资金及其他各类后期扶持资金的使用管理情况。

(3)监测评估后期扶持政策实施效果。主要包括移民群众生产生活条件、收入水平的变化情况，库区和移民安置区基础设施建设和经济发展情况等。

思考题

1. 简述监测评估理论的起源及理论框架。
2. 什么是监测评估？监测与评估有何关系？
3. 监测评估有哪些主要特点？
4. 监测评估在项目管理控制中有何作用？
5. 简述移民监测评估的由来、发展及在我国移民实践中的应用。
6. 简述后期扶持监测评估的概念。
7. 为什么要进行后期扶持监测评估？
8. 后期扶持监测评估应遵循哪些原则？
9. 后期扶持监测评估的主要作用是什么？
10. 后期扶持监测评估有哪些依据？其中最重要的依据是什么？

第 6 章　水库移民后期扶持监测评估的内容

监测评估单位运用监测评估理论,按照移民法律法规、监测评估合同或协议的要求,使用科学的、正确的方法,对水库移民后期扶持状况进行监测评估。移民后期扶持监测评估是移民监测评估系统工作之一,有其特定的监测评估内容。水库移民后期扶持监测评估的内容主要包括:后期扶持政策实施情况、后期扶持资金的使用管理情况及后期扶持政策实施效果等方面。

6.1　后期扶持政策实施情况监测评估

水库移民后期扶持政策实施情况监测评估内容主要包括:后期扶持规划与建设和发展规划的制定与实施,后期扶持政策实施保障机制的运行等。

6.1.1　后期扶持规划监测评估

后期扶持规划监测评估内容主要包括:后期扶持规划的编制,年度计划,人口核定,扶持方式的确定,直补资金的发放,项目实施管理等。

6.1.1.1　后期扶持规划编制监测评估

监测评估单位在进行后期扶持规划的监测评估时,主要检查内容如下:

(1)移民安置区县级以上地方人民政府是否按《大中型水库移民后期扶持规划编制工作大纲》要求编制后期扶持规划。

(2)规划的期限是否适度。

(3)规划的近期目标是否明确,是否有量化指标,有项目的自然村在土地资源(耕地)、住房、人畜饮水、农田水利、道路、供电、医疗、教育、生态环境等方面有无具体指标。

(4)后期扶持范围与标准是否与国务院 17 号文件一致。

(5)编制规划的工作基础是否扎实,尤其是对人口核定的考虑是否周全、细致。

人口核定和移民情况调查是编制后期扶持规划的现实依据和重要基础,监测评估单位应认真检查这两项基础工作的原始程序、办法以及结果的真实性。人口核定登记程序的不合规、方法不适当,必然导致结果的失真,要么损害国家利益,要么损害移民利益,而且编制的规划也缺乏可靠性。

(6)规划内容是否全面,是否包括以下内容:移民生产与生活方式现状的描述与评价、后期扶持的方式及确定程序、项目扶持的可行性及预期目标、资金规模、保障措施、突出问题的解决方案、综合效益评价等。

6.1.1.2　年度计划监测评估

年度计划监测评估内容主要包括:规划本年度项目与资金情况,实施本年度项目与资金情况,实施年度计划与规划是否一致,变更程序是否合规。

1. 后期扶持年度计划编报

后期扶持年度计划编报监测评估内容主要包括：

(1)年度计划的编报是否以批准的后期扶持规划为依据。

(2)年度计划编报是否及时。

(3)年度计划的编报是否以村为单位，逐级汇总形成。

(4)年度计划的编报内容是否全面，直补标准、直补人数、项目名称、所属水库、项目地点、项目资金、项目效益等是否有详尽的计划或说明。

(5)资金投放方向和项目安排是否符合国务院17号文件规定，即解决移民群众生产生活中存在的突出问题，确保移民长期受益。

2. 年度计划与后期扶持规划比较情况

年度计划与后期扶持规划比较情况监测评估内容主要包括：

(1)直补计划。主要检查后期扶持规划与年度计划直补人数、标准、资金等是否一致，如有变更，需查证其原因。如表6-1所示。

表6-1 ______县(市、区)______年度后期扶持资金直补计划监测表

序号	乡	村	组	人数(人)		标准(元/人)		资金(元)		是否变更	变更原因
				规划	计划	规划	计划	规划	计划		
合计											

监测评估人员(签章)： 日期：

(2)项目计划。主要检查后期扶持规划与年度计划项目的名称、内容、地点、投资、受益变化等是否一致，如有变更，需查证其原因。如表6-2所示。

表6-2 ______县(市、区)______年度后期扶持项目计划监测表

序号	乡	村	组	受益人群	项目名称				项目内容				项目投资(万元)				受益情况		
					规划名称	计划名称	是否变更	变更原因	规划内容	计划内容	是否变更	变更原因	规划	计划	是否变更	变更原因	规划	计划	变更原因
合计																			

监测评估人员(签章)： 日期：

3. 年度计划管理情况

检查年度计划上报及审批程序是否健全，年度计划实施变更程序有无具体规定，对变更原因是否核对。

6.1.1.3 人口核定情况监测评估

人口核定情况监测评估内容主要包括：人口核定登记的原则、程序和方法，扶持期内人口自然变化处理办法及落实情况，人口核定登记验收的原则、程序和方法，人口核定登记的成果等。

1. 人口核定登记的原则、程序和方法

监测评估内容主要包括：

（1）当地政府有关移民后期扶持人口核定登记范围的界定、宣传是否与国务院 17 号文件及已编制的移民后期扶持规划相吻合。

（2）当地政府关于移民后期扶持人口核定登记对象的描述的准确性，有无超标或遗漏现象。

（3）听取移民群众对当地人口核定登记范围、对象的反映与评价。

（4）移民身份审查的组织情况、移民身份审查工作程序。抽查移民身份证明，与登记进行对比。

（5）移民申报后，张榜公示情况。公示期限明确与否、张榜期间群众有无反映。

（6）后期扶持人口各种登记、汇总表格是否齐全，设计是否完备，内容是否清楚，登记人、复核人是否签章。

（7）各乡镇对后期扶持人口汇总花名册是否张榜公示，公示期间群众有无意见。

（8）后期扶持人口核定登记过程中，当地政府是否有完善的监督检查机制；检举信箱和检举电话设置情况；如有发现违纪、违规行为，是如何处理的。

（9）人口核定登记期间，移民申诉情况及处理结果。

2. 扶持期内人口自然变化处理办法及落实情况

监测评估的内容主要包括：

（1）是否制定了人口核减的办法。

（2）是否依据人口核减办法定期对人口进行核减。

（3）是否依据人口核减办法对核减的人口进行汇总上报。

3. 人口核定登记验收的原则、程序和方法

监测评估内容主要包括：

（1）人口核定登记验收的组织是否成立。

（2）是否按照乡镇自验、县初验、市终验的程序进行。

（3）人口核定登记验收的方法是否适当。

4. 人口核定登记的成果

监测评估内容主要包括：

（1）当地人口核定登记成果是否与国家或所在地省级移民机构所掌握的移民人口数据一致。

（2）对后期扶持人口在各水库、各乡镇的具体分布有无详细的描述。

（3）对于资料齐全的移民，县移民机构、各乡镇是否建立了完整的档案备查。

6.1.1.4 后期扶持方式监测评估

后期扶持方式监测评估内容主要包括：扶持方式确定的原则、依据、程序及其结果等。

监测评估单位对后期扶持方式的监测评估主要从以下几方面进行：

(1)后期扶持方式是否以我国现有的有关移民后期扶持的法律法规、条例、意见以及各省(区、市)人民政府制定的相关政策等为依据。

(2)后期扶持方式确定的原则是否有利于维护移民群众的利益、是否有利于解决当前与长远问题、是否有利于当地社会的稳定。

(3)后期扶持方式的确定是否充分尊重了移民群众的意愿,移民村组是否召开了后期扶持方式选择会议,并做记录,如表6-3所示。

表6-3 ______县(市、区)______乡(镇)______村移民参与后期扶持方式会议统计表

(单位:人)

后期扶持方式	参加会议		赞成		反对		弃权		评价与建议
	移民	本地居民	移民	本地居民	移民	本地居民	移民	本地居民	
直接发放									
项目扶持									
直接发放与项目扶持相结合									
对弱势人群的特殊方式									

监测评估人员(签章)：　　　　　　　　　　　　　　　　日期：

(4)后期扶持方式的结果公示,包括后期扶持方式的主要内容、公示的期限、公示期的主要意见、答复与处理情况等。

(5)后期扶持方式的申报与审批。主要监测经讨论通过的移民后期扶持方式是否及时报上级主管部门审核批准。

(6)以县(市、区)为单位的后期扶持方式汇总结果,如表6-4所示。

表6-4 ______县(市、区)大中型水库农村移民后期扶持方式核查表(单位:户,人)

序号	乡(镇)	合计		直接发放		项目扶持		直接发放与项目扶持结合	
		户数	人数	户数	人数	户数	人数	户数	人数
总计									

监测评估人员(签章)：　　　　　　　　　　　　　　　　日期：

(7)后期扶持方式结果的可行性评价。后期扶持方式结果可行性的评价包括后期扶持确定单位的自我评价和监测评估单位的评价。首先,监测评估单位要检查村移民工作组在后期扶持方式结果中是否有对本方案可行性的描述、描述的依据是否充分、前景预测是否科学;其次,监测评估单位要根据一定的科学方法,结合当地的经济社会情况、群众意愿等,对监测评估点所提供的后期扶持方式进行综合评价,指出其优势与不足,提出整改意见。

6.1.1.5 直补资金发放的监测评估

直补资金发放的监测评估内容主要包括：直补资金发放的依据、程序、方式、户数、人数、标准、金额、时间，移民个人档案建立和账户设立情况，移民直补资金的使用情况，资金发放的抽查情况等。

1. 直补资金发放的依据、程序、方式、户数、人数、标准、金额、时间

监测评估内容主要包括：

(1)人口核定的真实性，人口核减的及时性与准确性，移民信息档案的完整性。

(2)直补资金发放程序的规范性。

(3)直补资金拨付与移民核定登记人口的实际需要的直补资金的一致性。

(4)直补资金发放的标准是否按文件规定执行。

(5)直补资金发放的及时性。

(6)直补资金兑付情况，如表 6-5、表 6-6 所示。

表 6-5 ______县(市、区)大中型水库移民后期扶持直补资金兑付情况监测表

乡(镇)	村	直补移民人口		标准	兑付情况			兑付次数	
		核定人口	核减人口		合计	年	年	次数	开始时间
	个	人	人	元/人	万元	万元	万元	次	年　月
合计									

监测评估人员(签章)：　　　　　　　　　　　　　　　　日期：

表 6-6 ______县(市、区)大中型水库后期扶持直补资金发放人口(按乡(镇))汇总表

序号	乡(镇)	村庄	核定登记		资金发放		未发放	
			户数	人数	户数	人数	户数	人数
		个	户	人	户	人	户	人
合计								

监测评估人员(签章)：　　　　　　　　　　　　　　　　日期：

2. 移民个人档案和账户设立情况

移民个人档案和账户设立情况监测评估内容主要包括：

(1)检查是否建立移民个人档案和账户；

(2)检查移民个人档案和账户份数是否与核定登记移民人口数一致；

(3)检查移民个人档案信息是否完整，应包括：姓名、年龄、文化、所在乡镇、村、组、所属水库、搬迁时间、安置方式等；

(4)抽查移民个人档案和账户与实际情况是否一致。

3. 直补资金发放及使用的抽查

监测评估单位为了更进一步了解直补资金发放及使用情况，在对监测评估所在县(市、区)直补资金批复及使用情况全面了解的基础上，还应抽取部分乡镇、村、移民户、个人进行检查与评价。

(1)对直补资金领取情况的抽查。抽查结果汇总如表6-7所示。

表6-7 ______县(市、区)大中型水库移民后期扶持直补资金兑付抽查情况

乡(镇)	村	直补人口			补助标准	直补资金				兑付情况	
		户数	核定人口	核减人口		合计	年	年	年	次数	开始时间
	个	户	人	人	元/人	万元	万元	万元	万元	次	年　月
合计											

监测评估人员(签章)：　　　　　　　　　　　　　　日期：

(2)对直补资金使用情况的抽查。根据抽查户及直补资金使用情况，描述移民有多少直补资金用于日常生活，多少用于发展特色产业，多少用于农业生产投入，多少用于改善住房条件、还债和其他。并对抽查的个别村进行对比分析，找出差距，说明差距存在的主要原因，提出指导移民正确使用直补资金的建议。如表6-8所示。

表6-8 ________县(市、区)大中型水库移民后期扶持直补资金兑付抽查情况

序号	指标	人数(人)	次数(次)	兑付金额(元)			资金的使用					
							用于生产部分(%)		用于生活部分(%)			
				小计	____年	____年	农业支出	特色产业	日常生活	改善住房	还债	其他
合计												
1	乡(镇)(一级指标)											
1.1	村庄(二级指标)											
1.1.1	户主(三级指标)											
⋮												

监测评估人员(签章)：　　　　　　　　　　　　　　日期：

(3)对直补资金使用结果进行评价。通过分析抽查的村、户资料，分析移民将直补资金用于生产与生活方面产生了多大效益，包括对移民生产条件的改善、生活水平的提高、移民对后期扶持政策的认可与评价、对当地社会秩序的稳定等的影响程度。具体方法上既可采用统计资料的相关分析，进行定量的描述，也可通过移民访谈或问卷调查的形式进行定性的描述。

本部分内容将在本章“后期扶持实施效果监测评估”中进行专门论述。

6.1.1.6 后期扶持项目实施管理情况的监测评估

后期扶持项目的实施管理情况监测评估主要包括：项目确定的原则、程序、方法及其内容，项目的进展情况，项目竣工验收情况等。

(1)查阅监测评估点的后期扶持项目是否制定有详尽的管理文件，文件中对项目确定的原则是否与国家及地方人民政府已颁布的有关移民后期扶持政策、法规相一致。

(2)查阅后期扶持项目确定过程的原始记录，包括：项目管理小组产生的过程、项目管理小组成员结构与能力、身份背景、项目确定的主要依据、项目名称、规模、对项目预期效益的评价、移民参与项目讨论的人数及主要意见、项目公示原始文字等。可使用表6-9进行资料的登记检查。

表6-9 ______县(市、区)______乡(镇)______村项目管理小组成员核查登记表

序号	成员姓名	年龄	文化	主要专长	是否村干部	是否移民	是否群众选举	评价与建议

监测评估人员(签章)： 日期：

监测评估人员可通过对当地移民群众的走访，核实上述表格内容的真实性，同时对项目管理小组的综合素质与能力进行评价。

监测评估人员可根据表6-10提供的受益人群名单，抽查核对项目扶持的真实性，检查是否存在谎报、虚报情况，并结合群众意见、当地移民生产与生活实际，评价项目内容、项目资金的合理性以及移民是否可以从项目中直接受益。

表6-10 ______县(市、区)______乡(镇)______村推荐项目一览表

序号	水库名称	受益人群	项目名称	项目内容	预期投入(万元)	资金来源渠道	预期效益说明

监测评估人员(签章)： 日期：

监测评估人员可以通过对移民和原居民的抽样调查，证实移民后期扶持项目的确定是否充分尊重了移民群众和当地居民的意见，并对不知情或反对者进行个别访谈，查明其中的原因，评价原因的合理成分。如表6-11所示。

(3)项目进展监测评估。对照已批准的项目计划，检查以村为单位的项目进展情况，并对存在的问题查实原因，提出整改建议。如表6-12所示。

表 6-11 ______县(市、区)______乡(镇)______村移民、原居民对扶持项目的意见抽查表

序号	水库名称	项目名称	抽查移民(人)				抽查原居民(人)				评价与建议
			小计	同意	反对	弃权	小计	同意	反对	弃权	

监测评估人员(签章): 日期:

表 6-12 ______县(市、区)______年度后期扶持项目进度情况监测评估表

序号	项目名称	开工日期		完工日期		投资		工程量		受益人群		滞后或超前原因
		计划	实际	计划	实际	计划	完成	计划	完成	计划	实际	

监测评估人员(签章): 日期:

(4)项目验收监测评估。主要检查项目验收单位的合法资格、项目验收的程序规范性,工程技术含量较高、资金量大的项目是否根据批准的初步设计文件和相应的行业规范进行验收、查阅项目验收鉴定书、抽查移民对竣工项目的意见或评价、查阅验收工作会议原始记录等。

6.1.1.7 后期扶持规划实施情况的综合评估

监测评估单位通过对水库移民后期扶持规划的实施情况细分内容的检查与评估后,根据调查所获得的资料,可对后期扶持规划实施结果进行全面的统计分析,对照后期扶持规划综合监测评估其实施进度(见表 6-13、表 6-14)。

表 6-13 ______县(市、区)水库移民后期扶持规划实施情况汇总表

区域	扶持方式		规划投资(万元)	上期累计完成(万元)	本期实施			本期累计完成	
					计划(万元)	完成(万元)	比例(%)	累计(万元)	比例(%)
总计	合计								
	直补								
	项目								
	结合	小计							
		直补							
		项目							

续表 6-13

区域	扶持方式		规划投资（万元）	上期累计完成（万元）	本期实施			本期累计完成	
					计划（万元）	完成（万元）	比例（%）	累计（万元）	比例（%）
×××	合计								
	直补								
	项目								
	结合	小计							
		直补							
		项目							
⋮	合计								
	直补								
	项目								
	结合	小计							
		直补							
		项目							
×××	合计								
	直补								
	项目								
	结合	小计							
		直补							
		项目							

监测评估人员（签章）： 日期：

6.1.2 建设和发展规划监测评估

6.1.2.1 建设和发展规划编制监测评估

监测评估单位对项目规划编制的监测评估主要检查：

（1）规划中是否阐述了明确的指导思想和基本原则。

（2）编制的依据描述是否充分。

（3）规划的近期目标、中长期目标和远期目标是否明确，有无具体的指标。

（4）编制规划的工作基础是否扎实，尤其是对规划范围内的基础资料的收集和基本情况的调查是否仔细和准确。

（5）规划的任务是否明确、内容是否全面，对项目的可行性及预期目标、资金规模、保障措施、综合效益评价有无具体说明等。

表 6-14 ______县(市、区)后期扶持规划年度计划完成情况

区域	完成情况	合计		直补到人(600 元)		项目扶持(600 元)		两者结合					
										直补到人		项目扶持	
		人数(人)	金额(元)	人数(人)	金额(元)	人数(人)	金额(元)	人数(人)	金额(元)	标准	金额(元)	标准	金额(元)
合计	规划												
	计划												
	完成												
	比例												
×××	规划												
	计划												
	完成												
	比例												
⋮	规划												
	计划												
	完成												
	比例												
×××	规划												
	计划												
	完成												
	比例												

监测评估人员(签章): 日期:

(6)项目规划上报是否及时,批准结果如何,批准文件备案情况。

6.1.2.2 建设和发展规划项目年度计划监测评估

年度计划监测评估内容主要包括:规划本年度项目与资金情况,实施本年度项目与资金情况,实施年度计划与规划是否一致,变更程序是否合规。

1. 年度计划编报

年度计划编报监测评估内容主要包括:

(1)年度计划的编报是否以批准的后期扶持项目规划为依据。

(2)年度计划的编报是否及时。

(3)年度计划的编报是否以村为单位,逐级汇总形成。

(4)年度计划的编报内容是否全面,项目名称、所属水库、项目地点、项目资金、项目效益等是否有详尽的计划或说明。

(5)资金投向是否符合国务院 17 号文件规定的扶持重点,即解决库区和移民安置区

长远发展问题,重点加强基本口粮田及配套水利设施建设,加强交通、供电、通信和社会事业等方面的基础设施建设,加强生态建设、环境保护,加强移民劳动力就业技能培训和职业教育以及移民生产开发项目的建设。

2. 年度计划与建设和发展规划比较情况

对项目年度计划实施情况的监测评估主要监测实施项目的名称、内容、地点、投资、进度、受益人口等是否与项目计划一致,如有变更,需查证其原因。如表 6-15 所示。

表 6-15 ______县(市、区)______年度后期扶持项目实施情况监测表

<table>
<tr><td rowspan="3">序号</td><td rowspan="3">乡(镇)</td><td rowspan="3">村</td><td colspan="4">项目名称</td><td colspan="4">项目内容</td><td colspan="4">项目投资(万元)</td><td colspan="5">受益人口(人)</td></tr>
<tr><td rowspan="2">规划名称</td><td rowspan="2">计划名称</td><td rowspan="2">是否变更</td><td rowspan="2">变更原因</td><td rowspan="2">规划</td><td rowspan="2">计划</td><td rowspan="2">是否变更</td><td rowspan="2">变更原因</td><td rowspan="2">规划</td><td rowspan="2">计划</td><td rowspan="2">是否变更</td><td rowspan="2">变更原因</td><td colspan="2">计划</td><td colspan="2">实际</td><td rowspan="2">变更原因</td></tr>
<tr><td>人数</td><td>移民</td><td>人数</td><td>移民</td></tr>
<tr><td></td><td></td><td></td><td></td><td></td><td></td><td></td><td></td><td></td><td></td><td></td><td></td><td></td><td></td><td></td><td></td><td></td><td></td><td></td><td></td></tr>
<tr><td></td><td></td><td></td><td></td><td></td><td></td><td></td><td></td><td></td><td></td><td></td><td></td><td></td><td></td><td></td><td></td><td></td><td></td><td></td><td></td></tr>
<tr><td></td><td></td><td></td><td></td><td></td><td></td><td></td><td></td><td></td><td></td><td></td><td></td><td></td><td></td><td></td><td></td><td></td><td></td><td></td><td></td></tr>
</table>

监测评估人员(签章):　　　　　　　　　　　　　　　　日期:

3. 年度计划管理情况

检查年度计划上报及审批程序是否健全,年度计划实施变更程序有无具体规定,对变更原因是否核对。

6.1.2.3 建设和发展规划项目实施情况的监测评估

发展规划项目实施情况的监测评估主要包括:基本口粮田建设及水利设施配套、基础设施、生态建设及环境保护、劳动力技能培训和职业教育、生产开发等项目的资金完成情况、实施进展情况以及质量保证情况等。

1. 基本口粮田建设及水利设施配套项目实施情况

主要监测评估库区和移民安置区在落实耕地和基本农田保护各项措施的前提下,土地整理、开发,中低产田改造及农田水利配套设施项目情况、主要工程量、工程投资、资金筹措方案、移民受益情况。该项目主要解决库区及移民安置区基本口粮田偏少、质量偏低的问题,主要包括:一是中低产田改造项目。因地制宜地进行坡改梯、旱改水、低产改高产,实现库区和移民安置区粮食生产基本自给的目标。二是水利配套项目。突出小型水库和灌区配套工程、小型水利设施配套工程、新修水源工程等,完善和提升库区、移民安置区水利设施整体水平。

(1)基本口粮田落实情况。

通过表格 6-16 可监测评估建设和发展规划项目实施后基本口粮田的落实情况,并与项目实施前进行比较,评价项目实施前后基本口粮田总量及各种等级的口粮田变化情况。

(2)中低产田改造情况。

因地制宜地进行坡改梯、旱改水、低产改高产,实现库区和移民安置区粮食生产基本自给的目标(见表 6-17)。

表 6-16　______县(市、区)库区和移民安置区基本口粮田落实情况监测评估

序号	乡镇	村	所属水库	项目实施后人均口粮田面积(亩/人)				项目实施前人均口粮田面积(亩/人)				项目实施后面积变化情况(±亩/人)				评价与建议
				平均	高产	中产	低产	平均	高产	中产	低产	平均	高产	中产	低产	

监测评估人员(签章):　　　　　　　　　　　　　　　　　日期:

表 6-17　______县(市、区)库区和移民安置区中低产田改造情况监测评估

序号	乡(镇)	村	规划基准年中低产田(亩)	规划水平年中低产田(亩)	规划投入资金(万元)	实际投入资金(万元)	主要改造措施	受益(人)	
								总人口	移民
合计									

监测评估人员(签章):　　　　　　　　　　　　　　　　　日期:

监测评估单位通过表 6-17 的对比分析,可评价监测对象在农田改造方面的具体举措及实际效果。

(3)水利配套项目落实情况。

水利配套项目主要突出小型水库和灌区配套工程、小型水利设施配套工程、新修水源工程等,完善和提升库区、移民安置区水利设施整体水平。

监测评估单位主要监测评估库区和安置区在水利配套项目内容、资金、进度等方面与规划是否一致(见表 6-18)。

表 6-18　______县(市、区)库区和移民安置区水利配套项目落实情况监测评估

序号	乡(镇)	村	所属水库	水利配套项目规划					水利配套项目实施					评价与建议
				名称	资金(万元)	规划完成时间	受益(人)		名称	资金(万元)	实际完成时间	受益(人)		
							小计	移民				小计	移民	
合计														

监测评估人员(签章):　　　　　　　　　　　　　　　　　日期:

监测评估单位还可根据水利配套项目的内容,对单个项目实施进度进行抽查监测评估,如表6-19、表6-20所示。

表6-19 ______县______乡(镇)______村后期扶持项目土地灌溉设施配套(井灌)实施进度监测评估

序号	工作	计划完成时间	实际完成时间	监测日进度情况	滞后、超前原因
1	实施单位组织到位,负责人明确				
2	施工图设计到位				
3	施工队确定				
4	机井打井				
5	配电及输水设施购买				
6	配电及输水设施架设安装				
7	验收				
8	移交				

监测评估人员(签章): 日期:

表6-20 ______县______乡(镇)______村后期扶持项目土地灌溉设施配套(渠灌)实施进度监测评估

序号	工作	计划完成时间	实际完成时间	监测日进度情况	滞后、超前原因
1	实施单位组织到位,负责人明确				
2	施工图设计到位				
3	施工队确定				
4	闸门建设				
5	支渠建设				
6	斗渠农沟开挖衬砌				
7	验收				
8	移交				

监测评估人员(签章): 日期:

2. 基础设施项目实施情况

基础设施项目应针对库区和移民安置区基础设施薄弱等问题,结合当地实际情况,优先解决人畜饮水、沼气、交通、供电、社会事业等突出问题。基础设施项目复杂,各个安置点原有的条件不一,监测评估单位在监测评估时,主要对照已批准的后期扶持规划和发展规划,核实并评价项目落实情况。

(1)农村饮水安全项目落实情况。

农村饮水安全项目要集中资金和力量,因地制宜地采取雨水蓄积利用、建窖解渴、集中供水等方式,切实解决好库区和安置区的饮水难问题。对移民人口相对集中的乡镇和村(组),加快集中供水工程建设,对饮水安全没有达标的村(组)可规划必要的水源开发、饮水、供水、改水等项目。

如果建设和发展规划项目中规划了农村饮水安全项目,监测评估单位可对照建设和发展规划监测该项目落实情况(见表6-21)。

表6-21 ______县(市、区)库区和移民安置区农村饮水安全项目落实情况监测

<table>
<tr><td rowspan="3">序号</td><td rowspan="3">乡(镇)</td><td rowspan="3">村</td><td rowspan="3">所属水库</td><td colspan="5">农村饮水安全项目规划</td><td colspan="5">农村饮水安全项目实施</td><td rowspan="3">评价与建议</td></tr>
<tr><td rowspan="2">名称</td><td rowspan="2">资金(万元)</td><td rowspan="2">规划完成时间</td><td colspan="2">受益(人)</td><td rowspan="2">名称</td><td rowspan="2">资金(万元)</td><td rowspan="2">实际完成时间</td><td colspan="2">受益(人)</td></tr>
<tr><td>小计</td><td>移民</td><td>小计</td><td>移民</td></tr>
<tr><td></td><td></td><td></td><td></td><td></td><td></td><td></td><td></td><td></td><td></td><td></td><td></td><td></td><td></td><td></td></tr>
<tr><td></td><td></td><td></td><td></td><td></td><td></td><td></td><td></td><td></td><td></td><td></td><td></td><td></td><td></td><td></td></tr>
<tr><td></td><td></td><td></td><td></td><td></td><td></td><td></td><td></td><td></td><td></td><td></td><td></td><td></td><td></td><td></td></tr>
<tr><td>合计</td><td></td><td></td><td></td><td></td><td></td><td></td><td></td><td></td><td></td><td></td><td></td><td></td><td></td><td></td></tr>
</table>

监测评估人员(签章):　　　　　　　　　　　　　　　　日期:

监测评估单位在监测某村人畜饮水的具体项目时,可对照规划检查该项目的实际进度,以供水设施实施进度监测评估为例(见表6-22)。

表6-22 ______县______乡(镇)______村后期扶持项目供水设施实施进度监测评估

序号	工作	计划完成时间	实际完成时间	监测日进度情况	滞后、超前原因
1	实施单位组织到位,负责人明确				
2	施工图设计到位				
3	施工队确定				
4	打井施工队进场				
5	打井				
6	机井配套购买及安装				
7	配电设施购买及安装				
8	配电线路架设				
9	蓄水设施建设				
10	供水管线购买				
11	主供水管线铺设				
12	支供水管线铺设				
13	验收				

监测评估人员(签章):　　　　　　　　　　　　　　　　日期:

(2)交通项目落实情况。

交通项目要结合国家“十一五”期间加快农村道路建设的总体要求,实现库区和安置区村村通公路、90%的行政村通水泥(柏油)路、乡(镇)全部通等级柏油路的目标,逐步解决库区和安置区交通不畅,群众行路难的问题。

如果建设和发展规划项目中规划了交通项目,监测评估单位可对照规划,检查交通项目的执行情况。包括村、组公路的修建、改造(见表6-23)。

表6-23 ______县(市、区)库区和移民安置区交通项目落实情况监测评估

序号	乡(镇)	村	所属水库	交通项目规划						交通项目实施						评价与建议
				长度(km)		资金(万元)	规划完成时间	受益(人)		长度(km)		资金(万元)	规划完成时间	受益(人)		
				修改	建造			小计	移民	修改	建造			小计	移民	
合计																

监测评估人员(签章): 日期:

监测评估单位可对照规划进一步抽查某乡(镇)、村交通项目的实施情况,评价其工程进度,并查明影响原因。以新修公路实施进度监测评估为例(见表6-24)。

表6-24 ______县______乡(镇)______村后期扶持项目新修公路实施进度监测评估

序号	工作	计划完成时间	实际完成时间	监测日进度情况	滞后、超前原因
1	实施单位组织到位,负责人明确				
2	施工图设计到位				
3	施工队确定				
4	公路施工队进场				
5	挖路基(毛坯)				
6	路基平整				
7	水泥(柏油)路铺压完整				
8	验收				

监测评估人员(签章): 日期:

(3)供电项目落实情况。

供电项目的规划包括对无电地区规划必要的输、供电设施以及对农村原有电网的改造,力争在较短的时期内实现“户户通电”,基本解决移民群众用电难问题。

如果建设和发展规划项目中对没通电的村规划了供电项目,监测评估单位应对照规划供电项目检查实施情况;如果建设和发展规划项目中对已通电的村规划了改造电网项目,应对照规划监测电网改造情况(见表6-25)。

表 6-25 ______县(市、区)库区和移民安置区供电项目落实情况监测评估

序号	乡(镇)	村	所属水库	供电项目规划					供电项目实施					评价与建议
				名称	资金(万元)	规划完成时间	受益(人)		名称	资金(万元)	实际完成时间	受益(人)		
							小计	移民				小计	移民	
合计														

监测评估人员(签章): 日期:

监测评估单位还可对照规划,抽查某乡(镇)或村供电工程实施进度情况(见表6-26)。

表 6-26 ______县______乡(镇)______村后期扶持项目供电工程实施进度监测评估

序号	工作	计划完成时间	实际完成时间	监测日进度情况	滞后、超前原因
1	实施单位组织到位,负责人明确				
2	施工图设计到位				
3	施工队确定				
4	380 V 线路架设				
5	220 V 线路架设				
6	入户线路架设				
7	验收				

监测评估人员(签章): 日期:

(4)农村沼气项目落实情况。

监测评估单位对照规划检查农村沼气项目的资金、覆盖面积、工程进度、工程质量、受益人口等情况。对未按规划实施或落实进度有偏差的,应查明原因。

(5)文化、教育、卫生项目落实情况。

监测评估单位对照规划检查已规划的文化、教育、卫生等项目落实情况,包括:新修或改建文化室(活动室)间数、面积、设备、投入资金、受益人口,规划校舍的新修与改造面积、投入资金、受益人口,村卫生室的建立或改造情况。监测评估单位对以上项目未按规划执行或落实的,应查明原因。

(6)通信、广播、电视项目落实情况。

监测评估单位可对照规划检查通信、广播、电视各项目的资金、覆盖面积、受益人口等情况。对未按规划实施或落实进度有偏差的,应查明原因。

3. 生态建设与环境保护项目实施情况

生态建设与环境保护项目主要包括:

(1)库周塌岸滑坡处理。重点是对人民群众生命财产安全有重大隐患的地方进行治

理，如人口较多的居民点、桥梁、码头等。

(2)浸没淤积问题处理。主要对水库回水和受风浪影响的地方进行必要的处理。

(3)孤岛居民安置。对居住在孤岛上的居民可考虑搬迁安置，也可考虑解决交通不便的问题。

监测评估单位可对照建设和发展规划，检查库区和移民安置区生态建设与环境保护项目实施情况，并进行评价(见表6-27)。

表6-27　______县(市、区)库区和移民安置区生态建设与环境保护项目实施情况监测

序号	乡(镇)	村	所属水库	生态建设与环境保护项目规划					生态建设与环境保护项目实施					评价与建议
				名称	资金(万元)	规划完成时间	受益人数(人)		名称	资金(万元)	实际完成时间	受益人数(人)		
							小计	其中：移民				小计	其中：移民	
合计														

监测评估人员(签章)：　　　　　　　　　　　　　　日期：

监测评估单位还可根据生态建设和环境保护项目的各个具体内容和年度计划，监测其进度落实情况，具体可抽取部分项目进行分析评价。

4. 劳动力技能培训和职业教育实施情况

监测评估单位可对照规划，监测评估劳动力技能培训和职业教育实施情况(见表6-28)。

表6-28　______县(市、区)库区和移民安置区移民劳动力技能培训和职业教育项目实施情况监测

序号	技能培训与职业教育规划				技能培训与职业教育实施				超前或滞后原因
	内容	资金(万元)	培训人次(人)	劳动力转移人数(人)	内容	资金(万元)	培训人次(人)	劳动力转移人数(人)	
合计									

监测评估人员(签章)：　　　　　　　　　　　　　　日期：

为了求证上述结果的真实性，监测评估单位可对移民采取抽查或访谈的形式，了解移民技能培训与职业教育的实际情况。

5. 生产开发项目实施情况

生产开发项目应按照高产、优质、高效、生态、安全的要求，调整优化库区和安置区农业结构,加快建设优势农产品基地,积极发展特色农业、绿色食品和生态农业,提高库区和安置区生产水平。生产开发项目可按种植业、养殖业、二、三产业等3个方面来规划。

监测评估单位对生产开发项目实施情况的监测评估,应对照规划监测各个项目的执行情况,项目应以村为单位(见表6-29)。

表6-29 ______县(市、区)生产开发项目实施情况监测

<table>
<tr><th rowspan="3">序号</th><th rowspan="3">乡(镇)</th><th rowspan="3">村</th><th colspan="5">规划生产开发项目</th><th colspan="5">生产项目实施情况</th><th rowspan="3">变更原因说明</th></tr>
<tr><th rowspan="2">内容</th><th rowspan="2">资金(万元)</th><th colspan="2">受益人数(人)</th><th rowspan="2">移民人均增收(元)</th><th rowspan="2">内容</th><th rowspan="2">资金(万元)</th><th colspan="2">受益人数(人)</th><th rowspan="2">移民人均增收(元)</th></tr>
<tr><th>小计</th><th>其中:移民</th><th>小计</th><th>其中:移民</th></tr>
<tr><td></td><td></td><td></td><td></td><td></td><td></td><td></td><td></td><td></td><td></td><td></td><td></td><td></td><td></td></tr>
<tr><td></td><td></td><td></td><td></td><td></td><td></td><td></td><td></td><td></td><td></td><td></td><td></td><td></td><td></td></tr>
<tr><td></td><td></td><td></td><td></td><td></td><td></td><td></td><td></td><td></td><td></td><td></td><td></td><td></td><td></td></tr>
<tr><td>合计</td><td></td><td></td><td></td><td></td><td></td><td></td><td></td><td></td><td></td><td></td><td></td><td></td><td></td></tr>
</table>

监测评估人员(签章): 日期:

监测评估单位还可根据建设和发展规划结合实施情况,抽查并监测评估规划项目中的单个项目进度、资金、受益人口及实施效果。

6.1.2.4 建设和发展规划项目管理情况的监测评估

项目管理主要包括项目申报、审批、实施以及验收等程序。监测评估单位主要检查以下内容:

(1)项目管理组织设置情况。有无专门的机构、机构成员配备、机构成员能力、成员年投入工作量。

(2)项目管理制度的相关文件。

(3)项目申报程序。项目是否征求了移民意见、有无项目可行性论证、是否以村为单位逐级上报。

(4)项目审批意见。

(5)项目实施的管理。查阅项目实施主体资质、项目监督手段、项目进度及经费管理、项目质量控制、项目工期及质量问题处理相关文件与规定。对于投资在50万元以上的项目是否执行了项目法人制、招投标制、监理制、合同制等制度。

(6)项目验收程序。查阅项目验收单位资质、项目验收鉴定书、验收工作会议原始记录等。

6.1.2.5 建设和发展规划项目实施的综合评估

监测评估单位通过对规划的实施情况细分内容的检查与评估后,根据调查所获得的资料,可对建设和发展规划实施结果进行全面的汇总分析,对照建设和发展规划综合监测评估其实施进度(见表6-30和表6-31)。

表6-30 ____县(市、区)后期扶持建设和发展规划投资完成情况 (单位:万元)

项目	规划投资			本年计划			本年完成			累计完成		
	小计	后期扶持	配套	小计	后期扶持	配套	小计	后期扶持	配套	小计	后期扶持	配套
一、基本口粮田建设及水利设施配套项目												
二、基础设施项目												
1. 农村饮水安全项目												
2. 交通项目												
3. 供电项目												
4. 农村沼气项目												
5. 文化项目												
6. 教育项目												
7. 卫生项目												
8. 通信、广播、电视项目												
9. 其他												
三、生态建设与环境保护项目												
四、劳动力技能培训和职业教育												
五、生产开发项目												
1. 种植业												
2. 养殖业												
3. 二、三产业												
4. 其他												

监测评估人员(签章): 日期:

表6-31 ____县(市、区)后期扶持建设和发展规划工程量完成情况 (单位:万元)

项目	单位	规划	上年累计完成	本年计划	本年完成	本年累计完成
一、基本口粮田建设及水利设施配套项目						
二、基础设施项目						
1. 农村饮水安全项目	处					
2. 交通项目	个					
3. 供电项目	km					
4. 农村沼气项目	km					
5. 文化项目	处					
6. 教育项目	处					
7. 卫生项目	处					
8. 通信、广播、电视项目	km					
9. 其他						
三、生态建设与环境保护项目						
四、劳动力技能培训和职业教育						
五、生产开发项目						
1. 种植业	亩					
2. 养殖业	头/只					
3. 二、三产业						
4. 其他						

监测评估人员(签章): 日期:

6.1.3 后期扶持政策实施保障的监测评估

后期扶持政策实施保障监测评估内容主要包括：移民机构的设置及能力建设，相关配套文件的制定和落实情况，权益保护，资金保障措施以及监督机制等。

6.1.3.1 移民机构的设置及能力建设监测评估

监测评估内容主要包括：机构的设置与分工、人员配备、能力建设与培训、移民工作经费、监督监管机制等的落实情况。

1. 机构的设置与分工

移民后期扶持时间长、跨度大、涉及面广，是一项十分庞杂的系统工程，因此必须建立专门的管理组织，明确具体的分工，负责移民后期扶持政策的贯彻落实及监督管理。监测评估单位对后期扶持机构设置与分工的监测，主要检查以下内容：

(1)后期扶持工作领导小组的设立。领导小组成立的程序、县(市、区)主要领导参与情况、各职能部门主要负责人参与情况，领导小组是否制定有明确的工作职责、工作任务、工作计划等。

(2)移民管理机构的设立。是否设立负责移民工作的管理机构，有无专门的办公地点、办公设备、主要职责与工作任务。

(3)各级政府及其职能部门的具体分工是否明确。

2. 人员配备

人员配备状况是决定后期扶持管理组织能力是否有效发挥最为重要的因素。监测评估单位主要检查各级移民管理机构工作人员的年龄、文化程度、专业水平等，以评价移民管理机构的人员配备与后期扶持工作的适宜性。

3. 能力建设与培训

水库移民后期扶持的落实需要广大移民工作者做大量耐心细致的工作，因此必须加强移民组织能力建设与培训，提高各级移民干部队伍的综合素质，以确保对移民后期扶持政策的正确理解、及时宣传、顺利实施。对能力建设与培训的监测主要是：

(1)能力建设与培训的相关文件或通知。

(2)具体的培训计划，包括方式、时间、地点、内容、参加人员。

(3)培训效果考核办法。

(4)能力建设与培训的执行情况。水库移民后期扶持政策培训情况监测评估如表6-32所示。

表6-32 ______县(市、区)水库移民后期扶持政策培训情况监测评估

序号	时间	方式(会议、讲座、讨论、外出参观等)	主办单位	内容	参加人员	培训效果考核办法	评价与建议

监测评估人员(签章)：　　　　　　　　　　　　　　日期：

4. 移民工作经费

主要监测移民工作经费是否纳入同级财政预算，经费是否能满足移民后期扶持工作的需要。

5. 监督监管机制

通过查阅相关文件或数据，主要监测评估监督监管制度的建立情况、监督监管主要措施。

6.1.3.2 相关配套文件的制定和落实情况的监测评估

相关配套文件的制定和落实情况的监测评估内容主要包括：人口核定登记工作管理办法、扶持方式确定意见、资金管理办法、项目管理办法、监督检查和责任追究办法以及宣传提纲等配套文件的制定情况和落实情况。

6.1.3.3 移民权益保障的监测评估

移民权益保障的监测评估内容主要包括信息公开、公众参与及申诉的落实情况。

1. 信息公开情况

根据《中华人民共和国政府信息公开条例》（国务院令第 492 号）规定：为了保障公民、法人和其他组织依法获取政府信息，提高政府工作的透明度，促进依法行政，充分发挥政府信息对人民群众生产、生活和经济社会活动的服务作用，行政机关应当及时、准确地公开政府信息；县级以上地方人民政府办公厅（室）或者县级以上地方人民政府确定的其他政府信息公开工作主管部门负责推进、指导、协调、监督本行政区域的政府信息公开工作。

移民后期扶持相关信息的公开，是接受社会监督和保障移民合法权益的重要途径。监测评估单位在进行后期扶持监测评估时，应将后期扶持信息公开情况作为重要的监测内容之一。主要监测内容如下：

（1）县（市、区）级人民政府关于移民后期扶持信息公开制度的相关文件、会议记录等。

（2）信息发布内容的完整性，主要应包括：后期扶持的文件、政策、规定，人口核定登记的要求、内容、对象、结果，后期扶持方式的确定原则、程序、结果，移民直补资金发放的具体对象、办法、金额，扶持项目的确定程序、内容、资金，建设和发展规划项目招投标情况、项目工程进度、项目管理及验收结果，移民管理机构的设置、管理制度等。

（3）信息发布机构的名称、办公地址、办公时间、联系电话、传真号码、电子邮箱等内容。

（4）信息发布的准确性与及时性。

（5）信息发布的渠道或手段。

（6）信息的覆盖面积、人口。

抽查移民对后期扶持信息发布的满意程度及对重要信息的知晓程度。

2. 公众参与情况

大中型水库移民后期扶持的目的在于提高移民及库区和移民安置区群众的生活与生产水平。要完成一个合理、科学的规划，必须充分了解移民及移民村群众的需求，因此在水库移民后期扶持政策的实施规划编制与实施过程中，公众参与是规划成败与否的关键环节，主要是库区和移民安置区的移民和非移民的参与。监测评估单位对后期扶持公众参与情况的监测，主要内容如下：

(1)县(市、区)、乡(镇)人民政府、移民管理机构有关后期扶持公众参与制度的制定与颁布情况。

(2)公众参与方法的有效性。

公众参与的方法主要包括以下几种：

第一，座谈会。座谈会有助于广泛收集库区和移民安置区移民户和非移民户对后期扶持项目的看法和要求，了解他们目前存在的主要问题，并针对问题整理出库区和移民安置区村民的项目需求，从而才能确定后期扶持的方式和所需要罗列的项目。监测评估单位可通过表6-33监测座谈会情况。

表6-33 ______县(市、区)______乡(镇)______村后期扶持座谈会情况监测表

序号	时间	组织单位	内容	参加人数(人)		有无原始记录	意见摘录	最终结果	座谈人证明	评价与建议
				移民	非移民					

监测评估人员(签章)： 日期：

第二，信息公开。在现金直补阶段，必须对人口核定的结果进行公示，让公众监督人口核定登记的结果；在项目规划阶段，对项目的罗列、项目重要性的排序等，必须在村公告栏和村民集中活动的地方进行张贴，让更多村民了解规划的每一个决定。监测评估单位可通过走访村民核实信息公开情况。

第三，对关键信息提供者访谈。关键信息提供者包括村主任、村书记、村文书、移民户主、妇女、老人等。对村主任、村书记和村文书的访谈有助于了解项目村的概况、存在的主要问题，并将这些问题记录，以了解村领导层对项目规划的看法；对移民户的访谈主要了解移民户目前的生产生活状况，以及他们对后期扶持规划的期望和对项目的需求情况；对妇女和老人的访谈主要了解妇女、老人等弱势群体在后期扶持规划中的参与情况，以保障弱势群体的参与权。监测评估单位可向监测评估对象索取相关访谈记录，并通过访谈对象核实材料真伪。

第四，全过程参与。公众参与应该是全过程参与，即在后期扶持规划、建设和发展规划开始直到规划实施及项目建成的后期管理的整个过程，都必须保证村民能够参与。监测评估单位在监测移民全过程参与程度时，可随机抽取一个村，进行监测评估(见表6-34)。

第五，调查。调查也是让移民参与的过程。对各个移民村进行样本抽样调查，收集后期扶持项目实施前移民的生产、生活水平指标，以此作为评估后期扶持项目的基础；采用问卷调查形式,了解移民对后期扶持方式、扶持项目等意见。监测评估单位可查阅监测对象对移民本底资料的调查问卷、调查结果,并向移民求证调查过程。

表 6-34 ____县(市、区)____乡(镇)____村移民参与后期扶持政策实施情况监测表

序号	日期	内容	参与人数(人)					表决结果	有无原始记录	参与人证明
			合计	非移民	移民总数	参与移民数	占移民比例(%)			

监测评估人员(签章): 日期:

3. 移民申诉情况

主要监测是否设置了较为广泛的申诉渠道、设置的申诉渠道是否畅通,申诉理由是否充分;评价抱怨的合理性、申诉的效果以及移民合法权益是否能够得到保障。监测评估单位对移民申诉情况的监测,主要检查:①县(市、区)人民政府或移民管理机构对移民申诉的相关文件、规定;②移民申诉受理机构设置情况;③申诉渠道包括移民代表、信箱设置、电话公开、电子邮箱、申诉程序;④申诉的内容、理由、受理、处理、申诉者满意度;可使用表格进行监测(见表 6-35)。

表 6-35 ____县(市、区)____年移民申诉情况核查监测表

序号	姓名	乡(镇)、村(组)	所属水库	申诉渠道	申诉内容与理由	受理单位	处理方式	处理结果	申诉者意见	评价与建议

监测评估人员(签章): 日期:

监测评估人员为了证实监测上述表格内容的真实性,可抽查部分申诉者进行核实。

6.1.3.4 资金保障措施监测评估

资金保障措施监测评估内容主要包括资金筹措情况和监管制度等。监测评估单位主要检查:省(区、市)库区基金、0.5 厘电价加价资金的征收到位情况,省(区、市)、市(地、州)及县(市、区)各级政府的地方配套资金到位情况,资金筹措监管制度的建立和落实情况等。

6.2 后期扶持资金使用管理情况的监测评估

监测评估的主要内容包括后期扶持基金、库区基金、后期扶持结余资金、0.5 厘电价加价资金、配套资金及其他各类后期扶持资金的使用管理情况。后期扶持资金使用管理情况主要包括资金使用计划的编制情况，资金拨付程序、数量以及使用情况，资金的检查、监督及审计情况等。

6.2.1 后期扶持资金使用计划编制情况的监测评估

后期扶持资金使用计划是资金拨付的依据，县（市、区）财政部门应会同移民主管部门，根据批准的移民后期扶持实施方案，制订本地区的后期扶持资金使用计划，经县（市、区）人民政府批准后，报上一级财政部门和移民主管部门备案。监测评估单位对后期扶持资金使用计划编制的监测评估主要包括以下内容。

6.2.1.1 资金使用计划编制情况的监测评估

（1）资金使用计划编制的依据是否与核定的移民人数、已批准的后期扶持相关规划一致。

（2）资金使用计划编制的程序是否合理。

（3）资金使用计划编制的内容是否符合国务院 17 号文件的规定，是否与已批准的后期扶持相关规划一致。

（4）后期扶持资金使用的总额及项目分布。

（5）后期扶持资金在各乡（镇）、各水库的使用分布。

（6）项目实施周期。

6.2.1.2 资金使用计划表编报的监测评估

监测评估单位应根据上述内容，对照检查监测评估对象的后期扶持资金使用计划表的编报情况（见表 6-36）。

表 6-36 ______县（市、区）______ 年水库移民后期扶持资金使用计划表

乡（镇）	小计	直补到人		项目扶持		备注
		人数（人）	资金（万元）	项目（个）	资金（万元）	
×××乡（镇）						
×××乡（镇）						
×××乡（镇）						
⋮						
总计						

填表人（签章）： 审核人（签章）： 编报单位（盖章）：

该计划表应报省（区、市）财政部门和移民管理部门备案，作为移民后期扶持资金拨付的依据。

后期扶持资金的使用主要包括直补资金和项目资金的使用。

1. 直补资金使用计划表编报

直补资金按实际核定人口拨付。监测评估单位主要监测直补资金发放对象是否与已批复的人口核定数据一致，发放标准、发放方式是否与编制的规划一致（见表6-37）。

表6-37 ______县（市、区）______年移民后期扶持直补资金使用计划表

序号	乡（镇）	核定登记人口（人）	直补标准（元/人）	直补资金（万元）	发放方式	备注
合计						

编制单位（盖章）：　　　　审核人（签章）：　　　　日期：

2. 项目资金使用计划表编报

项目资金使用主要检查项目资金使用情况汇总表及使用计划明细表的编制情况。

（1）项目资金使用情况汇总表的编制情况（见表6-38）。

表6-38 ______县（市、区）______年水库移民后期扶持项目资金使用情况汇总表（单位：万元）

乡（镇）	上年累计完成项目		本年安排项目									备注
			合计		计划当年完成			计划分年完成				
	项目	已安排扶持资金	项目	安排扶持资金	项目	项目总投资	安排扶持资金	项目	项目总投资	安排扶持资金		
总计												

编制单位（盖章）：　　　　审核人（签章）：　　　　日期：

监测评估人员检查表6-38的编制情况，主要核对项目个数与规划是否一致，安排扶持资金是否与规划一致，项目投资计划是否合理。

（2）项目资金使用计划明细表可对照项目规划进行编制（见表6-39）。

表6-39 ______县（市、区）______年水库移民后期扶持项目资金使用计划明细表（单位：万元）

序号	项目名称及编号	项目所在乡（镇）、村	项目类别	主要建设内容	项目批复投资				本年度计划使用资金				受益人口	
					小计	后期扶持资金	配套资金	其他	小计	项目费	管理费	监评费	人口	移民
合计														

监测评估人员（签章）：　　　　日期：

监测评估人员除监测上述内容的真实性外，还应结合监测对象提供的其他资料，评价其资金使用计划编制的合理性、可行性。

6.2.2　后期扶持资金拨付、使用情况的监测评估

6.2.2.1　后期扶持资金拨付的监测评估

监测评估单位对后期扶持资金拨付的监测评估，主要检查：

(1)上级财政部门、移民主管部门下达到本县(市、区)后期扶持资金的文件。

(2)县(市、区)财政部门对后期扶持资金的拨付情况。直补资金的拨付是否按照审批的年度资金使用计划分阶段实施；项目资金的拨付是否按分项目后期扶持资金使用计划拨付；同时根据各项目实施情况，检查后期扶持资金拨付情况，包括资金量、依据、时间(见表6-40、表6-41、表6-42)。

表6-40　______县(市、区)水库移民后期扶持资金总拨付情况监测(截止日期____)

序号	乡(镇)	现金直补						项目扶持						评价与建议
		计划		实际拨付		完成计划(%)		计划		实际拨付		完成计划(%)		
		人数	资金(万元)	人数	资金(万元)	人数	资金(万元)	项目	资金(万元)	项目	资金(万元)	项目	资金	
合计														

监测评估人员(签章)：　　　　　　　　　　　　　　日期：

监测评估人员在监测评估时，对照已批准的后期扶持规划及人口核定数据、直补标准、建设和发展规划、项目资金使用计划，运用上述表格监测移民后期扶持资金总的拨付情况，如果有不符合标准、规划或计划的地方，应查明原因，并对资金拨付总的情况进行评价。

表6-41　______县(市、区)水库移民直补资金拨付情况监测

序号	乡(镇)	计划直补							实际拨付						评价与建议	备注
		核定人数(人)	直补标准(元/人)	直补资金(万元)					直补标准(元/人)	拨付资金(万元)						
				小计	一季度	二季度	三季度	四季度		小计	一季度	二季度	三季度	四季度		
合计																

监测评估人员(签章)：　　　　　　　　　　　　　　日期：

监测评估人员在监测评估时，对照表6-37内容检查直补资金的拨付情况，包括总额、标准、核定人口、分季度拨付的执行情况，如果出现实际拨付与计划拨付不相符合，应查明原因。

表 6-42　______县(市、区)水库移民后期扶持项目资金拨付情况

序号	项目名称及编号	项目所在地	项目主要内容	项目计划资金(万元)					项目资金拨付(万元)					评价与建议	备注
				小计	第一笔	第二笔	第三笔	…	小计	第一笔	第二笔	第三笔	…		
合计															

监测评估人员(签章):　　　　　　　　　　　　　　　　日期:

监测评估人员根据表 6-42 对照项目资金使用计划,监测评价项目资金的拨付量及拨付进度与项目计划及项目进度是否一致;对不一致的地方要查明、指出原因,并分析对项目实施的潜在影响,对项目资金管理部门提出意见或建议。

(3)抽查乡(镇)移民管理部门对后期扶持直补资金的兑付进度情况(见表 6-43)。

表 6-43　______县(市、区)______乡(镇)后期扶持直补资金兑付进度情况　(单位:万元)

村名	计划拨付		实际兑付情况								评价与建议
			合计		第一次		第二次		…		
	户数	金额	户数	金额	户数	金额	户数	金额			
总计											

监测评估人员(签章):　　　　　　　　　　　　　　　　日期:

(4)监测移民后期扶持资金的拨付渠道是否畅通,是否存在资金停滞或挪用现象。后期扶持资金拨付平衡表如表 6-44 所示。

表 6-44　______县(市、区)______年后期扶持资金拨付平衡表

省(区、市)财政拨入后期扶持资金	资金(万元)	分季度拨入资金(万元)				县(市、区)拨出后期扶持资金	资金(万元)	分季度拨付资金(万元)				资金结余(万元)	评价与建议
		一季度	二季度	三季度	四季度			一季度	二季度	三季度	四季度		
1. 后期扶持资金						1. 直补资金							
2. 配套资金						2. 项目资金							
3. 其他资金						3. 管理费							
合计						合计							

监测评估人员(签章):　　　　　　　　　　　　　　　　日期:

监测评估人员根据表6-44，检查核对监测地区后期扶持资金的拨付情况，并评价资金拨付的渠道是否畅通，资金是否存在停滞或挪用现象。

（5）抽查移民、项目单位对后期扶持资金拨付的满意程度：是否及时，是否足额，是否公开。

6.2.2.2 后期扶持资金使用情况的监测评估

后期扶持资金使用情况的监测评估是移民资金监测评估的关键，也是移民资金监测评估的难点。后期扶持资金的使用必须按照已批准的后期扶持规划、建设和发展规划、资金使用计划执行。

1. 后期扶持资金总的使用情况监测评估

监测评估人员根据表6-45中的实际数据，对照已批准的后期扶持相关规划、资金使用计划，分析评价资金使用与规划、计划是否一致，并作出评价或建议。

表6-45 ______县（市、区）______年水库移民后期扶持资金使用情况监测

乡（镇）	本年可用后期扶持资金			本年计划支出金额（万元）	本年实际拨付的后期扶持资金					本年结余金额（万元）	备注
	合计	上年余额（万元）	本年实际收到金额（万元）		合计	直补到人		项目扶持			
						人数（人）	资金金额（万元）	项目（个）	资金金额（万元）		
总计											

监测评估人员（签章）： 日期：

2. 直补资金使用情况监测评估

监测评估单位通过抽样调查，监测移民对直补资金的使用情况，即直补资金的流向（见表6-46）。

表6-46 ______县（市、区）______乡（镇）______村水库移民直补资金使用情况监测

序号	乡（镇）	村	抽查户数	抽查人数	直补资金总额（万元）	使用直补资金数额（万元）	直补资金余额（万元）	直补资金使用情况										评价与建议
								日常开支		特色产业		农业生产		住房改善		其他		
								金额（万元）	占比（%）	金额（万元）	占比（%）	金额（万元）	占比（%）	金额（万元）	占比（%）	金额（万元）	占比（%）	
合计																		

监测评估人员（签章）： 日期：

通过填入并统计分析表6-46中的数据，可监测直补资金的流向，分析资金使用的合理性，结合各乡（镇）、村的实际情况，评价各乡（镇）、村在直补资金使用方面存在的共同点与差异性，并说明其原因，提出相关建议。

3. 建设和发展规划项目资金使用情况监测

项目资金的使用情况十分复杂，由于移民后期扶持监测评估是非现场监督，难以适时控制项目资金的实际走向，只能依据监测评估对象提供的已批准的项目规划、项目资金使用计划，对照检查、评价项目资金的使用是否与规划、计划一致。

（1）对照检查项目资金使用情况（见表6-47）。

表6-47 ______县（市、区）水库移民后期扶持建设和发展规划项目资金使用情况监测

项目名称	规划投资（万元）	预算批复（万元）	资金收支（万元）			支出比例（%）	
			资金到位	资金支出	资金结余	占规划	占预算
合计							
一、基本口粮田及水利设施配套项目							
1. 基本口粮田建设							
2. 水利设施配套							
二、基础设施项目							
1. 农村饮水安全项目							
2. 交通项目							
3. 供电项目							
4. 农村沼气项目							
5. 文化项目							
6. 教育项目							
7. 卫生项目							
8. 通信、广播、电视项目							
9. 其他							
三、生态建设与环境保护项目							
四、劳动力技能培训和职业教育							
五、生产开发项目							
1. 种植业	亩						
2. 养殖业	头/只						
3. 二、三产业							
4. 其他							

监测评估人员（签章）：　　　　　　　　　　　　日期：

监测评估人员根据监测对象提供的上述表格中对应的数据，评价项目资金使用是否符合规划或批复，对存在的问题分析其原因并提出相应建议。

(2)对照检查单个项目投资额度是否按计划实施(见表6-48)。

表6-48 ______县(市、区)水库移民项目资金使用对照表

序号	项目名称或编号	批复投资(万元)	实际投资(万元)	评价与建议
合计				

监测评估人员(签章):　　　　日期:

监测评估人员根据表6-48检查项目资金投资情况,如与批复投资不符,查找其原因,并提出建议。

(3)抽查单个项目资金使用情况(见表6-49)。

表6-49 ______县(市、区)后期扶持单个项目资金使用情况抽查

项目名称或编号	项目所在地	合同资金(万元)	实际拨付(万元)	已使用资金(万元)	使用资金占合同资金比例(%)	评价与建议
合计						

监测评估人员(签章):　　　　日期:

监测评估人员可通过表6-49中的内容,检查单个项目资金的拨付及使用情况,是否按合同及时拨付资金,施工单位使用资金是否与工程进度要求一致,评价单个项目资金保障程度及项目工程完成预期情况。

(4)抽查单个项目资金使用构成情况,评价项目资金使用的合理性。严格说来,单个项目的施工进度及资金使用情况的监督控制,是由项目主管单位委托的项目监理机构来执行的。但是,项目资金的合理使用,是保证项目工程质量的重要环节,为了深入检查移民后期扶持项目资金的实际使用情况,监测评估单位还应根据监测评估合同的需要,决定是否对项目资金的使用构成进行监测评价。项目资金的使用应严格按照招投标合同中规定的工程质量、工程进度、工程预期目标执行,任何克扣、偷工减料、侵占或挪用项目资金的现象,都将影响到项目工程形象。监测评估单位可根据工程性质,从施工设计、原材料、土石方、项目管理、项目监理、劳动力工资等费用开支方面,评价项目资金使用的合理性,并向监测评估委托机构提供意见或建议。

(5)监测项目资金使用管理制度。为更好地监测评估项目资金的使用情况,必须对项目资金的使用管理进行监测，评价其管理制度的完备性。主要监测以下内容：

一是项目资金管理制度的制定情况。是否有完整的、公开的项目资金管理制度，项目资金管理的专门机构的设置情况，对违规使用项目资金的处理办法等。

二是项目资金报账程序。建设和发展规划项目实施单位根据批复的扶持项目年度预算与项目工程建设进度，提出用款计划并附有效报账凭据，按规定程序报经移民主管部门审批，并向财政部门申请拨款和报账（见表6-50）。

表6-50　大中型水库移民建设和发展规划项目资金报账申请单

申请单位：　　　　　　　　　　　　　　　　申请日期：　　年　　月　　日

<table>
<tr><td>项目名称</td><td colspan="4"></td><td colspan="2">项目实施单位</td><td colspan="2"></td></tr>
<tr><td>项目实施单位地址</td><td colspan="4"></td><td colspan="2">项目实施单位负责人</td><td>联系电话</td><td></td></tr>
<tr><td colspan="9">扶持项目概况</td></tr>
<tr><td rowspan="2">项目批准文号</td><td rowspan="2">总投资（万元）</td><td colspan="3">移民后期扶持资金补助金额（万元）</td><td colspan="2">预付款拨付情况（万元）</td><td rowspan="2">项目完成情况</td><td rowspan="2">项目验收情况</td></tr>
<tr><td>合计</td><td>中央和省</td><td>市、县</td><td>第一次</td><td>第二次</td></tr>
<tr><td colspan="9">实际报账金额：　　元，大写：</td></tr>
<tr><td>村（居）委会意见</td><td colspan="8">签名：
年　　月　　日</td></tr>
<tr><td>乡镇（街道）意见</td><td colspan="8">签名：
年　　月　　日</td></tr>
<tr><td>项目管理部门意见</td><td colspan="8">签名：
年　　月　　日</td></tr>
<tr><td>财务管理部门意见</td><td colspan="8">签名：
年　　月　　日</td></tr>
<tr><td>单位领导审批意见</td><td colspan="8">签名：
年　　月　　日</td></tr>
</table>

三是项目资金管理制度的执行情况。抽查项目，根据其资金的使用流程，评价项目资金的执行情况；查阅项目资金管理制度执行的案例。

6.2.3　后期扶持资金的检查、监督及审计情况监测评估

监测评估单位主要检查或调查下列内容：

（1）后期扶持资金监督、检查、审计制度的制定情况。

（2）后期扶持资金监督、检查、审计执行机构的落实情况。

（3）后期扶持资金监督、检查、审计结果的相关报告。

（4）财政部门对后期扶持资金使用的财务规定。

(5)纪检、监察部门对后期扶持资金使用过程中违纪、违规现象的处理情况。

(6)县(市、区)人民政府、移民资金管理部门召开的有关移民资金监督、检查、审计的会议通知、记录。

(7)社会、群众监督执行情况,包括资金拨付与使用信息发布,媒体参与、人大代表参与、公众参与,公示的渠道、结果等。

(8)移民、项目单位对后期扶持资金使用监督管理的意见或评价。

6.3 后期扶持政策实施效果监测评估

后期扶持政策实施的直接目标是改善移民的生产生活条件,提高移民的生活水平,促进库区和安置区经济社会发展。无论是直补资金还是项目扶持资金的使用,是否发挥真正意义上的作用,关键是看后期扶持政策实施的效果。

对后期扶持政策实施效果监测评估的程序一般是:

(1)收集监测点移民在后期扶持前的生产生活水平、基础设施、经济发展的基础资料与数据,建立本底值;

(2)对移民后期扶持过程中生产生活水平、基础设施、经济发展进行跟踪监测调查,建立实际值;

(3)对比后期扶持前后移民生产生活水平、基础设施、经济发展的本底值和实际值,分析研究后期扶持对移民的影响;

(4)对比实际值、本底值和目标值(后期扶持规划中确定的目标),评估后期扶持是否使移民生产生活、基础设施、经济发展得到改善或提高,规划目标是否实现。

对后期扶持政策实施效果监测评估的内容主要包括:移民群众生产生活条件、收入水平的变化情况,库区和移民安置区基础设施建设和经济发展情况。

6.3.1 移民生产生活条件变化的监测评估

移民生产生活条件监测评估内容主要包括移民的耕地面积、耕地质量及生产设施较项目实施前有何变化,移民居住的房屋面积、质量,移民村(户)的水、电、路较项目实施前是否改善,文教卫生、通信、广播等是否达到项目预期目标。

6.3.1.1 生产条件改善情况的监测评估

生产条件主要包括生产资料、生产设施和生产方式,对从事传统农业生产的农村移民而言,耕地是最主要的生产资料,耕地的数量与质量、耕地距离的远近,将直接影响到移民的农业收入;同时,生产设施也是农业生产的重要元素,生产设施条件的改善,无疑会降低劳动强度,提高劳动生产率。对移民生产条件改善的监测如表6-51、表6-52所示。

监测评估人员收集并填写表6-51中的相应数据,可分析后期扶持政策对移民耕地面积变化的影响,同时还可对比移民与原居民的耕地拥有情况以及各乡(镇)在耕地面积上的变化差距,并评价其采取的主要措施的实际效果,与预期目标比较,揭示其实现程度。表6-51同样可用于以村或水库为单位的情况分析。

表 6-51　______县(市、区)移民后期扶持对耕地面积的影响情况　(单位:亩)

序号	乡(镇)	项目前(____年)人均耕地面积(本底值)				项目后(____年)人均耕地面积(实际值)				项目前后人均耕地面积比较(±)				评价与说明(变化的主要原因,存在的差异及原因等)
		原居民		移民		原居民		移民		原居民		移民		
		水浇地	旱地	水浇地	旱地	水浇地	旱地	水浇地	旱地	水浇地	旱地	水浇地	旱地	
合计														

监测评估人员(签章):　　　　日期:

表 6-52　______县(市、区)移民后期扶持对耕地质量的影响情况

序号	乡(镇)	项目前(____年)单位面积投入产出(本底值)			项目后(____年)单位面积投入产出(实际值)			项目前后单位面积投入产出比较(±)			变化的主要原因说明
		投入		产量(kg)	投入		产量(kg)	投入		产量(kg)	
		劳力(工作日)	资金(元)		劳力(工作日)	资金(元)		劳力(工作日)	资金(元)		

监测评估人员(签章):　　　　日期:

监测评估人员收集并填写表 6-52 中的相应数据,通过项目前后单位面积投入与产出的比较,可评价后期扶持政策实施对移民耕地质量变化的影响,也可评价不同乡镇耕地质量的差异,并说明耕地质量变化的主要原因,如中低产田改造投入导致各种等级的耕地变化。根据项目后的资料与预期目标进行比较,评价目标实现程度及前景。表 6-52 同样可用于以村或水库为单位的情况分析。

此外,对生产设施条件的变化的监测,可通过对比分析水利设施的增加、耕作手段如耕牛、骡、驴、农业机械等的变化,分析后期扶持项目的实际效果,如表 6-53 所示。

6.3.1.2　生活条件改善的监测评估

生活条件主要包括宅基地、人均居住面积、房屋质量、家电拥有量及类型,供水、供电、电信、广播电视、交通条件,以及学校、医院、医疗点、商业网点分布情况等。

由于生活条件主要受自然环境、交通、经济等影响,在不同的乡(镇)、不同的村,本底值不同。本底值高的地方,后期扶持的效果就不明显;而本底值低的地方,后期扶持的效果则可能更明显。因此,对生活条件的改善不能从较大范围如县(市、区)甚至乡(镇)的角度去评价,而只能以村为单位进行对比分析。在具体操作上,可采取现场资料查询、问卷调查、个

别访谈的形式掌握原始数据，然后通过比较分析，揭示其内容的变化情况，并作出评价。另外，生活条件涉及内容繁多，在本书中不便一一列出比较，仅就总体情况进行描述，如表6-54所示。具体监测评估时，根据人力、财力的允许及监测评估合同的规定而详细对比分析。

表6-53　______县(市、区)后期扶持对移民生产设施变化的影响监测

序号	生产设施内容	项目前(____年)(本底值)	项目后(____年)(实际值)	项目前后比较	与预期目标比较	简要评价
1	灌溉方式(机灌、井灌、渠灌、人灌)					
2	灌溉方式的数量或规模					
3	水库、堰塘、河流数量与规模					
4	耕作手段(人耕、畜耕、机耕)					
5	户均非人力耕作手段(头/户、台/户)					
6	播种、收割方式(人力、机械、半人力半机械)					

监测评估人员(签章)：　　　　　　　　　　　　　　　　日期：

表6-54　______县(市、区)______村后期扶持移民生活条件变化情况监测评估

序号	内容	项目前(____年)(本底值)	项目后(____年)(实际值)	项目前后比较	与预期目标比较	简要评价
1	宅基地面积(m^2/人)					
2	房屋面积(m^2/人)					
3	房屋类型(钢混房、土木房、砖木房、砖混房、平房、楼房、窑洞等)					
4	房屋质量(好、中、差)					
5	供水(井水、自来水、河水、地下水等)					
6	供电(有或无,保障程度、伏)					
7	电信(电话/户)					
8	广播电视(高音喇叭、闭路电视、数字电视)					
9	主要家电(彩电/户、冰箱/户、音箱/户、洗衣机/户、收录机/户等)					
10	交通(是否有公路,距乡(镇)里程(km),汽车、拖拉机、摩托车、自行车等)					
11	学校(教室面积(m^2)、操场面积(m^2)、方便程度、主要设备、年级与班级数、教师住宿、房屋质量等)					
12	医院、医疗点(方便程度、医生数(人)、病床数(床)、设备齐全程度、医疗水平等)					
13	商业网点(距最近的商店里程(km)、商品齐全程度)					
14	其他					

监测评估人员(签章)：　　　　　　　　　　　　　　　　日期：

监测评估人员在收集、汇总、统计处理上述资料的基础上,分别对比、评价移民生活条件在后期扶持前后的变化情况;还可根据不同的乡镇或村进行比较,对比后期扶持政策的执行力度及移民群众的满意程度,并提出相应的建议;与预期目标进行比较,评价目标的实现程度、存在的主要困难、前景如何,应采取哪些措施改进。

6.3.2 移民收入水平变化情况的监测评估

移民收入水平变化情况监测评估内容主要是现金直接发放和项目实施对移民家庭人均收入及收入水平的影响。

收入水平是衡量移民生活水平是否得到改善或提高的主要参考指标,其真实性与否直接影响到评估质量和移民后期扶持效果的评价,因此对收入水平的监测评估至关重要。在实际调查中,导致收入水平失真的原因是多方面的,除监测评估员能力、水平、责任心造成的调查失真外,还可能是选取的年份和样本不具代表性。因此,应对收集到的资料进行进一步的分析、调整。在收入水平对比时,应注意将不同年份的收入水平考虑物价的因素调整为可比的价格水平;对于农业收入,一是根据样本户被调查人提供的数字,二是根据种植面积、当年单位面积产量、粮食价格计算,三是调查了解样本户情况的第三人以进一步求证;对于非农业收入,一是根据样本户被调查人提供的数据,二是参考当地的宏观经济水平、就业率、打工程度、非农业水平等,三是调查了解样本户情况的第三人以进一步求证。

监测评估人员通过调查、收集后期扶持前后移民家庭收入状况数据,进行对比分析,评价后期扶持对移民家庭生活水平变化的影响,如表6-55所示。

表6-55 ______县(市、区)水库移民后期扶持收入变化情况 (单位:元)

序号	乡(镇)	项目前(____年)				项目后(____年)				项目前后比较(±)				简要评价
		户均收入		人均收入		户均收入		人均收入		户均收入		人均收入		
		移民	非移民	移民	非移民	移民	非移民	移民	非移民	移民	非移民	移民	非移民	

测评估人员(签章): 日期:

监测评估人员可以通过分析各乡(镇)后期扶持前后移民和非移民户均和人均收入的变化,揭示后期扶持政策在各乡(镇)的实际效果,同时可比较移民和非移民的收入变化差距,更进一步评价后期扶持的效果。再结合后期扶持预期目标进行比较,评价监测日期水平与预期目标的实现程度,对存在的问题进行分析,并提出建议。

6.3.3 移民消费结构变化的监测评估

生活水平既可从收入状况上考察,也可从家庭生活开支上分析,不同生活水平的家庭,生活开支结构不同,无论是饮食消费的食品构成,还是日常生活用品以及高档消费品,都会因收入变化而发生改变。事实上,收入水平并不完全代表生活水平,如果收入不转化为事实上的消费,也不能说生活水平提高了,至多是为提高生活水平创造了条件。因此,根据研究需要，在监测时可通过抽样调查，进行统计分析，研究移民后期扶持前后消费结构的变化（见表6-56）。

表6-56 ______县（市、区）______乡（镇）（水库）移民后期扶持对消费结构的影响（样本户）

序号	乡（镇）	村	户	人	项目前（____年）家庭主要生活开支比例（%）										项目（____年）后家庭主要生活开支比例（%）										备注
					吃	穿	住	用	行	医	学	礼	债	其他	吃	穿	住	用	行	医	学	礼	债	其他	

监测评估人员（签章）：　　　　　　　　　　　　　　　　　　　日期：

注：表中"医"指家庭成员一年中的医疗开支，"学"指家庭成员用于学习和培训的费用，"礼"指与家庭外发生交往的费用，"债"指偿还家庭借债）。

表6-56中的内容只是按传统的划分进行粗略的归纳，要反映更为详尽的生活水平，还需进行细分，如吃的，可分肉、蛋、禽、鱼、粮食、蔬菜、水果、油、盐、酱、醋、茶、奶；穿的，可分低档、中档、高档，冬装、夏装、春秋装；用的，可分家电、水、气、洗浴等。总之，生活开支非常多样，要详细调查确实有一定难度，而且有些开支难以归类，需要调查员相当仔细。涉及的具体指标将在本书第7章中再做更进一步的分析。

6.3.4　基础设施建设和经济发展情况监测评估

库区和安置区基础设施建设和经济发展情况的监测评估，内容主要包括基本口粮田建设及水利设施配套、基础设施、生态建设及环境保护、劳动力技能培训和职业教育、生产开发等项目实施对当地经济社会发展和居民生产生活水平的影响。以上项目涉及面非常广泛，而且细分内容也十分庞杂，要一一分析各子项目的实施效果需要很大的篇幅，而且，许多项目的效果是潜在的，不能在短期内显现出来，有些项目的效果是间接的，需要通过一定的中间环节才能逐步得以反映，如移民劳动力的培训，需要劳动力就业后增加了收入才能证明培训的实际效果。因此，本书对上述内容只能是粗线条的、大致的描述。

监测评估单位对基础设施等项目效果的监测评估主要包括以下内容：

（1）收集移民基本口粮田建设采取的主要措施，评价在其他条件不变的前提下，移民粮食产量增加情况，以及对解决移民温饱问题的贡献。

（2）调查库区和安置区水利设施配套的主要内容，对农业生产的具体支持或帮助程度，进一步分析因水利设施条件的改善导致移民农业生产增收的现实或潜在的效果。

(3)收集库区和安置区在基础设施方面各个子项目所采取的具体办法，评价对移民发展经济以及生活的影响程度。

(4)对生态项目进行描述，评估其现实及潜在的效果。

(5)调查对移民劳动力技能培训采取的主要措施，分析其受益人口状况，评价对移民劳动力转移以及移民收入增加的现实或潜在的影响。

(6)根据移民生产开发项目的发展情况，评价对移民家庭收入增加的影响。

在汇总分析上，可使用表6-57进行定性或定量的描述，并简要评价项目实施效果。其中某些内容或方法可参见本章6.1.2。

表6-57 ______县(市、区)移民后期扶持基础设施和经济发展情况监测评估

项目名称	项目内容描述	实际投资（万元）	主要措施描述	预期效果	实际效果	简要评价
一、基本口粮田及水利设施配套项目						
1. 基本口粮田建设						
2. 水利设施配套						
二、基础设施项目						
1. 农村饮水安全项目						
2. 交通项目						
3. 供电项目						
4. 农村沼气项目						
5. 文化项目						
6. 教育项目						
7. 卫生项目						
8. 通信、广播、电视项目						
9. 其他						
三、生态建设与环境保护项目						
四、劳动力技能培训和职业教育						
五、生产开发项目						
1. 种植业	亩					
2. 养殖业	头/只					
3. 二、三产业						
4. 其他						

监测评估人员(签章)：　　　　　　　　　　　　　　　　日期：

另外，在对后期扶持政策实施效果监测评估时，还应关注后期扶持项目实施后给地方经济带来的发展变化情况及后期扶持政策实施后对当地社会稳定的影响和变化情况。

在监测评估时，能够进行定量描述的尽量定量描述，不能进行定量描述的，可采用抽样调查或个别访谈的形式收集素材进行定性描述。同时，表 6-57 也可用做分析以乡（镇）、村或水库为单位的移民安置点的基础设施等项目的实施效果评价。

思考题

1. 后期扶持政策实施情况监测评估内容有哪些？
2. 后期扶持规划与建设和发展规划监测评估内容有哪些？有何不同？
3. 后期扶持政策实施保障机制监测评估内容有哪些？
4. 后期扶持资金使用管理监测评估的主要内容有哪些？如何监测评估？
5. 简述后期扶持政策实施效果监测评估的程序。
6. 如何对移民生产与生活状况后期扶持效果进行监测评估？

第7章　水库移民后期扶持监测评估指标体系

水库移民后期扶持监测评估需以一定的指标加以描述,只有选择恰当的指标体系,才能综合监测评估水库移民后期扶持政策实施情况、资金使用情况以及后期扶持实施效果,从而对监测评估对象提出合理的意见与建议。选择并建立完整的监测评估指标体系,是对水库移民后期扶持政策进行定性分析与定量分析相结合的重要基础。本章将对水库移民后期扶持监测评估的指标及指标体系进行理论分析及实证研究,以期为实施水库移民后期扶持监测评估提供参考指标。

7.1　指标与指标体系

7.1.1　指标的概念、分类与特征

7.1.1.1　指标的概念

指标(Index)即统计指标(Statistical index),是反映实际存在的社会经济现象总体某一综合数量特征的社会经济范畴,也可以说是指反映实际存在的一定社会总体现象的数量概念和具体数值。一项完整的统计指标应由总体范围、时间、地点、指标数值和数值单位等构成。它包括三个构成要素:指标名称、计量单位、计算方法。统计指标反映总体数量特征的名称和数值,它是在总体同质性的基础上,按一定统计方法对总体各单位标志的表现进行登记、核算、汇总、综合,就形成了各种说明总体数量特征的统计指标。例如,对某地区移民群体(总体)的每一个家庭(总体单位)总收入(数量标志)的不同数量(标志表现)进行登记、核算,最后汇总、综合成该地区的移民家庭的总收入(统计指标)。

7.1.1.2　指标的分类

指标按照其反映的内容或其数值表现形式,可以分为总量指标、相对指标和平均指标三种。

总量指标是反映现象总体规模的统计指标,通常以绝对数的形式来表现,因此又称为绝对数,例如核定登记人口数、土地面积、项目资金投入、移民家庭收入等。总量指标按其反映的时间状况不同又可以分为时期指标和时点指标。时期指标又称时期数,它反映的是现象在一段时期内的总量,如某年移民家庭粮食总产量、家庭总收入、扶持项目数与项目资金量等。时期数通常可以累计,从而得到更长时期内的总量。时点指标又称时点数,它反映的是现象在某一时刻上的总量,如年末移民人口数、移民管理机构数等。时点数通常不能累计,各时点数累计后没有实际意义。

相对指标又称相对数,是两个绝对数之比,如移民收入增长率、项目资金完成计划比、后期扶持配套资金占比等。相对数的表现形式通常为比例和比率两种。

平均指标又称平均数或均值,它反映的是现象在某一空间或时间上的平均数量状况,

如移民人均收入、人均扶持项目资金、人均消费水平、人均土地面积等。

也有的根据其内容的不同将统计指标分为基础指标和特征指标。基础指标是反映总体基本状况的指标，由总量指标和相对指标构成。特征指标是反映数据取值分布特征的指标，由三部分组成：一是反映数据取值分布集中趋势的平均指标，二是反映数据分布离散程度的变异指标，三是反映数据分布形状的偏态和峰度系数。

7.1.1.3 指标的特征

通常，指标具有如下特征：

(1)指标是一定社会经济现象或范畴的具体表现。不同的指标反映不同的社会经济现象或范畴。

(2)指标有可量性的特点。虽然指标反映的是一定的社会经济现象或范畴，但不是所有的社会经济现象或范畴都可使用指标进行反映，只有那种在性质上属于同类的，而在数量上又表现出各种差异的大量现象，才能通过指标的综合汇总反映出现象的共同特征，说明社会经济现象或范畴的综合性问题。对于无法运用数量衡量或虽然可以用数量衡量，但仅仅是个别存在的或并无差异的现象或范畴都不能运用指标。正是指标的计量性，使得运用数学方法和现代计算技术成为可能。

(3)指标是反映总体的综合数量特征，具有综合性的特点。指标既是同质总体大量个别单位的总计，又是大量个别单位标志值的差异综合。当确定了统计总体、总体单位和单位标志之后，就可根据一定的统计方法对各单位和各单位各种标志的标志值进行登记、分组、汇总，从而形成各种说明总体数量特征的指标。

7.1.2 指标体系

指标体系(Index system)是指若干既相对独立、又相互联系的统计指标所组成的统计指标群，用以说明所研究的社会经济现象各方面相互依存和相互制约的关系。指标体系大致上可以分为基本统计指标体系和专题统计指标体系。

基本统计指标体系是反映国民经济和社会发展及其各个组成部分的基本情况的指标体系。它可以分为三个层次。最高层次是反映整个国民经济和社会发展的指标体系，它是最主要的指标体系，以它为中心形成一个纵横交错、既有分工又有联系的指标体系的巨大系统。中间层次则是各个地区和各个部门的指标体系，这可以理解为最高层次指标体系的横向分支和纵向分支。最后是基层统计指标体系，它是指各种企业和事业单位、社区的统计指标体系。

专题统计指标体系是为某一个经济或社会问题而制定的指标体系。例如，移民后期扶持投资经济效益指标体系、移民生产生活水平指标体系，等等。本书主要使用的是专题指标体系。

建立指标体系具有重要意义。借助指标体系，可以认识现象的全貌和发展过程；可以分析复杂现象总体存在的矛盾，分析各种因素对总体变动结果的作用、方向和程度。而了解指标之间的相互关系，有可能根据已知指标来计算和推测未知指标。指标体系在开发信息、分析问题方面具有积极的作用。

7.2 后期扶持监测评估指标体系建立的原则

为保证水库移民后期扶持监测评估的科学性，在确定后期扶持监测评估的指标体系时，应遵循以下原则。

7.2.1 系统完整性原则

系统完整性是指监测评估的指标从样本户、村、乡（镇）、县到整个水库库区及移民安置区形成一个完整的系统，这些指标无一例外地成为整个系统中的一个元素。例如样本家庭收入中的粮食产量指标，从样本家庭调查起，一直到村、乡（镇）、县及整个库区都有这一指标，这样就形成了一个完整的系统，所有指标都能在整个系统中表达出来。

7.2.2 可比性及可操作性原则

数据可比性是指监测评估的数据能够同时符合横向比和纵向比的要求，在比较过程中显示横向和纵向的联系。例如，从纵向来说，大中型水库库区和移民安置区群众在后期扶持前和后期扶持后的数据要具有可比性；从横向来说，大中型水库库区和移民安置区不同区域之间以及同一区域内的不同安置点之间的调查数据要具有可比性。

可操作性是指指标不但定义清晰，而且每个数据都符合统计学的基本规律，便于调查和统计分析。例如以农业收入为主的家庭中的收入来源，不仅要把各种农业品种明确地进行定义，而且对各种农业品种的种植面积、单产和投入的种子、肥料、水量、机械费用等都能够准确地用定量表达，使得监测评估人员在调查和统计过程中操作简单而准确。

7.2.3 有效性与综合性原则

有效性是指指标使用价值的大小和指标在监测评估时应用频率的高低。监测评估指标的确定坚持有效性原则，就是要选择那些对监测评估价值大、使用频率高的指标，而对诸如淹没村或安置点移民家庭的庭院面积、非生产性荒坡面积等，这些在水库移民监测评估时应用很少的指标，就没有必要包括在主要指标中。

综合性是指监测评估指标要能够反映社会、经济各个层面的基本特征和水平。同时，指标体系应能反映移民后期扶持效果的各个方面。指标体系既要反映经济指标，又要反映社会指标和环境指标；既要反映后期扶持的生产效果，又要反映后期扶持的生活效果。例如，水库移民和安置区居民的人均纯收入指标就是一个十分重要的综合性指标，它可以全面地反映移民和安置区经济社会各个层面的变化情况。对这一指标的调查要深入、细致、准确。

7.2.4 尽可能最少的原则

指标体系应避免相同或含义相近变量的重复出现，因此指标应简明、概括、具有代表性，尽可能选用最小数目的指标。

在确定监测评估指标时，对上述各项原则要综合考虑，不能过分强调某一个方面，使监测评估指标能够全面反映水库移民后期扶持的实际情况，达到水库移民后期扶持监测评估科学、客观和公正的要求。

7.2.5 重要指标的关联性原则

关联性原则是要求那些在监测评估中的主要指标之间具有一定的联系。如恩格尔系数是主副食消费与整个生活费用之比，如果在监测调查中不把样本家庭的主副食以及全部消费指标逐一调查清楚，那么得出的恩格尔系数就可能出现偏差。

7.2.6 静态指标与动态指标相结合的原则

静态指标是对库区和移民安置区现有状况进行监测评估，反映特定时间和空间所存在的库区和安置区移民生产生活、基础设施、社会事业、生产开发以及环境保护等的现实状况。静态指标是用于对乡（镇）、库区、村与其他乡（镇）、库区、村进行比较，以便了解该乡（镇）、库区、村移民各种状况的客观排名和所处位置，找出差距并分析差距存在的原因。由于自然条件和历史原因，各个乡（镇）、库区、村的移民人口数量、经济基础、自然环境、交通条件以及发展水平等是有差异的。动态指标就是把某乡（镇）、村与其后期扶持前的水平及状况进行比较，然后再对其进步幅度与其他乡（镇）、村的进步幅度进行比较，以此来判定该乡（镇）、村后期扶持效果的显著程度。动态指标有利于促进相对落后的移民安置点或库区采取积极可行的改进办法，加强后期扶持力度，完善后期扶持手段。静态指标与动态指标相结合，有助于从横向和纵向监测评估移民后期扶持政策的落实情况及执行效果。

7.3 后期扶持监测评估指标体系建立的方法和程序

7.3.1 指标体系建立的方法

7.3.1.1 指标体系建立的渠道

指标体系建立的渠道主要有三种：一是由政府或主管机构建立。即国家或主管机构根据国家政策和法规去建立一套规范性的项目综合评估的指标体系，然后由企业或其他组织按照规定的指标体系去开展项目的综合评估，以便政府或主管机构根据其结果进行项目审批。这是计划经济形式下的典型模式。二是由投资主体自行建立。这是我国2004年7月投资体制改革之后所采取的一种项目综合评估指标体系确立的方式，其背景是“谁投资、谁决策、谁负责”，投资主体具有自主决定项目综合评估指标体系的权力。三是由专家或咨询机构建立。其主要特点是独立性、权威性、实用性；其主要步骤为：提出项目评估目的→选择项目评估咨询专家→专家提出项目综合评估指标→汇总结果并进行分析处理→反馈给专家修订，不断总结、修改，然后形成指标体系。

由于移民后期扶持监测评估主要是外部监测评估，所以指标体系宜采取以专家或咨询机构建立方式。

7.3.1.2 指标体系建立的具体方法

在对水库移民后期扶持进行监测评估时，要对所有可能使用的指标进行分析，力图分清主次，抓住主要指标，剔除次要指标。目前，主要依据有关的专业理论和实践筛选监测评估指标，根据各指标对结果的影响，挑选那些代表性好、确定性好，有一定区别能力又较少关联的指标组成监测评估指标体系。

所谓代表性，指各层次的指标对所选的各层次特征能最好地表达；所谓确定性，即指标值确定，而且其高低在评估中有确切的含义；所谓区别能力，即指标值能反映对象之间的差别；所谓较少关联，即选入的指标各有所用，互相不能替代。

系统分析法（Systematic analysis method）是一种常用的凭经验挑选指标的方法，这种方法从整体出发，将监测评估结果有关的诸指标按系统（或属性、类别）划分，在对各系统的指标进行分析的基础上，通过座谈的方法或填写调查表的方法获得对各指标的专家评分，确定其主次，再从各系统内挑选主要的指标作为评价指标。在缺乏有关历史资料或指标难以量化时，此法可较简便地确定评估指标集。

还可采用文献资料分析优选法，全面查阅有关移民监测评估指标的文献资料，分析各指标的优缺点并加以取舍。

此外，为保证筛选指标的客观性，可在预调查或已有历史资料的基础上采取几种辅助的统计方法。

（1）变异系数❶法：分别计算各指标的变异系数，挑选变异系数较大的指标。

（2）假设检验❷法：根据专家意见将对象分成优劣两组或好中差三组，逐个指标进行组间比较，挑选那些在某一概率水准上有统计学意义的指标。

---

❶变异系数又称标准差率，是衡量资料中各观测值变异程度的另一个统计量。当进行两个或多个资料变异程度的比较时，如果度量单位与平均数相同，可以直接利用标准差来比较。如果单位和（或）平均数不同时，比较其变异程度就不能采用标准差，而需采用标准差与平均数的比值（相对值）来比较。

标准差与平均数的比值称为变异系数，记为C/V。变异系数可以消除单位和（或）平均数不同对两个或多个资料变异程度比较的影响。

标准变异系数是一组数据的变异指标与其平均指标之比，它是一个相对变异指标。

❷假设检验是数理统计学中根据一定假设条件由样本推断总体的一种方法。具体做法是：根据问题的需要对所研究的总体作某种假设，记作H0；选取合适的统计量，这个统计量的选取要使得在假设H0成立时，其分布为已知；由实测的样本，计算出统计量的值，并根据预先给定的显著性水平进行检验，做出拒绝或接受假设H0的判断。常用的假设检验方法有u—检验法、t—检验法、X_2—检验法、F—检验法等。

假设检验是抽样推断中的一项重要内容。它是根据原资料作出一个总体指标是否等于某一个数值，某一随机变量是否服从某种概率分布的假设，然后利用样本资料采用一定的统计方法计算出有关检验的统计量，依据一定的概率原则，以较小的风险来判断估计数值与总体数值（或者估计分布与实际分布）是否存在显著差异，是否应当接受原假设选择的一种检验方法。

用样本指标估计总体指标，其结论有的完全可靠，有的只有不同程度的可靠性，需要进一步加以检验和证实。通过检验，对样本指标与假设的总体指标之间是否存在差别作出判断，是否接受原假设。这里必须明确，进行检验的目的不是怀疑样本指标本身是否计算正确，而是为了分析样本指标和总体指标之间是否存在显著差异。从这个意义上，假设检验又称为显著性检验。

(3)回归分析法[1]:以全体候选指标为自变量,以专家的评分或分组为因变量,进行多重线性回归或 logistic 回归,挑选统计学意义上的指标。

(4)指标聚类[2]法:在众多指标的情形下,用该方法寻找每类的典型指标作为评估指标。

7.3.2 指标体系建立的程序

水库移民后期扶持指标体系的建立是一个复杂的过程,必须经过一定的程序才能建立科学的监测评估指标体系,具体包括:

(1)收集、分析水库移民后期扶持的全部情况,明确后期扶持监测评估要解决的实质性问题,将此实质性问题分解成若干方面,每一方面为一项指标,这若干项指标形成第一级指标系。然后,每一方面再依据自身的特性尺度分解为若干项更具体的内容,每项内容又成为一项指标,第一级指标系中的每项指标形成第二级指标系,这样逐层分解下去,直至分解到某层中一项内容能用单一指标准确描述为止。分解工作进行了几次,则形成几级指标系,每一级指标系都从该层次上表明了后期扶持监测评估某一方面的内容特征。这若干级指标系的集合构成了后期扶持监测评估的指标体系。

对后期扶持监测评估的整体情况分析研究得越准确越透彻,则建立的指标体系质量就越高。在每一级指标系中,设置的指标一要完备,二要最简。因为指标不完备,会遗漏项目,不能全面反映情况,指标太多太繁杂,则会在以后的阶段工作中浪费时间、浪费人力物力。

(2)指标体系初步制定出来后,对后期统计、分析工作中需要定量分析的某些定性指标进行量化。实现定性指标量化的方法,可以采用加权的方法来完成,指标的权重系数,由专家们根据各自的经验对每项指标在指标体系中所占的比重给出权重分效,然后求出各项指标的算术平均值。为了便于观察和计算,再对平均值进行转换,使权重系数之和等于100。实现定性指标量化的方法,还可以采取分等级的方法。可以根据不同情况,采用各种方法,使定性指标向定量指标转变。

(3)对制定的指标体系进行核查。主要检查指标体系中各项指标的可行性、合理性、一致性。指标体系的可行性受到研究对象、研究条件、资料源等客观因素的制约。例如,

---

[1]回归分析(Regression analysis)法是确定两种或两种以上变数间相互依赖的定量关系的一种统计分析方法。运用十分广泛,回归分析按照涉及的自变量的多少,可分为一元回归分析和多元回归分析;按照自变量和因变量之间的关系,可分为线性回归分析和非线性回归分析。如果在回归分析中,只包括一个自变量和一个因变量,且二者的关系可用一条直线近似表示,这种回归分析称为一元线性回归分析。如果回归分析中包括两个或两个以上的自变量,且因变量和自变量之间是线性关系,则称为多元线性回归分析。

一般来说,回归分析是通过规定因变量和自变量来确定变量之间的因果关系,建立回归模型,并根据实测数据来求解模型的各个参数,然后评价回归模型是否能够很好的拟合实测数据;如果能够很好的拟合,则可以根据自变量作进一步预测。

[2]聚类分析指将物理或抽象对象的集合分组成为由类似的对象组成的多个类的分析过程。它是一种重要的人类行为。

聚类与分类的不同在于,聚类所要求划分的类是未知的。

指标聚类是将指标分类到不同的类或者簇这样的一个过程,所以同一个簇中的指标有很大的相似性,而不同簇间的指标有很大的相异性。

由于监测评估单位的人力、经费、设备所限，不能保证对某项指标进行完整、深入的研究，或一项非关键性指标的调查分析可能会占用整个监测评估工作的人力、经费的比重过大，而影响对其他重要指标的监测评估的完成，在不影响整个指标体系质量的情况下，应对个别不可行的指标进行适当调整。因此，在指标体系的检查阶段，要根据监测评估条件对指标体系的各项指标进行测算，也要参考资料源和监测评估对象对各项指标进行修正，保证指标体系的可行性。指标体系的合理性是指各项指标的设置要相对合理。对在初建指标体系过程中，以不合理的指标去反映某一方面的问题要在检查指标体系合理性阶段予以更正，经过更正的指标比更正前的指标更为合理。指标体系的一致性，是指在指标体系中，指标体系与指标体系之间不互相矛盾，各项指标之间也不互相矛盾。

(4)根据制定的指标体系设计咨询表、调查表。将指标体系用表格的形式反映出来，使指标体系变得简单、明了。根据指标体系设计调查表时，要注意表格设计应当合理，指标体系在表格中应能得到正确的反映，各项指标在表内布局要得当，设计出的表格便于填表人填写，表格设计完后，仔细检查各项指标在表中有无遗漏，对表格中的不合适处再做修改。

(5)请专家对制定的指标体系进行论证，对指标体系及设计的咨询表、调查表多方面征求意见，在专家及各方面意见的基础上，对指标体系及表格再次进行调整、修改。

(6)根据指标体系及调查表，对研究对象抽样(抽样占整个样本的10%左右)，按正式调查研究方案进行预调查，并进行预统计、分析，检验整个指标体系是否可行，调查表在填写过程中还存在什么问题。在统计、分析过程中各项指标还存在哪些欠妥当之处，分析监测评估是否能达到监测评估规划的设计要求。然后，针对在预调查、统计、分析过程中存在的问题，再对某些指标进行修改。至此，移民后期扶持监测评估指标体系即确定。

7.4 后期扶持监测评估指标体系的特征

指标体系的合理化、科学化程度在很大程度上影响着移民后期扶持监测评估的水平和质量。因此，设计一套优化的后期扶持监测评估指标体系十分必要。一般说来，后期扶持监测评估指标体系有以下几个特征。

(1)一致性。

所谓一致性就是指标与目标的一致，决不能自相矛盾，而且指标要能充分地反映目标。违背这一原则的指标就会使后期扶持监测评估偏离目标，从而产生不良的后果。因此，监测评估指标体系对移民后期扶持工作的指向作用是十分明显的。指标与目标的一致性还包含指标之间的一致性，不能把两个相互冲突的指标放在同一类指标体系中。

(2)整体性。

监测评估指标体系是全面体现所要达到目标的一个整体。由于移民后期扶持监测评估是一个涉及许多因素的复杂的社会活动，而指标体系不可能包括所有的因素，因此必须抓住主要因素，忽略一些次要因素，但总体上并不能影响指标体系的完整性。

(3)独立性。

监测评估指标体系内同一层次的各项指标必须独立，不互相重叠、不互相包含、不存在因果关系。或者说，指标之间不存在线性关系，不能从这个指标推导出另外一个指标。这样，既可简化指标，又可使指标更趋科学。但是在实际指标体系设计时，由于技术性较强，通常很难掌握好。这就要求设计者认真分析每一个指标的内涵及指标间的相互关系，以保证指标的独立性。

(4)客观性。

监测评估指标体系的设计要从移民管理的实际出发，实事求是、客观可行，使每一个指标都具有实际意义。指标定得过高或者过低、过繁或过难都会导致脱离实际，达不到预期的目标。

(5)可测性。

监测评估指标体系的每项指标都可以实际测量或观察，以获得明确的结论。根据可测性特点，指标可分为两类：一类是可以量化的定量化指标，另一类是难于量化的定性指标。从现实情况考虑，这两类指标都是必要的，难以相互取代。凡是可以直接量化的指标，应该尽量量化；凡是不能直接量化的指标，则采取定性指标，或者对定性指标进行二次量化，对定性分析定量化包括打分、排序，这一点可以利用层次分析法[1]达到目的。

(6)简易性。

监测评估指标体系必须简易可行，烦琐的指标体系操作难度大。因此，在设计指标体系时，必须善于抓住影响监测评估目标的主要因素，而忽略一些虽然有影响但是较为次要的因素。在不影响指标体系完整性的前提下，尽量加以简化，使整体性原则与简易性原则结合起来。

7.5 后期扶持监测评估指标体系

水库后期扶持监测评估指标体系由资金发放、项目实施、政策实施保障和政策实施效

[1]层次分析(Analytical Hierarchy Process，简称 AHP)法是将与决策总是有关的元素分解成目标、准则、方案等层次，在此基础之上进行定性和定量分析的决策方法。该方法是美国运筹学家匹茨堡大学教授萨蒂于20世纪70年代初，在为美国国防部研究"根据各个工业部门对国家福利的贡献大小而进行电力分配"课题时，应用网络系统理论和多目标综合评价方法，提出的一种层次权重决策分析方法。这种方法的特点是在对复杂的决策问题的本质、影响因素及其内在关系等进行深入分析的基础上，利用较少的定量信息使决策的思维过程数学化，从而为多目标、多准则或无结构特性的复杂决策问题提供简便的决策方法。尤其适合于对决策结果难于直接准确计量的场合。

在现实世界中，往往会遇到决策的问题，比如如何选择旅游景点的问题，选择升学志愿的问题，等等。在决策者作出最后的决定以前，他必须考虑很多方面的因素或者判断准则，最终通过这些准则作出选择。比如选择一个旅游景点时，你可以从宁波、普陀山、浙西大峡谷、雁荡山和楠溪江中选择一个作为自己的旅游目的地，在进行选择时，你所考虑的因素有旅游的费用、旅游地的景色、景点的居住条件和饮食状况以及交通状况，等等。这些因素是相互制约、相互影响的。我们将这样的复杂系统称为一个决策系统。这些决策系统中很多因素之间的比较往往无法用定量的方式描述，此时需要将半定性、半定量的问题转化为定量计算问题。层次分析法是解决这类问题的行之有效的方法。层次分析法将复杂的决策系统层次化，通过逐层比较各种关联因素的重要性来为分析、决策提供定量的依据。

果4类构成。

7.5.1 资金发放指标

根据后期扶持方式,后期扶持资金发放包括2个二级指标:

(1)按600元标准全部发放给个人(即:每人每年600元标准)。

按每人每年600元标准的直补资金全部发放给个人,前提是对符合后期扶持范围的移民身份的确认及移民人口的核定登记准确,否则,会出现超范围发放或漏发现象,损害国家或移民利益。

(2)采取资金发放与项目扶持两者结合方式中部分发放给个人(即:每人每年600元以内标准)。

每人每年600元以内标准,到底以多少用于移民个人发放,前提是征求并尊重移民的意见,并公示发放标准及发放名单。

7.5.2 项目实施指标

根据规划项目内容,项目实施指标包括基本口粮田建设及水利设施配套、基础设施、生态建设与环境保护、劳动力技能培训与职业教育、生产开发及其他项目等6个二级指标。

7.5.2.1 基本口粮田建设及水利设施配套

基本口粮田建设及水利设施配套包括基本口粮田建设及水利设施配套2个三级指标。

1.基本口粮田建设

基本口粮田是指作为农民生活保障用地,根据公平原则,按人口平均分配,不得占用耕地,即农民的"饭碗田"。基本口粮田建设是指使用一部分后期扶持资金新修或改造基本口粮田,以增加移民和移民村群众的粮食自给能力的项目。基本口粮田建设涉及的主要指标如表7-1所示。

表7-1 基本口粮田建设情况监测评估指标

序号	指标	单位	计算公式或备注
1	移民人均口粮田面积(其中水浇地、旱地、陡坡地、河滩地)	亩/人	口粮田面积/移民总数
2	中产田改造	亩	
3	低产田改造	亩	
4	凿石造梯	亩	
5	开田改土	亩	
6	田间道路修建	m或km	
7	农田防护	亩	

2.水利设施配套

水利设施配套指后期扶持资金中用于新修或维护保障农业生产所需要的各种水利项

目。水利设施配套涉及的主要指标如表 7-2 所示。

表 7-2 水利设施配套情况监测评估指标

序号	指标	单位	计算公式或备注
1	水库	座,万 m^3	
2	井灌	个,m^2	
3	抽水机站	座,kW	
4	电灌	个,m^2	
5	水渠	条,km	
6	蓄水池	个,m^3	

7.5.2.2 基础设施

基础设施包括饮水安全、沼气池、交通、供电、文化、教育、医疗卫生和通信广播 8 个三级指标。

1. 饮水安全

主要监测评估移民生活用水的水量、水质及安全卫生用水户占总户数的比例。要求明确每个移民村的生活用水的水井必须达到一定的深度,既要考虑水井的出水量,还必须满足水质要求,每口水井的水质必须经过国家指定的水质分析单位的检验合格后,才能满足环境指标要求。饮水安全项目监测评估指标如表 7-3 所示。

表 7-3 饮水安全项目监测评估指标

序号	指标	单位	计算公式或备注
1	水井数量	口	注明新修或改造
2	水井平均深度	m	水井深度/水井数量
3	深度达标水井	口	
4	水井深度达标比例	%	深度达标水井/水井总数 ×100
5	水质合格水井数量	口	
6	饮水安全户比例	%	饮用合格水质移民户/移民户总数 ×100

2. 沼气池

沼气池是农村移民重要的燃烧资源,对沼气池的监测评估主要包括其安全性、数量、户均数量、出气量等。其监测评估指标如表 7-4 所示。

3. 交通

交通指标是指中心村是否通达公路及公路等级,用以衡量移民出行的方便程度。交通条件影响到移民的社会参与及商品交换的程度,进而影响到移民生活水平的提高。交通条件的监测评估的主要指标如表 7-5 所示。

表 7-4　沼气池使用情况监测评估指标

序号	指标	单位	计算公式或备注
1	沼气池数量	口	
2	合格沼气池数量	口	
3	合格沼气池比例	%	合格沼气池数量/沼气池总数×100
4	户均年合格出气量	m^3	年合格出气量/移民户总数
5	沼气池使用户数	户	
6	使用沼气池比例	%	使用沼气池移民户/移民户总数×100

表 7-5　交通条件监测评估指标

序号	指标	单位	计算公式或备注
1	公路里程	km	指村公路距乡镇距离(平均)
2	一级公路里程(标准宽度、厚度、材质等)	km	指村公路距乡镇距离(平均)
3	二级公路里程(标准宽度、厚度、材质等)	km	指村公路距乡镇距离(平均)
4	⋮	⋮	⋮
5	距公路距离	km	指农村移民居住点距等级公路的距离(平均)
6	等级公路村比例	%	有等级公路的移民村数/县(市、区)移民村总数×100

4. 供电

监测评估农村移民安置点供电情况及移民用电户情况。主要指标如表 7-6 所示。

表 7-6　供电情况及用电情况监测评估指标

序号	指标	单位	计算公式或备注
1	变电室(站)	个	
2	供电量	kW	
3	用电户	户	
4	移民用电户比例	%	移民用电户/移民户总数×100
5	日常用电保证率	%	日常用电保证时间(天)/365 天×100
6	供电覆盖移民数量	人	

5. 文化

文化是一个复合概念,具有广泛的内涵,包括物质文化和精神文化,细分内容十分丰富,难以穷尽,在此仅指移民安置点的文化娱乐设施与活动。主要监测评估指标如表 7-7 所示。

表 7-7　文化娱乐情况监测评估指标

序号	指标	单位	计算公式或备注
1	文化室或馆、站	个	
	房屋	间,m^2	
	专职人员	人	
	主要设施	台,个,本,架	逐一统计
2	电影	场次	年合计
3	文艺演出	场次	年合计
4	联谊活动	次	年合计
5	文化展览	场	年合计

6. 教育

教育指农村移民安置区(点)的学校教育情况。主要监测评估指标如表 7-8 所示。

表 7-8　学校教育情况监测评估指标

序号	指标	单位	计算公式或备注
1	学校教育	所	
2	校舍	间,m^2	
3	在校学生	人	
4	教师	人	分别说明正式教师和民办教师的人数
5	师生比		教师数/在校学生数
6	生均教室面积	m^2/人	教室面积(m^2)/学生人数(人)
7	电脑	台	
8	适龄儿童入学率	%	适龄儿童入学人数/适龄儿童总数×100
9	图书室藏书量	册	
10	体育场	m^2	室内与室外分别计算
11	体育设备		描述主要设备情况

7. 医疗卫生

主要监测后期扶持项目用于农村移民安置区医疗卫生条件的情况。监测评估指标如表 7-9 所示。

8. 通信广播

通信广播条件反映了移民的对外联系程度及生活质量水平,尤其是贫困、落后的库区、移民安置区,通信广播设施的建设,是改善移民生活条件的重要内容。主要监测评估指标如表 7-10 所示。

表 7-9 医疗卫生条件监测评估指标

序号	指标	单位	计算公式或备注
1	距最近的乡镇医院	km	移民安置点中心位置距最近的乡镇医院
2	村卫生室	个	
3	村卫生室面积	m^2	
4	村医生数量	人	
5	具有专业职称医生	人	
6	村卫生室病床数	床	
7	基本药物保障程度	%	拥有基本药物数量/规定的基本药物数量×100
8	常见疾病治愈率	%	常见疾病治愈人数/常见疾病治疗数×100
9	流行病预防普及率	%	接受流行性疾病接种预防人数/应接种预防移民数×100
10	儿童死亡率	‰	年儿童死亡人数/儿童总数×1 000

表 7-10 通信广播条件监测评估指标

序号	指标	单位	计算公式或备注
1	通信线路到户水平	%	通信线路到户数/移民总户数×100
2	已安装电话总数	部	
3	安装电话户比例	%	已安装电话移民户/移民户×100
4	使用手机比例	%	使用手机移民人数/移民人数×100
5	有线电视线路到户水平	%	有线电视线路到移民户/移民户×100
6	电视机总数	台	
7	电视普及率	%	有电视移民户/移民户×100
8	彩色电视比例	%	彩色电视机数量/移民家庭电视机总数×100
9	收录机总数	台	
10	收录机普及率	%	有收录机移民户/移民户×100
11	村广播安装	部	
12	广播使用效果		好、一般、差

7.5.2.3 生态建设与环境保护

生态建设与环境保护因地区自然、社会经济条件等不同，在具体内容要求上也有差异。因此，难以用统一的指标来监测评估不同库区和移民安置区的生态建设与环境保护情况。如何选择合适的指标，应根据监测点的实际情况而确定。主要目标是改善库区和安置区的生态环境，建设环境幽雅、人与自然和谐共处的社会主义新农村。具体监测评估时，可参考使用下列指标，如表 7-11 所示。

表 7-11　生态建设与环境保护监测评估主要参考指标

序号	指标	单位	计算公式或备注
1	退耕还林	亩	
2	危崖、坡整治	处或 m^3	
3	浸没淤积处理	处或 m^3	
4	孤岛居民安置	户或人	
5	小江河治理	km 或 m^3	
6	改厕、改圈、改厨	户	分别统计
7	废弃物处理	处(个)	
8	太阳能使用比例	%	使用太阳能移民户/移民户 ×100
9	节能炕灶使用比例	%	节能炕灶使用户/移民户 ×100
10	沼气池使用比例	%	沼气池使用户/移民户 ×100(具体使用时不能与表 7-4 重复)
11	灭害达标	%	灭害达标户/移民户总数 ×100
12	小庭院经济	户	具有一定规模和特色的庭院经济
13	绿化面积比例	%	达到绿化标准的面积/总面积 ×100

7.5.2.4　劳动力技能培训与职业教育

劳动力技能培训与职业教育监测评估的主要指标包括:技能培训与职业教育的内容、方式、接受各种技能培训与职业教育的人次、考核合格率、劳动力转移人数、劳动力转移中接受培训与教育的人所占比例。如表 7-12 所示。

表 7-12　劳动力技能培训与职业教育情况监测评估指标

序号	指标	单位	计算公式或备注
1	技能培训	人次	可分别按培训内容计算
2	接受技能培训比例	%	接受各种技能培训人次/移民劳动力总数 ×100
3	职业教育	人次	可分别计算各种职业教育人次
4	接受职业教育比例	%	接受各种职业教育人次/移民劳动力总数 ×100
5	技能培训与职业教育内容		描述各种培训与教育内容
6	技能培训与职业教育方式		说明技能培训与职业教育方式
7	技能培训考核合格率	%	技能培训考核合格人数/接受技能培训人数 ×100
8	职业教育考核合格率	%	职业教育考核合格人数/接受职业教育人数 ×100
9	劳动力转移人数	人	
10	劳动力转移比例	%	移民劳动力转移人数/移民剩余劳动力人数 ×100
11	技能培训或职业教育劳动力转移人数	人	
12	技能培训或职业教育劳动力转移比例	%	接受技能培训或职业教育后劳动力转移人数/移民劳动力转移总数(反映技能培训或职业教育对移民劳动力转移的贡献程度)

7.5.2.5 生产开发

生产开发指后期扶持资金中用于发展种植业、养殖业和二、三产业的情况。由于各种产业细分指标很多,难以穷尽,不便一一列出。如种植业就包括:种粮、菜、果、林、草、药、桑、茶、橡胶等,与各地区气候、土地以及农作物生产特性有关,很难统一;同样,养殖业、二三产业也包括诸多内容。在监测评估时,根据需要和可能而确定具体的监测指标,如表7-13所示。

表7-13 后期扶持对移民生产开发的影响情况监测评估指标

序号	指标	单位	计算公式或备注
1	种植业产值	万元	
2	种植业产值占比重	%	种植业产值/移民家庭总产值×100
3	养殖业产值	万元	
4	养殖业产值比重	%	养殖业产值/移民家庭总产值×100
5	第二产业产值	万元	
6	第二产业比重	%	第二产业产值/移民家庭总产值×100
7	第三产业产值	万元	
8	第三产业比重	%	第三产业产值/移民家庭总产值×100

注:该表可分别用于以县、乡(镇)、村或移民家庭为单位的监测评估。

7.5.3 政策实施保障指标

政策实施保障指标包括组织保障、政策保障和资金保障3个二级指标。

7.5.3.1 组织保障

组织保障包括机构设置、人员培训和监督管理3个三级指标。

1. 机构设置

机构设置主要指移民管理机构的设置情况。监测评估主要指标有:机构名称、机构设置时间、机构办公地点及办公电话、机构成员数、机构成员结构、机构主要设施、机构下设部门等。

2. 人员培训

人员培训指对移民管理人员有关移民后期扶持政策、法规、组织能力与技巧、沟通协作能力等的培训情况。监测评估主要指标有:培训内容、培训地点、培训时间、培训方式、培训参加人员、累计培训人次、培训效果考核、培训记录等。

3. 监督管理

监督管理指移民管理部门及相关机构对移民后期扶持政策实施的人口核定登记、直补资金发放、项目扶持确定、项目资金拨付、使用及项目运行等的监督管理。监测评估主要指标有:监督管理文件、制度制定情况,监督管理主要措施,监督管理部门分工,监督管理人员职责,相关处理办法等。

7.5.3.2 政策保障

政策保障包括配套文件的制定、落实以及权益保护3个三级指标。

1. 配套文件的制定

配套文件的制定指监测评估所在县(市、区)人民政府、移民管理部门为实施移民后期扶持政策,根据国务院、国家部委等制定或颁布的有关水库移民后期扶持的政策、法规等文件规定结合本地区实际而制定的后期扶持条例、通知、办法、规定等。监测评估主要指标有:文件名称、文件数、文件制定单位、时间、主要内容与要求、适用对象与范围、执行检查部门等。

2. 配套文件的落实

配套文件的落实指地方人民政府或移民管理部门等制定或颁布的有关移民后期扶持文件的贯彻执行情况。监测评估主要指标有:配套文件下发、配套文件组织学习、配套文件内容和要求的执行进展情况、违反文件规定处理等。

3. 权益保护

权益保护指移民后期扶持政策实施过程中,各参与方包括管理机构、项目单位、移民、原居民等的应有权益的保护,主要指移民的合法权益保护。

移民合法权益保护指标是指水库移民依照国家或地方有关移民后期扶持的法律、行政法规等所享有的知情权、参与权、选择权、发展权、申诉权等。

(1)移民知情权指标。主要包括法规与政策宣传方式、宣传频率、公示情况、受众比例、知晓程度等。通过调查统计获得各种指标具体数值并进行相应计算。

(2)移民参与权指标。主要包括扶持规划确定的参与人数、参与比例,扶持方式确定的参与人数、参与比例,项目确定或变更参与方式、参与人数、参与比例等。通过调查获得各种指标数值并分析评价。

(3)移民选择权指标。主要包括扶持方式选择人数、选择比例,项目选择人数、选择比例,基层移民组织选择人数、选择比例等。通过调查,评估移民是否真正行使了自己的选择权。

(4)移民发展权指标。主要包括环境容量、环境保护、生产开发、资源利用等,通过调查,评价库区和移民安置区是否有足够的发展空间,是否具备可持续发展的条件。

(5)移民申诉权指标。主要包括申诉渠道或方式、申诉理由与内容、申诉受理、申诉案件数、申诉受理比例、申诉处理周期、申诉处理结果、上诉案件比例、处理满意程度等。通过调查或访谈,评估移民申诉渠道是否畅通,申诉处理是否及时,处理是否得当。

7.5.3.3 资金保障

后期扶持资金是后期扶持政策得以具体落实的重要经济基础。资金保障包括后期扶持资金的征收、配套资金的到位和资金监督管理措施3个三级指标。

1. 后期扶持资金的征收

后期扶持资金的征收包括后期扶持基金、库区基金和0.5厘电价加价资金的征收。

后期扶持基金是国家为扶持大中型水库农村移民解决生产生活问题而设立的政府性基金,全国统筹,分省(区、市)计征。后期扶持基金征收涉及指标:征收开始日期(2006年6月30日)、征收标准(按财综〔2006〕29号文件执行)、年用电量、征收量(月抄表用电量×征收标准)、交纳日期(次年3月底前)、征收手续费(代征额的2‰)。

库区基金是国家将原库区维护基金、原库区后期扶持基金和经营性大中型水库承担的移民后期扶持基金整合,设立大中型水库库区基金,简称库区基金。库区基金的征收涉及指标:征收开始日期(2007 年 5 月 1 日)、征收对象及名称(装机容量在 2.5 kW 及以上有发电收入的水库和水电站)、上网销售电量、征收标准(不高于 8 厘/(kW · h))、征收量(上网销售电量×征收标准)。

0.5 厘电价加价资金是解决小型水库移民的困难和现有后期扶持项目续建问题而设立的资金。0.5 厘电价加价资金的征收涉及指标:征收开始日、征收对象、征收标准(不超过 0.5 厘/(kW · h))、征收量(上网销售电量×征收标准)。

在监测评估时,是否使用以上指标,根据监测评估地区实际及监测评估合同要求而确定。

2. 配套资金的到位

配套资金是指各省(区、市)、市(地、州)和县(市、区)财政为配合国家落实水库移民后期扶持政策而拨付的地方性财政资金或社会捐赠资金。配套资金到位监测评估主要指标:配套资金到位总额(万元)、配套资金计划项目、配套资金到位时间、到位配套资金占计划拨付比例(%)、配套资金具体使用范围、配套资金占扶持资金总额比例(%)等。

在监测评估时,主要对照后期扶持规划中规划的配套计划监测资金到位的情况,评价后期扶持资金投入后带动其他资金投入所产生的效应。

3. 资金监督管理措施

资金监督管理措施是各种后期扶持资金及时、足额拨付及合理使用的重要保障,直接关系到后期扶持政策的贯彻落实。因此,各级组织应加强后期扶持资金的监督管理,建立强有力的监督管理机构,落实监督管理责任,制定完备的监督管理措施。资金监督管理监测评估涉及的主要指标有:资金管理机构、资金管理制度(项目资金申报、资金划拨、报账、审计)、结余资金管理、资金流向及使用公示、违纪违规处理等。

7.5.4 政策实施效果指标

政策实施效果是指水库移民后期扶持政策实施一段时期后对移民家庭及库区和移民安置区收入、生产生活以及社会经济等的影响程度。政策实施效果指标主要包括移民家庭收入、生产条件、生活条件、地方经济、社会稳定 5 个二级指标。

7.5.4.1 移民家庭收入

移民家庭收入指移民家庭扣除生产性支出后可用于自由支配的纯收入来源情况。包括家庭总收入、人均收入、收入结构。移民家庭收入情况监测评估主要指标如表 7-14 所示。

表 7-14 移民家庭收入情况监测评估主要指标

序号	指标	单位		计算公式或备注
1	家庭总收入	万元		一年扣除生产性支出的余额
2	人均收入	万元		家庭年总收入/家庭总人口
3	收入结构	万元	%	%表示各种收入占总收入比例
	农业收入			农业收入比例:农业收入/移民家庭总收入×100
	非农业收入			非农业收入比例:非农业收入/移民家庭总收入×100
	补助、捐赠、资助			

在收入结构中,农业收入指包括种植(粮食、蔬菜、水果、茶叶、桑、药、树、苗圃等)、养殖(畜禽、水产)、牧业等总产值扣除生产成本后的余额。农业收入结构反映了移民农业内部产业结构调整情况。非农业收入包括工副业、打工、经商和其他收入。非农业收入结构反映了移民家庭劳动力转移的收入贡献情况。

在监测评估时,可根据需要再对农业收入和非农业收入进行细分,通过样本家庭总收入来源指标的排序,可以看出样本家庭中各种收入占总收入的比重,再对照项目前的本底资料以揭示移民收入结构的变化,并评价其收入结构的合理性与不足。

7.5.4.2 生产条件

生产条件包括耕地面积、耕地质量和生产设施3个三级指标。

1. 耕地面积

耕地面积主要指移民的人均耕地面积,即人均拥有从事农业生产的土地数量,是衡量农村移民生产资料保障程度的重要指标。通过移民人均耕地面积的变化,评价后期扶持对移民生产保障程度的影响。

2. 耕地质量

耕地质量是各种性质的可耕地占的比重,如旱地、水浇地、河滩地、坡地、洼地等,耕地质量影响到移民的农业生产投入与产出,从而制约移民经济的发展和生活水平的提高。通过对耕地质量后期扶持前后的比较,以及移民生产投入与产出的前后对比,评价后期扶持耕地改造项目对移民生产的改善程度。

3. 生产设施

生产设施是指农业生产中的机械化程度、灌溉方式、田间道路等,影响到移民的劳动强度及劳动生产率。生产条件监测评估主要指标如表7-15所示。

表7-15 移民生产条件监测评估主要指标

序号	指标	单位	计算公式或备注
1	人均土地面积	亩	土地总面积/移民总人口
2	人均耕地面积	亩	耕地总面积/移民总人口
3	人均水田面积	亩	水田总面积/移民总人口
4	人均水浇地面积	亩	水浇地总面积/移民总人口
5	耕种条件		机械化程度
6	耕作半径	km	以村为单位平均
7	灌溉方式		说明主要方式
8	灌溉水价	元/t	平均
⋮			

7.5.4.3 生活条件

生活条件包括居住条件、生活环境、基础设施建设及生活突出问题的解决4个三级指标。

1. 居住条件

居住条件是移民生活质量的重要组成部分。以样本家庭进行调查分析，居住条件监测评估主要指标如表7-16所示。

表7-16　移民居住条件监测评估主要指标

<table>
<tr><th>序号</th><th>指标</th><th colspan="2">单位</th><th>计算公式或备注</th></tr>
<tr><td>1</td><td>户均宅基地面积</td><td colspan="2">m^2</td><td>宅基地总面积/移民户总数</td></tr>
<tr><td>2</td><td>户均居住面积</td><td colspan="2">m^2</td><td>样本家庭居住总面积/移民样本总户数</td></tr>
<tr><td>3</td><td>人均居住面积</td><td colspan="2">m^2</td><td>样本家庭居住总面积/移民样本总人口</td></tr>
<tr><td>4</td><td>房屋质量</td><td colspan="2"></td><td>好、中、差</td></tr>
<tr><td>5</td><td>住宅设施装备</td><td colspan="2"></td><td>说明厕所、厨房、自来水、生活用电等情况</td></tr>
<tr><td rowspan="6">6</td><td>住房类型</td><td>面积</td><td>%</td><td>%表示各种住房类型占总住房的比例</td></tr>
<tr><td>钢混</td><td>户或 m^2</td><td></td><td></td></tr>
<tr><td>砖混</td><td>户或 m^2</td><td></td><td></td></tr>
<tr><td>砖木</td><td>户或 m^2</td><td></td><td></td></tr>
<tr><td>土房</td><td>户或 m^2</td><td></td><td></td></tr>
<tr><td>其他</td><td></td><td></td><td></td></tr>
</table>

对居住条件的评价应对照项目前后进行分析，并调查移民对住房变化情况的主观评价。

2. 生活环境

移民生活环境是指围绕移民生存空间并直接或间接地影响移民生产与发展的各种因素的总和。反映生活环境的指标如表7-17所示。

表7-17　农村移民生活环境监测评估指标

序号	指标	单位	计算公式或备注
1	生活用水（水源、方式、水质、保证率、水价）		监测评估时分别统计
2	排水设施（管道、明渠、暗渠）		分别说明有或无、规格、长度及质量等
3	移民用电户比例	%	移民用电户数/农村移民户×100
4	村内道路		说明路面的性质和状况
5	距公路距离	km	移民居住点距最近等级公路的距离
6	距集市距离	km	移民居住中心位置距最近的集市的距离
7	距乡（镇）医院距离	km	移民居住中心位置距最近的乡（镇）医院的距离
8	村内商店		说明村内有或无商店，日常用品购买是否方便
9	村内诊所		说明诊所面积、医生数量、床位、预防保健能力、医疗技术等
10	村内学校		说明生均校园面积、生均教室面积、5~7岁儿童入学率（%）、学校设施等
11	各种家用电器拥有量	%	分别统计各种家用电器拥有比例
12	燃烧方式	%	分别统计各种燃烧方式的比例

续表 7-17

序号	指标	单位	计算公式或备注
13	绿化面积率	%	绿化面积/村庄占地总面积×100
14	主要亲戚交往平均距离	km	使用加权平均计算样本家庭距主要亲戚距离
15	使用各种通信工具比例	%	各种通信工具使用数/移民户数×100
16	村干部与移民关系		好、一般、不好等
17	移民与当地居民的关系		好、一般、不好等
18	移民安全保障程度		好、一般、不好等
19	村务公开程度		好、一般、不好等
20	环境污染处理设施		包括主要设施、处理效果等

对生活环境改善情况的监测评估指标在本章7.5.2项目实施指标中已有部分涉及，具体监测评估时对照使用，以不重复为原则。前面主要介绍监测实施情况，这里主要介绍监测评估实施效果，应与项目实施前进行比较分析。

3. 基础设施建设

对基础设施条件的改善监测评估指标见本章7.5.2，主要是与项目实施前进行比较，分析项目实施效果。

4. 生活突出问题的解决

移民生活中的突出问题在各库区或移民安置区表现形式不一样，具体指标应在调查的基础上，通过当地干部和移民反映出项目前突出问题的表现，项目后突出问题的解决情况如何，主要采取了哪些措施，移民满意程度如何等。根据农村的实际情况，生活上的突出问题一般包括：住房、耕地、就业、出行、入学、就医、饮水、灌溉等，着重与移民生产生活密切相关的而又急需解决的问题。突出问题不宜罗列太多，应集中反映移民迫切需要解决的与生活直接相关的最主要问题。

7.5.4.4 地方经济

地方经济主要监测评估后期扶持项目实施后当地经济结构调整情况、各种产业比重变化情况、特色产业或支柱产业的形成情况、国内生产总值增加情况、经济发展的可持续性、移民弱势群体关注情况、移民人口脱贫情况。

7.5.4.5 社会稳定

社会稳定主要监测评估后期扶持政策实施后对当地社会稳定的影响和变化情况，主要包括地方信访变化情况、移民和安置区居民申诉变化情况。

7.5.5 移民后期扶持监测评估综合指标体系

7.5.5.1 综合指标体系的构成

在对后期扶持政策实施情况及效果单项内容监测评估指标逐一介绍的基础上，形成了后期扶持监测评估综合指标体系，该指标体系可供对水库移民后期扶持进行全面的综合监测评估时参考使用。然而,各个指标并非同等重要,为了得出后期扶持监测评估结论,应采用合理有效的方法(如层次分析法)确定各项指标的权重值,下列指标权重可供参考,如表 7-18 所示。

表 7-18　后期扶持政策实施情况监测评估指标体系及指标的权重分配(括号内为权重)

一级指标	二级指标	三级指标
1. 资金发放(0.22)	1.1　600 元标准(0.90)	
	1.2　600 元以内标准(0.10)	
2. 项目实施(0.28)	2.1　基本口粮田建设及水利设施配套(0.18)	2.1.1　基本口粮田建设(0.52)
		2.1.2　水利设施配套(0.48)
	2.2　基础设施(0.25)	2.2.1　饮水安全(0.24)
		2.2.2　沼气池(0.05)
		2.2.3　交通(0.17)
		2.2.4　供电(0.10)
		2.3.5　文化(0.09)
		2.3.6　教育(0.17)
		2.3.7　医疗卫生(0.10)
		2.3.8　通信广播(0.08)
	2.3　生态建设与环境保护(0.12)	2.3.1　生态建设(0.47)
		2.3.2　环境保护(0.53)
	2.4　劳动力技能培训与职业教育(0.16)	2.4.1　劳动力技能培训(0.35)
		2.4.2　职业教育(0.32)
		2.4.3　劳动力转移(0.33)
	2.5　生产开发(0.20)	2.5.1　种植业(0.48)
		2.5.2　养殖业(0.28)
		2.5.3　二、三产业(0.24)
	2.6　其他(0.09)	
3. 后期扶持政策实施保障体系(0.20)	3.1　组织保障(0.32)	3.1.1　机构设置(0.31)
		3.1.2　人员培训(0.36)
		3.1.3　监管管理(0.33)
	3.2　政策保障(0.35)	3.2.1　配套文件的制定(0.28)
		3.2.2　配套文件的落实(0.33)
		3.2.3　权益保护(0.39)
	3.3　资金保障(0.33)	3.3.1　后期扶持资金的征收(0.42)
		3.3.2　配套资金的到位(0.33)
		3.3.3　资金监督管理措施(0.25)

续表 7-18

一级指标	二级指标	三级指标
4. 后期扶持政策实施效果(0.30)	4.1　移民家庭收入(0.34)	4.1.1　人均收入(0.68)
		4.1.2　收入结构(0.32)
	4.2　生产条件(0.20)	4.2.1　耕地面积(0.26)
		4.2.2　耕地质量(0.38)
		4.2.3　生产设施(0.36)
	4.3　生活条件(0.20)	4.3.1　居住条件(0.18)
		4.3.2　生活环境(0.24)
		4.3.3　基础设施建设(0.28)
		4.3.4　生活突出问题的解决(0.30)
	4.4　地方经济(0.16)	4.4.1　国内生产总值增加情况(0.55)
		4.4.2　移民人口脱贫情况(0.45)
	4.5　社会稳定(0.10)	4.5.1　地方信访变化(0.51)
		4.5.2　移民和安置区居民申诉变化(0.49)

7.5.5.2　综合指标体系及指标权重分配运用说明

监测评估单位在运用该指标体系进行实际监测评估时，应根据监测评估对象的具体情况，加以灵活变通，因为其中的很多指标尤其是细分指标各地在内容上、标准上有很大差异，比如项目实施，有的地方可能项目很全面，有的可能很单一；各地在后期扶持保障体系上也不可能有统一的组织模式、保障制度、保障措施和政策办法；对样本家庭的调查更是难以有统一的尺度，不同地区的移民对后期扶持的认识程度、心理需求、评价标准也有很大差别。而在指标权重分配方面，在后期扶持政策实施的不同阶段，指标权重分配也不一样。在后期扶持政策实施后的前期阶段，资金发放的指标权重大一些，项目实施的指标权重小一些；而随着资金发放步入常规化，发放人口逐渐减少，项目实施的力度加大，资金发放的指标权重就相应减弱，项目实施的指标权重增强。因此，如何确定各种指标及权重分配，应根据不同地区的实际情况及后期扶持政策实施的不同阶段，对具体的监测评估对象、监测评估内容、监测评估要求、监测评估深度、评估指标使用科学的方法加以确定。

思考题

1. 什么是指标和指标体系？
2. 后期扶持监测评估指标体系确定的原则有哪些？
3. 简述后期扶持监测评估指标体系建立的程序。
4. 简述后期扶持基础设施监测评估指标的主要内容。
5. 试述后期扶持政策实施效果监测评估的主要指标。

第 8 章　水库移民后期扶持监测评估的方法

监测评估单位对水库移民后期扶持的监测评估，除借助一定的理论指导、依照移民政策法规及监测评估合同要求、建立恰当的指标体系外，还必须使用科学的监测评估方法。科学的监测评估方法是完成后期扶持相关资料收集、处理、分析、评价的重要、必备手段，没有科学的监测评估方法，则无法完成监测评估任务，甚至会得出错误的监测评估结论。因此，如何选用监测评估方法，是移民监测评估组织需慎重、认真研究的问题。本章将介绍国内外目前比较成熟且广泛采用的监测评估方法，供监测评估单位参考。

8.1　监测方法

8.1.1　文献调研法

文献(Documents or Records)是人们专门建立起来储存与传递信息的载体，是人们从事各种社会活动的记录，运用文字、图像、符号、视频、声频等手段记录人类知识的各种物质形态。其三要素为：一定的信息、一定的物质载体和一定的记录手段。

任何文献都是一定社会现实的结果，它本身反映着人们之间的各种关系，反映着人们的利益和需要。因此，以文献形式记载下来的社会情报，本身就是对社会现实的一定反映。文献调研就是用科学的方法去收集与研究有关的各种文献资料，以便对研究对象进行深入的历史的多层次多方面的考察和分析。它是收集和分析研究各种现存的有关文献资料，从中选取信息，以达到某种调查研究目的的方法。它所要解决的是如何在浩如烟海的文献群中选取适用于课题的资料，并对这些资料做出恰当分析和使用的问题。

文献调研法具有如下特点：

(1)历史性。

从时间角度看，文献调研是一种“历史”的研究。无论是上下五千年的远古文献，还是现代乃至当今的文献，只要是先于研究者当前研究的成果，研究者都可进行研究。但是，文献调研法的历史特性是一种相对性，即相对于今天来说，昨天就是历史。

(2)灵活性。

从操作角度看，文献调研法不受时空限制，具有相当强的灵活性。文献研究可不用亲临现场，在时间上，既可在工作时间研究，也可在业余时间研究，研究者可灵活安排时间，或几天时间、或日积月累，研究数载。

(3)继承性和创造性。

文献法的运用本身就是一种继承与批判的过程。文献调研法的根本目的就在于比较和借鉴，通过检索、收集、鉴别以及研究与运用这一系统化过程，最终实现对某一时代或社会教育现象的某些特点进行描述的评论，分析其形成的客观原因；对原有文献加以重新组合、升华，从而找出事物间的新联系、新规律，形成新观点，创造出新理论。

文献研究的基本步骤包括文献资料收集，摘录信息，文献分析三个环节。在文献调研独立或主要担纲的调查研究中，这些环节缺一不可；而在以其他调查方法为主的调查研究中，文献调研一般特指前两个环节，文献资料的整理、分析是和其他调查后资料的整理、分析一并进行的。

在移民后期扶持监测评估中，文献调研就是对与移民后期扶持政策实施活动中形成的各级移民管理机构、项目实施单位等有关部门的来往文件、工作总结、统计资料、专题调研资料等文献资料进行系统而有针对性的收集。具体来说，移民后期扶持监测评估涉及的文献主要有：各级移民管理机构制定的与移民后期扶持政策实施有关的各项规章和政策，监测评估所在地水库库区和移民安置区的区域经济社会状况，移民管理机构的机构设置和人员配备、人员的培训情况，移民后期扶持实施进度计划，后期扶持资金拨付计划和拨付的情况，后期扶持规划设计文件和设计变更文件、后期扶持规划设计审查批准文件，各种与移民后期扶持有关的来往文件、工作总结、统计资料、专题调研资料等。

但在文献调研时，应对文献调研的局限性有清醒的认识。

第一，文献资料对于移民后期扶持监测评估来说，是一种不完整的资料。我们能采用的各种文献，并不是出于监测评估的目的、按照监测评估的技术要求记录的；而是按照各种不同的目的记录的。在使用既有文献资料时，往往是我们不需要的资料太详细，而需要的资料又简单。

第二，文献记录的信息与客观真实情况之间，可能存在一定的距离。也就是说，文献对于使用者来说，并不是100%可靠的。因此，在收集文献资料时，一是要注意紧密围绕监测评估的内容收集文献资料。文献资料浩如烟海，如果收集资料时目标不明确，什么资料都收集，既浪费人力、财力、物力，又容易引起提供资料者的反感。二是要尽量收集原始文献资料，以提高文献资料的权威性和可靠性。三是要注重文献资料的鉴别与筛选。收集的资料不能拿来就用，还应对资料的真伪、可靠性、有效性进行鉴别，在鉴别的基础上对资料进行取舍。四是要对文献资料及时做好摘录，记录资料的出处。

8.1.2 访谈法

访谈法（Interview method）也称访问法，是最普遍的社会调查方法之一，也是移民后期扶持监测评估中最重要的监测方法之一。访谈法是指访问者通过有计划地以口头交谈形式，根据被访问者的答复收集客观的、不带访问者偏见的事实材料，以了解社会实际情况的一种方式。访谈是通过访问者与被访问者面对面直接交谈方式实现的，具有较好的灵活性和适应性，既有事实的调查，也有意见的征询。

8.1.2.1 访谈法的分类

1.结构式访谈和无结构式访谈

根据对访谈过程的控制程度，访谈可分为结构式访谈和无结构式访谈。

结构式访谈又称标准化访谈，它是一种高度控制的访谈，即按照事先设计的、有一定结构的访谈问卷进行的访谈。结构式访谈特点为：一是选择访谈对象的标准和方法，访谈中提出的问题，提问的方式和顺序以及对被调查者回答的记录方式都是统一的；二是需要大规模的样本;三是需要使用统一的问卷和表格;四是访问者与被访问者都难于进行积极交往,故而这种感性体验很难深入。移民后期扶持监测评估的定量资料的收集适合结构式访谈。

无结构式访谈又称非标准化访谈,与结构式访谈相反,它事先不制定统一的问卷、表格和访问程序,而是只给访问者一个题目,由访问者与被访问者就这个题目自由交谈。无结构式访谈又可分为:重点访谈、深度访谈和客观陈述。

重点访谈又称集中访谈,它是集中于某一经验及其影响的访问。重点访谈的重点不是指访谈对象的重点挑选,而是访谈所侧重的内容。重点访谈的一个决定性因素是某一特定情景的提供。

深度访谈又称临床式访谈,它是为搜寻特定经验及其行为动机的主观资料所做的访谈,常用于个案调查,在生活史研究中也常常采用这一方法,也可视为一种半结构式访谈。

客观陈述又称非引导式访谈,其最大特色是让被访问者对他自己和他所处的社会环境进行一番考察,再客观陈述出来。它是一种能让被访问者发表意见的方法,一种能使访问者直接接触被访问者的观念、价值观或动机的方法。

无结构式访谈的主要优点是:①有利于充分发挥访谈双方的主动性和创造性。②有利于适应千变万化的客观情况,了解原访谈方案没有考虑到的新情况,获得结构式访谈所无法获得的丰富资料。③有利于拓宽和加深对问题的研究。无结构式访谈的缺点是深而不广。

2. 个别访谈和集体访谈

按照访谈所包括的调查对象的数量分为个别访谈和集体访谈。

个别访谈是对单个调查对象的访谈。这种访谈基本上只限于访问者与被访问者之间的信息交流,双方的交谈不会受到访谈外的第三者的直接影响和干预,双方就有可能建立起相当信任的关系,进行较深入的探讨,并能获得真实的信息。在移民后期扶持监测评估中后期扶持资金的发放和使用情况、移民家庭的收入支出情况、对政策实施的意见等信息适合于个别访谈。

集体访谈也称座谈会,即访问者邀请若干被访问者,通过集体座谈的方式收集有关资料、了解情况的方法,也就是通常说的开调查会。这种方法是毛泽东同志亲自倡导而且在我国广为使用的一种调查方法。毛泽东说:“开调查会,是最简单易行又最忠实可靠的方法,我用这个方法得到了很大的益处。”

座谈会的最大特点是,访谈过程不仅是访问者与被访问者社会互动的过程,而且也是被访问者之间的社会互动过程。座谈会能收集的资料受到这两种社会互动的影响。要使座谈会成功,访问者不仅要组织好访问者与被访问者间的互动,而且要组织好被访问者之间的互动。这就要求访问者有更熟练的访谈技巧及组织会议的能力。由此可见,座谈会是较个别访谈层次更高、难度更大的调查方法。

参加座谈会的人员应以关注点不同而有不同的选择,但一般原则是:①参加人员要有代表性;②参加人员要十分了解情况;③参加人员要敢于发言;④访问者和参加人员相互之间应有共同语言。一般来说,与调查问题无关的人和权威人士不必在座。访问前应事先将所有参加座谈的人员名单、访问的具体内容、要求、举办的时间、地点等通知参加座谈会的所有被访问对象。正式开会之前,访问者应作好充分准备,拟定好询问提纲。座谈会可以采用两种方式:一是所谓的头脑风暴法;二是反向头脑风暴法。头脑风暴法是鼓励创造性思维的一种座谈形式,即会议主持人不说明会议的目的和要求,而只就某一方面的总议题,请与会者充分自由地发表意见。会议主持人不发表意见更不能反驳别人的意见。反向头脑风暴法是对已经形成的设想、意见、方案进行探讨的一种座谈形式,即会议首先列出讨论问题清单,参加者不仅自己发表意见,而且还对别人的意见进行质疑和反驳,以寻求解决问题的途径。集体访谈容易获得准确的资料,节约人力、时间,但容易产生一种"团体压力",使个人顺从多数人的意见而不敢表示异议。集体访谈时,要避免与会者被权威人士或会议主持人左右会议的情况,使参与者的各种意见能得到充分的表述。

移民后期扶持监测评估中,在库区和移民安置区,应重视召开移民和移民村群众代表参加的座谈会,以收集后期扶持人口核定登记情况、后期扶持资金发放及使用情况、后期扶持项目的进展及效果、移民群众生产生活条件变化情况、移民群众对后期扶持政策实施工作的意见和建议,以及信息公开、公众参与和协商、抱怨的申诉及其解决情况等信息。

3. 直接访谈和间接访谈

按照访问者与被访问者间的交流方式进行分类,分为直接访谈和间接访谈。

直接访谈就是指访问者和被访问者进行面对面的交谈。

间接访谈是访问者借助某种工具,如电话、邮件、书面问卷等,对被访问者的访谈。

4. 对各级移民管理机构进行访谈和入户访谈

按照被访问者的类型进行分类,分为对各级移民管理机构进行访谈和入户访谈。

对各级移民管理机构的访谈,是指通过与各级移民管理机构进行实地访问,了解后期扶持政策实施的全面信息,掌握报告期内的后期扶持政策实施进展情况,实施中的主要问题和处理情况、移民管理机构情况。

入户访谈,是指访问者深入到移民家庭中去,与他们进行面对面的访谈,了解后期扶持政策实施情况。入户访谈主要了解移民家庭情况,后期扶持政策实施情况,后期扶持直补资金发放及使用情况,移民生产生活水平状况,政策宣传与信息公开,公众参与,抱怨与申诉及其解决情况。

8.1.2.2 访谈的技巧

访谈是一种社会交往的方式,访谈中,访问者与被访问者之间形成了一种社会互动关系,访谈法的优点和局限性都源于这一特点。因此,访谈的成败在很大程度上取决于访问者对这种活动互动过程组织的好与坏。访问者只有在这种社会互动中与被访问者建立起互相信任、互相理解的关系,才能使被访问者愿意积极提供访问者所需的资料。被访问者都是有思想、有情感、有心理活动的个性化的人,一般不会主动向陌生人提供资料,如何调动被访问者的积极性,做好访谈的组织准备工作是十分必要的,这就要求访问者掌握一定的技巧。

1. 接近被访问者

接近被访问者是访谈法的第一步,恰当的称呼可为接近被访问者开个好头。对被访问者的称呼,一要符合双方的亲密程度和心理距离。二要入乡随俗,亲切自然。三要尊重恭敬,又要恰如其分。四要注意称呼习俗的发展与变化。

接近被访问者经常有几种方法:一是在某种共同活动中接近,称为自然接近;二是在寻求与被访问者的共同语言中接近,也称求同接近;三是从关怀、帮助被访问者入手来联络感情、建立信任,这是友好接近;四是开门见山,先作自我介绍,直接说明调查的目的、意义和内容,然后再开始进入访谈,这种方式称为正面接近;五是隐蔽接近,即以某种伪装的身份、伪装的目的接近,并在被访问者没有觉察的情况下调查情况。

2. 对访谈的控制

访谈过程是访问者提问题、被访问者回答问题的过程,因此提问成功与否是访谈是否顺利进行的关键。访谈的控制包括以下几点:

(1)谈话要遵循共同的标准程序,避免只凭主观印象,或访问者和被访问者之间毫无目的、漫无边际的交谈。关键是要准备好谈话计划,包括关键问题的准确措辞以及对被访问者所做回答的分类方法。也就是说,要事先做好如下准备:谈话进行的方式,提问的措辞及其说明,必要时的备用方案,规定对调查对象所做回答的记录和分类方法。

(2)访谈前尽可能收集有关被调查者的材料,对其经历、个性、职业、专长、兴趣等有所了解;要分析被访问者能否提供有价值的材料;要考虑如何取得被访问者的信任和合作。另外,在访谈时要掌握好发问的技术,善于洞察被访问者的心理变化,善于随机应变,巧妙使用直接法、间接法等。

(3)关于访谈所提问题,要简单明白,易于回答;提问的方式,用词的选择、问题的范围要适合被访问者的知识水平和习惯;谈话内容要及时记录。记录也可以用类似表格整理谈话材料。

(4)访问者要做好访谈过程中的心理调查。如为了给被访问者良好的印象,要善于沟通,消除误会隔阂,形成互相信任融洽的合作关系。访问者还要注意自己的行为举止,其中关键是以诚相待,热情、谦虚、有礼貌。有时访谈的失败在于沟通不够。为防止被访问者出现反应效应,可先用非正式谈话沟通感情。另外,非语言交流,包括表情、目光、动作、姿态、衣着、服饰、打扮等,都需与访谈的环境、访谈的对象相匹配。

3. 对集体访谈的控制

如何做好集体访谈,开好调查会,要注意以下几点:

(1)要选择好对象。参加调查会的人数不要太多,一般参加人数以 6 ~ 12 人为宜;参加成员要有代表性、典型性;参加者在学历、经验、家庭背景等各方面情况尽可能相近。事先要了解一下与会者的个人问题,避免触及个人隐私而形成被动局面。

(2)拟订好问题。问题设计要具体,如有可能,可事先发给每人发言讨论提纲,让他们事先做好准备,并约定好开会时间和地点。临开会前应追发一个通知。

(3)要创造一个畅所欲言的气氛。调查会要按计划进行、目的明确,中心议题要集中。视具体情况,也可根据调查课题的需要临时提出提纲上没有的问题,让与会者作答。重要的是要创造一个畅所欲言的气氛。讨论中若发生争执,如果争执有利于课题的深入,支持争执下去;争执与结论无关,要及时引导到问题中心上来。主持人一般不参加争论,以免堵塞与会者的思路。主持人应以谦虚平等的态度,诙谐亲切的语言,争取与会者的合作。

4. 对谈话的记录

访谈的目的就是获得资料，在访谈调查时，资料是由访问者记录而来的，做好记录也需要一些特殊的技巧。有效地使用记录工具则是记录技术的主要方面，它可为调查者提供具体详细的资料。访谈记录的内容不仅包括调查对象的谈话，还应包括调查对象的非语言交流及谈话的时间、地点、环境等。对当场作记录，有的被访问者有顾虑；有的恰恰相反，访问者记得越认真、问得越仔细，被访问者越投入、越来劲。对有顾虑的被访问者，要做好解释和沟通工作，如果仍不能消除顾虑，可当场不记录，事后再进行追记。

访谈过程中，可以安排专人作记录，也可用录音机、录音笔或摄像机等设备记录。使用录音机、录音笔或摄像机等设备记录时，事先需征得被访问者同意。在记录时，对记录的内容还应注意以下几点：①记录要点，即主要事实、主要过程、主要经验教训、主要观点、主要意见、主要建议等；②记录特点，即具有特色的事件及情景，具有个性的语言；③记录疑点，将各种被访问者在谈话过程中需澄清的疑点、疑问记录下来，留作访谈后期备问；④记录忘点，包括人名、地名、组织机构名称、时间、各种数据等。

8.1.3 抽样调查法

抽样调查法（Sample survey method）是指从研究对象的全部单位中抽取一部分单位进行考察和分析，并用这部分单位的数量特征去推断总体的数量特征的一种调查方法。其中，被研究对象的全部单位称为总体；从总体中抽取出来，实际进行调查研究的那部分对象所构成的群体称为样本。

在抽样调查中，样本数的确定是一个关键问题。抽样的方式有随机抽样和非随机抽样两大类。

就随机抽样而言，其特点是：

（1）它以数目有限、能够代表总体计算出来的调查单位组成的样本来代表和说明总体。

（2）按照随机原则即同等可能性原则抽取调查单位。总体中每个单位都有同等被抽取的机会，以保证被抽取的单位在总体中均匀分布，具有代表性，排除了人为因素。

（3）抽取的样本单位组成一个代表团（样本总体），用这个代表团来代表总体。因此，可以用样本的指标数值去推断总体的指标数值。

（4）抽样调查产生抽样误差（即代表性误差）。抽样平均误差可以计算出来，并且可以在调查前将它控制在一定范围之内。

在本底调查、跟踪监测调查的过程中，抽样调查是最重要的信息收集方法。利用抽样调查进行本底调查和跟踪调查，要注意所选样本的代表性，为此，最好采用类型抽样。抽样调查要求调查样本达到一定的规模。首次监测评估做本底调查时，按移民户经济收入上、中、下水平和特殊群体，根据具体情况和实际需要，按一定比例抽取样本户，一般情况下对移民样本户的抽取比例为所在村组总移民家庭户数的5% ~10%。以后逐年的监测评估除对样本户进行跟踪调查外，还要结合移民生产生活变化情况和监测评估的需要，再随机增加必要的抽样户做补充调查。此外，跟踪调查在调查样本、调查时间等方面应尽量与本底调查相一致，以增强调查资料的可比性。

8.1.4 典型个案调查

典型个案调查(Typical case investigation)是在被调查对象中有意识地选取少数具有代表性的典型单位进行周密系统的调查,以验证抽样调查结果的准确性,认识调查对象的总体情况。

8.1.4.1 典型个案调查的主要特点

(1)典型个案调查是一种定性调查,通过对个别事物的性质、状态的调查和分析,来认识它所代表的同类事物和现象的方法。典型个案调查的结果,可以大体上估计总体,但不能严格推断总体。

(2)典型个案调查是根据调查者的主观判断,选择少数具有代表性的单位进行调查。调查单位的代表性如何,取决于调查者的业务水平、判断能力,特别是在选择调查单位之前对于总体情况的理解程度。对总体情况熟悉,则典型个案的代表性就高;反之,代表性就低。

(3)典型个案调查是一种面对面的直接调查,比普查和抽样调查更深入、更细致。

(4)典型个案调查方便、灵活,节省人力、物力。

8.1.4.2 典型个案调查的工作要点

1.准确选择典型

通常情况下,典型可分为一般典型和突出典型。突出典型又可分为正向典型(即先进典型)和负向典型。典型的选择与研究目的紧密相连。当调查目的是探讨事物发展的一般规律或理解一般情况时,应选择能反映同类事物一般水平的调查单位为典型。当调查目的是总结正向典型的经验或负向典型的教训时,就应该选择正向的即先进的调查单位或负向的即落后的调查单位。选择的典型,可以是个体,也可以是整体,或者是典型群中更典型的调查单位。监测评估实践中,如果能在同类事物中选择几个发展水平不同的调查单位作典型,将更有利于客观地反映事物发展的水平。

2.将定性分析和定量分析有机地结合

典型个案调查是一种定性调查,这一特点是从典型和总体的关系上来认识的,而不是指在做典型个案调查时,不收集典型的定量资料,相反,在做典型个案调查时,应尽可能收集典型的数据资料,从量上对调查对象——典型的各方面、各维度进行分析,科学、准确定义典型的状况,这样,典型个案调查才显得有意义。如果不能科学、准确地定义典型,典型个案调查就失去了意义。

3.典型总是要受空间和时间的限制

典型是一定范围内的典型,正常情况下,它的适用范围就在这一定的范围内。如果扩大典型的代表范围,可能导致以偏赅全。

典型个案调查的单位是根据所要调查的问题、目的和任务有意识地选择出来的少数具有代表性的单位,所调查的资料应能满足研究问题的需要。利用典型调查可以收集全面调查和其他非全面调查无法取得的资料,可以验证全面调查数字的真实性。

在移民后期扶持监测评估中,针对需要调查研究的问题,通过深入库区和移民安置区,对典型户和典型项目进行调查,获取第一手资料,进行分析研究,提出解决问题的建议。

8.1.5　观察法

观察(Observation)是社会研究最基本的方法之一。观者,看也;察者,思考、比较、鉴别也。观察法(Observation method)就是根据研究课题,观察者利用眼睛、耳朵等感觉器官和其他科学手段及仪器,有目的地对研究对象进行考察,以取得研究所需要资料的一种方法。在监测评估中,人们除借助自己的眼睛、耳朵去感知观察外,还可以运用照相机、录像机等现代技术手段来进行观察。

8.1.5.1　观察法的分类

为了取得合适的资料,可以根据不同的情况,采取不同的观察方法。根据不同的标准,观察法可分为不同的类型。

1. 参与式观察与非参与式观察

根据观察者的角色,可分为参与式观察与非参与式观察。

在参与式观察中,观察者参与到被观察者的工作、学习以及生活当中去,与被观察者建立比较密切的关系,在相互接触与直接体验中倾听和观察被观察者的言行。如直接参加社区的活动或居住在移民家,一起探讨有关问题,随时询问自己想要了解的问题等。这样,观察者既是研究者又是参与者。

而非参与式观察,不要求研究者直接进入被研究者的日常活动,而是以旁观者的身份来了解事物发展的动态。在条件允许时,观察者可采用录像的方式对现场进行录像。非参与式观察操作起来比较容易,也易于获得较为真实的资料。

2. 结构式观察与无结构式观察

根据是否有详细的观察计划和严格的观察程序,可分为结构式观察与无结构式观察。

结构式观察预设有明确的目标,所要观察的问题以及大致范围,有较详细的观察计划、步骤以及合理设计的可控性观察,能获得翔实的材料,并能对观察资料进行定量分析和对比研究。

无结构式观察则是一种开放式的观察活动,允许观察者根据当时的情境调整自己的观察视角和内容。观察者可以事先设计一个观察提纲,但这个提纲的形式比较开放,内容也比较灵活,可以根据当时的情形进行修改。

8.1.5.2　观察法的步骤

(1)明确观察的目的和意义,确定观察对象、时间、地点、内容和方法。

(2)收集有关观察对象的文献资料,对所要观察的条件有一个一般的认识。

(3)编制观察提纲。对观察内容进行明确分类,并确定观察的重点。

(4)实施观察。要做到有计划、有步骤、全面而系统的观察。

(5)记录并收集资料。

(6)分析资料,得出结论。

观察法是调查人员在现场对调查对象的情况直接观察记录,取得第一手资料的一种方法。采用这种方法可以大量收集到真实可靠的资料,具有较高的准确性。监测评估人员深入到移民家庭、水库库区、移民安置区进行实地现场观察,并通过实施机构介绍的方式，获得移民后期扶持的实施措施、进度、效果，发现实施中存在或潜在的问题。监评人员应对水库库区和移民安置区的生产生活环境、经济社会环境、文化教育、医疗卫生等各方面进行全面观察，切实掌握真实情况，防止出现偏差而不真实的现象。

8.2 评估方法

8.2.1 统计分析法

统计分析法（Statistical analysis method）是进行监测评估常采用的一种方法，主要通过对调查所获取的资料数据进行有效的统计分析，得出科学的结果。统计分析是通过对统计数据集中、筛取、提炼并加以研究，探索出研究对象的特征和内在的规律性。统计分析以掌握研究对象总体的数量特征为目标，一是在社会现象的质和量的辩证统一中着重研究其数量方面；二是注重从整体出发，研究大量社会现象的总体数量特征。统计分析所能达到的深度、广度和水平，在相当大的程度上决定了整个调查研究所能达到的水平。

8.2.1.1 统计分析的主要特点

1. 数量性

统计分析的数量性，一是表现在它是对事物的数量方面进行研究，二是分析的基础资料就是调查获得的大量数据资料，三是统计分析的过程、符号、公式和图表等数学语言表达的，四是统计分析的目的是反映数量的现状和发展。

2. 工具性

统计分析既不是调查研究的目的，也不能代替调查研究本身，而只是一种调研的方法和工具。

3. 客观性

统计分析通过数据资料信息的测算、分析，揭示调查对象的数据关系。

4. 综合性

系统分析是对数据的所有变量、因素进行分析，并能分清主次，通过数据反映总体数量特征。

5. 科学性

数据科学是统计分析的基础，其数据方式表现的运算结果、推论估计都是相当精确的，预测时，既能指出可能的数据范围，又能反映程度。

8.2.1.2 统计分析的步骤

统计分析的主要内容包括描述统计和推论统计。

描述统计在于对调查获得的大量数据资料进行系统的描述。在监测评估过程中，通过调查工作获得了大量的数据资料，这些资料很难直观地感受或一目了然地看出其价值和规律性，因此需要通过描述统计，使之从不同方面反映出大量资料所包含的数量特征和数量关系。描述统计就是通过次数和比率、平均数、标准差、相关关系等计算方法对原始数据进行整理、分析，计算集中趋势和离散程度，测定变量之间的关系等。通过计算得出有代表性的统计值，使数据资料所隐含的信息清晰地得以反映。

推论统计是在描述统计的基础上，应用概率理论，从样本的有限资料中已经显露出的信息去推断总体的一般情形。统计分析流程的主要步骤包括：①确定目的和任务；②统计资料整理；③确定变量类型，选用统计方法；④计算统计值；⑤统计推论。

在移民后期扶持监测评估中，运用统计分析法全面统计分析移民后期扶持政策实施情况，内容主要包括：直补资金兑现、项目的实施进展等；分析实施与规划、计划的适应性，并评估规划目标实现的可能性。

8.2.2 对比分析法

对比分析法（Comparative analysis method）是通过事物间异、同比较区别事物，达到对各个事物深入了解和认识，从而把握事物的本质。

对比分析法通常是把两个相互联系的指标数据进行比较，从数量上展示和说明研究对象规模的大小，水平的高低，速度的快慢，以及各种关系是否协调。在对比分析中，选择合适的对比标准是十分关键的步骤，选择合适，才能做出客观的评价，选择不合适，则评价可能得出错误的结论。

8.2.2.1 对比标准的选择

对比标准存在以下几种选择。

1. 时间标准

时间标准即选择不同时间的指标数值作为对比标准，最常用的是与上年同期比较即同比，还可以与前一时期比较，此外，还可以与达到历史最好水平的时期或历史上一些关键时期进行比较。

2. 空间标准

空间标准即选择不同空间指标数据进行比较。主要有以下三种比较：①与相似的空间比较，如本地区农村与某些条件相似的农村比较。②与先进空间比较，如与后期扶持政策实施效果好的移民安置点比较。③与扩大的空间标准比较，如农村移民安置点生活水平与全国平均水平比较。

3. 经验或理论标准

经验标准是通过对大量历史资料的归纳总结而得到的标准。如衡量生活质量的恩格尔系数。理论标准则是通过已知理论经过推理得到的依据。

4. 计划或规划标准

计划或规划标准即与计划或规划数、定额数、目标数对比。市场经济并不排斥科学合理的计划。因此，计划标准对统计评价仍有一定意义。

8.2.2.2 对比分析的方法

对比分析的方法主要有以下几种。

1. 对比事物的异和同

确定事物的共同点包括找出事物的共同性质、共同特点。确定差异点是根据调查对象的不同特点，提出不同的建议和政策。

2. 纵向对比

对同一事物或同一时期的事物的调查资料进行历史的纵向对比，目的是为了更加准确地把握调查资料反映的客观事物的性质，更加深入地剖析其意义，追溯有关的历史过程和资料。通过这种纵向地对比既能弄清事物的“来龙”，又可把握事物的“去脉”。根据处于不同发展阶段的同类事物的对比分析，可以科学地指出问题的发展方向和可能出现的后果。

3. 横向对比

对比在同类之间进行，也要在异类之间进行，还要在同一事物的不同方面和不同部分之间进行。对调查资料进行分析时要重视同类事物和同一事物不同方面的对比，通过这些横向对比分析，可以找出对事物影响的因素和各因素对事物的影响程度。

在移民后期扶持监测评估中，最常用的是纵向对比和横向对比。纵向对比就是对同一调查对象不同历史时期的资料进行对比，以发现其历史和变化趋势。如通过后期扶持前后移民家庭收入、居住条件、生活环境及基础设施建设等进行的对比，就可以评价移民生活水平变化情况。对移民后期扶持政策实施基准年与监测年纵向对比，就可以对移民生产生活水平提高过程进行评价。通过对后期扶持政策实施情况与后期扶持规划比较，可以找出后期扶持政策实施的偏差。横向对比是一种空间上的对比，将调查对象的有关资料与不同地区同类现象的资料进行对比。如对不同项目间后期扶持实施效果进行的对比，对同一水库移民不同安置点后期扶持效果的比较，对移民和当地农村居民的生产生活水平及其发展速度进行的对比等。

8.2.3 因素分析法

因素分析法(Factor analysis method)又叫连环替代法，是指数法原理在经济分析中的应用和发展。它根据指数法的原理，在分析多种因素影响的事物变动时，为了观察某一因素变动的影响而将其他因素固定下来，如此逐项分析，逐项替代，故称因素分析法或连环替代法。

因素分析法是依据分析指标与其影响因素的关系，从数量上确定各因素对分析指标影响方向和影响程度的一种方法。因素分析法既可以全面分析各因素对某一经济指标的影响，又可以单独分析某个因素对经济指标的影响。如分析移民人均纯收入增减变化原因时，对人均纯收入的组成部分进行年际比较，可以找出各组成部分增减变化量，从而找出主要影响因素，为分析有关政策的实施对农村移民收入的效果提供量化依据。

8.2.4 结构分析法

结构分析法(Structure analysis method)是在统计分组的基础上，计算各组成部分所占比重，进而分析某一总体现象的内部结构特征、总体性质、总体内部结构依时间推移而表现出的变化规律性的统计方法。通过结构分析可以认识总体构成的特征，结合各组分变动情况，可以揭示总体中各组成部分的变动趋势，研究总体结构变化过程，揭示总体由量变逐渐转化为质变的规律性。如在分析农村移民人均纯收入时，对其打工收入、家庭种植业收入、其他收入所占比重以及按第一产业、第二产业、第三产业划分确定所占比重结合年际变化，可以了解农村移民收入的结构和发展趋势，对判定农村移民后期扶持效果和如何开展后期扶持具有重要的参考意义。

8.2.5 参与式评价法

“参与”(Participation)一词在现代汉语词典中的定义是:参加(事务的计划、讨论、处理)。“参与”作为一种发展理念,已经逐步形成一种思想体系,并运用于很多方面。

参与式评价主要强调乡土知识对专家知识的补充和完善,侧重于应用参与式的工具来进行数据的收集、分析、评价,以弥补专家知识的不足。参与式评价包括收集主要参与群体的信息,特别是那些受项目影响的人们的信息,从而根据充分的信息资料来评价项目的效果。

应用参与式评价,应牢记以下基本理念:

(1)外部的评价固然重要,但当地人在一般情况下有能力认识和评价对自己密切相关的问题。

(2)每一个人,不论是当地人还是监评专家,他们都具有自己特有的知识和技能,这些知识和技能在社会经济的发展中都应该同样地得到充分尊重和运用。

(3)分享知识,共同决策,共同行动,共同发展。

在行为和态度上,参与式评价的运用要求尊重每个人所拥有的知识,充分利用每个人的力量。监测评估人员不能将自己看成专家,所有的参与人员都应视为处在完全平等的位置上。在应用参与式评价时,监评人员应坚持以下原则:

(1)尊重每个人;

(2)尊重每个人以及每个群体的知识;

(3)站在当地人的观点和角度上看问题,而不是外来者的观点;

(4)理解当地不同人群所面临的困难、问题及需求。

监评人员在应用参与式评价时应关注公正、公平、公开等问题,并重视倾听弱势人群的声音。此外,还要注意了解和理解政府机构的决策过程和决策机制,理解他们的决策语言;尽量理解当地人的文化、生计、经济状况,以及他们面临的问题、需求和需要的帮助;对于需要采取行动的项目,虽然由于资源有限而无法满足当地人的所有需求,但是可以通过相关群体的相互协调、共同探讨来提高资源利用的效率,尽量满足当地人的需求。

在移民后期扶持监测评估中,通过召开移民和移民村群众代表参加的座谈会及问卷式调查等形式,由移民群众评价后期扶持政策实施情况、效果,听取移民群众对后期扶持政策实施工作的意见和建议等。

8.2.6 综合评价法

综合评价法(Comprehensive evaluation method)是指综合评价后期扶持政策实施所产生的社会效益、经济效益和环境效益。

8.2.6.1 多目标分析的综合评价

移民后期扶持项目的社会效益、经济效益、环境效益是广泛的、多层次的,而且各自有具体的评估指标,甚至这些指标还能分解为若干层次的评估指标。因此,从数学模型结构建立角度看,后期扶持效果的综合评估就是一种典型的递阶多层次模型结构。由于后期扶持政策的影响评估指标种类多,性质不一,且不存在统一的量纲,所以虽然有的可以量化，但很多只能做定性分析。加上后期扶持项目本身的不同和项目所在地点差异，就注定了这种评估方法是以经验判断为基础的定性与定量相结合的综合评估方法，因此后期扶持政策社会影响的综合评估最简单可行的方法就是综合评分法。这可以分为打分法和层次分析法等典型的多目标综合评估方法。在实际评估中，一般都要由专家根据后期扶持项目所处环境和国家后期扶持政策要求以及已批准的后期扶持大纲去选定具体方法，然后确定各项评估指标的评分和重要度并给出相应的权重，最终计算求得后期扶持政策的社会影响效果。

8.2.6.2　矩阵分析总结法

矩阵分析总结法（Matrix analysis method）是一种将各项定性与定量分析评估指标排列在一个矩阵表中，即移民后期扶持效果评估综合表（见表 8-1），然后利用矩阵表精细评估的方法。

表 8-1　移民后期扶持效果评估综合表

序号	后期扶持效果评估指标（定量与定性指标）	分析评估结果	简要说明（包括措施、投入资金等）
1			
2			
3			
4			
⋮			
总结评估			

将表中的各项定量与定性评估指标首先进行单项评估，然后将单项评估的结果按评估人员提出的权重排列顺序列于矩阵表中，从而使移民管理机构等决策部门对移民后期扶持的效果评估中的各项单项评估指标一目了然。然后由评估人员对此矩阵表所列出的各专项评估指标进行必要的分析，阐明每一指标评估结果的可行性，以及它对后期扶持效果的贡献程度，并将一般可行并且影响较小的评估指标排除，着重分析考察最后剩余的对后期扶持效果影响大的评估指标，再根据具体的分析预测数据分析评估它们对于后期扶持效果的大小，最后给定它们各自的权重和得分值并采用连加或连乘的方法给出后期扶持效果评估的综合评估结果。

以上两种移民后期扶持综合评估的方法可由移民监测评估组织根据具体情况选用。

8.2.6.3　模糊综合评价法

模糊综合评价法（Fuzzy comprehensive evaluation method）是一种基于模糊数学的综合评标方法。该综合评价法根据模糊数学的隶属度理论把定性评价转化为定量评价，即用模糊数学对受到多种因素制约的事物或对象做出一个总体的评价。它具有结果清晰、系统性强的特点，能较好地解决模糊的、难以量化的问题，适合各种非确定性问题的解决。

在应用模糊综合评价法评价水库移民后期扶持综合效果时，先通过建立各子系统运行状况综合层次结构模型，然后利用层次分析法确定各评价指标的权重，并运用模糊数学的理论方法建立隶属函数和评判矩阵，最后通过一系列的矩阵运算得出不同水平年移民系统的运行状况的等级和得分进行分析比较得出评价结果。

模糊综合评价法的基本步骤如下。

1. 建立水库移民后评价系统评价层次结构模型

对构成水库移民后评价系统的几个子系统进行具体分析，确定一系列能表征各子系统运行状况的主要目标体系。

2. 利用层次分析法确定各指标权重

在建立层次结构模型之后，由于评价指标众多，每个指标对于表征子系统运行状态都有所侧重，也就是说，指标的权重不一。权重的确定无法用数学解析方法直接推求，由于不同的人所从事的专业不同、所积累的经验不同，所给出的权重不同。为此，权重确定可采用德尔菲法❶与层次分析法的结合，即聘请一批专家打分，然后将专家的意见统计集中，作为确定权重的依据。

3. 进行模糊综合评价

(1)建立评价对象指标集 $U=\{u_1,u_2,\cdots,u_n\}$，即建立水库移民后期扶持综合评价指标集。

(2)建立评价集 $V=\{v_1,v_2,\cdots,v_m\}$，即为了能确定水库移民后期扶持政策实施状况，将水库移民后期扶持政策实施状况分为优、良、中、劣、差5个等级。则水库移民后期扶持效果综合评价评价集为 $V=\{v_1,v_2,\cdots,v_m\}=\{$优,良,中,劣,差$\}$。

---

❶德尔菲法(Delphi method)是在20世纪40年代由O.赫尔姆和N.达尔克首创，经过T.J.戈尔登和兰德公司进一步发展而成的。德尔菲这一名称起源于古希腊有关太阳神阿波罗的神话。传说中阿波罗具有预见未来的能力。因此，这种预测方法被命名为德尔菲法。1946年，兰德公司首次用这种方法用来进行预测，后来该方法被迅速广泛采用。

德尔菲法依据系统的程序，采用匿名发表意见的方式，即专家之间不得互相讨论，不发生横向联系，只能与调查人员发生关系，通过多轮次调查专家对问卷所提问题的看法，经过反复征询、归纳、修改，最后汇总成专家基本一致的看法，作为预测的结果。这种方法具有广泛的代表性，较为可靠。德尔菲法的具体实施步骤如下：

(1)组成专家小组。按照课题所需要的知识范围，确定专家。专家人数的多少，可根据预测课题的大小和涉及面的宽窄而定，一般不超过20人。

(2)向所有专家提出所要预测的问题及有关要求，并附上有关这个问题的所有背景材料，同时请专家提出还需要什么材料。然后，由专家做书面答复。

(3)各个专家根据他们所收到的材料，提出自己的预测意见，并说明自己是怎样利用这些材料并提出预测值的。

(4)将各位专家第一次判断意见汇总，列成图表，进行对比，再分发给各位专家，让专家比较自己同他人的不同意见，修改自己的意见和判断。也可以把各位专家的意见加以整理，或请身份更高的其他专家加以评论，然后把这些意见再分送给各位专家，以便他们参考后修改自己的意见。

(5)将所有专家的修改意见收集起来，汇总，再次分发给各位专家，以便做第二次修改。逐轮收集意见并为专家反馈信息是德尔菲法的主要环节。意见收集和信息反馈一般要经过三四轮。在向专家进行反馈的时候，只给出各种意见，但并不说明发表各种意见的专家的具体姓名。这一过程重复进行，直到每一个专家不再改变自己的意见为止。

(6)对专家的意见进行综合处理。

德尔菲法同常见的召集专家开会、通过集体讨论、得出一致预测意见的专家会议法既有联系又有区别。德尔菲法能发挥专家会议法的优点，即①能充分发挥各位专家的作用，集思广益，准确性高。②能把各位专家意见的分歧点表达出来，取各家之长，避各家之短。同时，德尔菲法又能避免专家会议法的缺点：①权威人士的意见影响他人的意见；②有些专家碍于情面，不愿意发表与其他人不同的意见；③出于自尊心而不愿意修改自己原来不全面的意见。德尔菲法的主要缺点是：过程比较复杂，花费时间较长。

(3)进行单因素模糊评价。单因素模糊评价就是单独从一个评价指标集(u_i)出发进行判断,确定被评价的项目对评价集各元素的隶属程度。恰当的隶属程度是模糊综合评价的关键,根据水库移民后期扶持评价指标的特点,将其分为定量评价指标和定性评价指标两大类。然后计算评判矩阵,进行模糊综合评价。

4. 分析比较评价值,得出评价结果

对于某一水库移民安置区,采用模糊综合评价方法分别求出现状年及未来不同水平年的等级或综合分值,对移民后期扶持前后的生产生活条件进行纵向比较,得出评价结论。若不同水平年的移民后期扶持运行状况呈现出随时间逐渐增加的趋势,则移民后期扶持运行状况综合评价表明该安置区的移民后期扶持规划是可行的。对于不同水库移民后期扶持运行状况的比较,采用模糊综合评价方法可分别求出各个水库后期扶持运行状况隶属于不同等级的隶属度。由最大隶属原则进行横向对比分析。最大隶属度处于不同等级时,处于高等级的水库,其运行状况优于低等级的水库,最大隶属度处于同一等级时,隶属度值较高的水库其后期扶持政策效果较好。

本书只是对模糊综合评价法进行简要介绍,具体使用时,还应参考模糊数学方面的知识,进行更深入的了解。

思考题

1. 什么是文献调研法?它有何特点?在移民后期扶持监测过程中使用文献调研法应注意哪些问题?

2. 什么是访谈法?访谈法可分为哪几类?在移民后期扶持监测过程中如何把握访谈技巧?

3. 简述抽样调查法的概念。在移民后期扶持监测过程中如何正确使用抽样调查法?

4. 举例分析典型个案调查在移民后期扶持监测过程中的运用。

5. 什么是对比分析法?对比分析有哪几种方法?举例分析移民后期扶持评估中的对比研究。

6. 简述参与式评价的概念及在移民后期扶持评估中的应用意义。

7. 移民后期扶持综合评估主要有哪些方法?各种方法如何正确使用?

第9章 水库移民后期扶持监测评估的组织与实施

为保证水库移民后期扶持监测评估的客观、公正,需由独立的第三方来承担监测评估任务,即由具有监测评估能力的监测评估单位来实施。监测评估单位要完成委托方委托的后期扶持监测评估任务,必须按照科学的组织原则和组织程序加强组织建设及合理配备监测评估人员,使用正确的监测评估方法,运用合适的监测评估指标体系,遵循科学的监测评估流程。本章将对后期扶持监测评估组织及实施进行介绍。

9.1 后期扶持监测评估的组织

所谓组织(Structure),是指完成特定使命的人们,为了实现共同的目标而组合成的有机整体。它包括三个层次的内容:组织是人的集合体;参加组织的人具有共同的目标;组织有一定结构,参加组织的人必须按一定的方式相互合作,共同努力,形成一个有机的整体。

9.1.1 监测评估组织设计原则

监测评估组织的设计,关系到移民后期扶持监测评估工作的成败,在监测评估组织设计中一般需考虑以下基本原则。

9.1.1.1 目标一致原则

组织的设计和组织形式的选择必须有利于组织目标的实现。任何组织都有特定的任务和目标,组织中的每一部分都与其特定的任务和目标相联系;否则,它就没有存在的意义。而组织中的每一机构又有自己的分目标,分目标是围绕总目标的实现而设置的,它又支持总目标的实现,则这些分目标又成为机构进一步细分的依据。这样,目标层层分解,机构层层建立,直到每个岗位。只有按此原则建立的组织机构才是一个有机整体,才能为保证组织目标的实现奠定组织基础。

9.1.1.2 集权与分权统一原则

集权是指把权力集中在主要领导手中,统一领导所属单位和人员的活动。集权的优点是:有利于加强组织的集中统一领导,提高管理工作效率;有利于协调组织的各项活动;有利于充分发挥领导者的才能。其缺点是:领导的直接控制面较小,管理层次增加,延长纵向组织的命令和信息沟通渠道;不利于调动下属人员的积极性和创造性,不利于熟悉全面业务的管理人员的培养。

分权是与集权相对而言的,表示将权力根据职位上的需要分至各层次。最高领导者必须将与下属所承担的职责相应的职权授予他们,使下属有职、有责、有权,可以充分发挥下属人员的积极性,保证管理效率的提高;也可以减轻高层领导的负担,以集中精力抓大事;也可以使基层从环境需要出发,灵活有效地组织各项活动。

事实上,在组织中既不存在绝对的集权,也不存在绝对的分权。在监测评估单位组织设计中,采取集权形式还是分权形式,应根据移民监测评估的特点及监测评估工作的重要性、总监测评估人的能力、精力及监测评估人员的工作经验、工作能力等综合考虑而确定。

9.1.1.3 管理跨度与管理分层统一原则

所谓管理跨度,是指一名上级管理人员所直接管理的下级人数。管理跨度越大,领导者需要协调的工作量越大,管理的难度也就越大。能够高效运行的组织,必须确定合理的管理跨度。

管理层次是指从组织的最高管理者到最基层的实际工作人员之间的等级层次的数量。管理层次分为决策层、协调和执行层、操作层。

管理跨度与管理层次成反比例关系。如果管理跨度加大,那么管理层次就可以适当减少;反之,如果缩小管理跨度,那么管理层次肯定就会增多。一般来说,移民监督机构在设计过程中,应在通盘考虑管理跨度的影响因素后,根据具体情况确定管理层次。

9.1.1.4 统一指挥原则

统一指挥原则是建立在明确的权力系统之上的。权力系统依靠上下级之间的联系形成指挥链,建立强有力的指挥系统,使各部门、各单位在统一指挥下彼此协作,密切配合。为确保统一指挥,必须做到:指挥链不能中断;要求从高层到基层必须是连续的,不间断的;切忌多头领导,任何一个下级只能接受一个上级的领导;不能越级指挥,各级领导只能行使本级权力,一般不越级。组织设计时,要明确各层机构不同人员的职责和权限,各级做各级应该做的事,才能发挥组织效能。越级指挥必然造成:一方面浪费领导者的时间和精力,另一方面又会挫伤下属的积极性和责任感。

9.1.1.5 权责一致原则

权责一致原则就是在监测评估组织中明确划分职责、权利范围,同等的岗位职务赋予同等的权力,责任与权力应相一致。根据组织结构规律,一定的人总是在一定的岗位上担任一定的职务,因此就产生了与岗位职务相应的权力和责任。只有做到有职、有权、有责,才能使组织系统得以正常运行。

9.1.1.6 才职相称原则

任何工作都规定了完成它所需要的知识和技能。通过考查每个人的学历与经历,进行测验及面谈等,可以了解他的知识、经验、才能、兴趣等,并进行评审比较。职务设计和人员评审都可以采用科学的方法,使每一个人员能够做到他现有或可能有的才能与其职务上的要求相适应,做到才职相称、人尽其才。

9.1.1.7 精简高效原则

精简就是监测评估组织的组织结构要与任务相适应,精简不必要的机构和人员,机构精简,效能才高。这就要求管理层次有合理的限度,不要搞“大而全”、“小而全”和因人设事。监测评估组织设计必须将效率原则放在重要地位。精简和效率是统一的,精简是提高效率的前提,而效率又是精简的基础和条件。组织结构中的每个部门、每个人为了一个统一的目标,组合成最适宜的结构形式,实行最有效的内部协调,使事情办得简捷而正确,减少重复和扯皮。

9.1.1.8 弹性原则

组织结构要有相对的稳定性，不要总是轻易变动，但必须随组织内部和外部条件的变化，根据长远目标做出相应的调整与变化，使组织结构具有一定的弹性。

9.1.2 监测评估组织设计程序

水库移民后期扶持监测评估单位在建立项目监测评估组织时，一般按以下程序进行。

9.1.2.1 确定监测评估目标

监测评估目标是项目监测评估组织设立的前提，应根据移民后期扶持监测评估委托书中确定的监测评估目标，明确划分为分解目标。

9.1.2.2 确定监测评估内容

根据后期扶持监测评估目标和监测评估委托书中规定的监测评估任务，明确列出监测评估工作内容，并进行分类归并及组合。对监测评估工作进行归并及组合应便于监测评估目标控制，并考虑监测评估内容的特点、规模、性质、工期、复杂程度以及监测评估单位自身技术业务水平、监测评估人员数量、组织管理水平等。

在对后期扶持全过程进行监测评估时，监测评估工作可按照宣传动员阶段、人口核定登记阶段、扶持方式确定阶段、直补资金发放及扶持项目实施阶段分别进行归并和组合。

9.1.2.3 监测评估组织结构设计

1. 确定组织结构形式

由于移民后期扶持形式、内容、项目规模不同，可以选择不同的监测评估组织结构形式，以适应监测评估工作的需要。结构形式的选择应考虑有利于项目合同管理，有利于控制目标，有利于决策指挥，有利于信息沟通。

2. 确定合理管理层次

监测评估组织结构中一般应有三个层次：第一，决策层。由项目总监和其助手组成。要根据移民后期扶持项目的监测评估活动特点与内容进行科学化、程序化决策。第二，中间控制层。由专业监测评估人员和子项目监测评估人员组成。具体负责监测评估规划的落实，目标控制及合同实施管理。属于承上启下管理层次。第三，作业层。由监测评估人员、检查员等组成，具体负责监测评估工作的操作。

3. 制定岗位职责

岗位职务及职责的确定，要有明确的目的性，不可因人设事。根据责权一致的原则，应进行适当的授权，以承担相应的职责。

4. 选派监测评估人员

根据监测评估工作的任务，选择相应的各层次人员，除应考虑监测评估人员个人素质外，还应考虑总体的合理性与协调性。

9.1.2.4 制定工作流程与考核标准

为使监测评估工作科学、有序进行，应按监测评估工作的客观规律制定工作流程，规范化地开展监测评估工作，并应确定考核标准，对监测评估人员的工作进行定期考核，包括考核内容，考核标准及考核时间。

9.1.3 监测评估组织形式

后期扶持监测评估组织形式应根据移民后期扶持项目特点、委托方委托的具体任务以及监测评估单位自身的情况而确定。常用的监测评估组织形式如下。

9.1.3.1 直线制监测评估组织

直线制组织形式,是以直线制为基础,在各级行政领导下,设置相应的职能部门。即在直线制组织统一指挥的原则下,增加了参谋机构。该组织形式比较简单,其特点是组织中各种职位是按照垂直系统直线排列的。

按区域分解的和按专业分解的直线制监测评估组织形式如图 9-1 及图 9-2 所示。总监测评估人员负责整个项目的规划、组织和指导,并侧重整个监测评估范围内各方面的协调工作。子项目监测评估组分别负责子项目的目标值控制,具体领导现场专业或专项监测评估的工作。

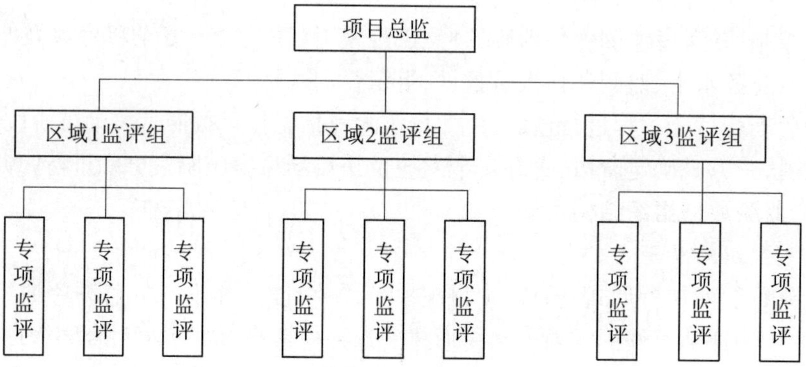

图 9-1 按区域分解的直线制监测评估组织形式

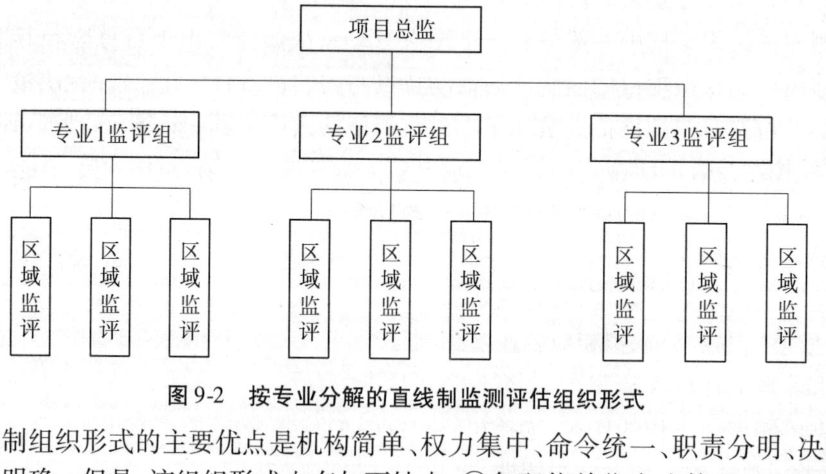

图 9-2 按专业分解的直线制监测评估组织形式

直线制组织形式的主要优点是机构简单、权力集中、命令统一、职责分明、决策迅速、隶属关系明确。但是,该组织形式也有如下缺点:①各职能单位自成体系,不重视信息的横向沟通,工作易重复,造成效率不高。②若授权职能部门权力过大,容易干扰直线指挥命令系统。③职能部门缺乏弹性,对环境变化的反应迟钝。④可能增加管理费用。

9.1.3.2 职能制监测评估组织

职能制组织形式起源于20 世纪初法约尔在其经营的煤矿公司担任总经理时所建立

的组织结构形式，故又称法约尔模型。它是按职能来组织部门分工，即从企业高层到基层，均把承担相同职能的管理业务及其人员组合在一起，设置相应的管理部门和管理职务。例如，把所有同销售有关的业务工作和人员都集中起来，成立销售部门，由分管市场营销的副经理领导全部销售工作。研究开发、生产制造、工程技术等部门同样如此。

职能制监测评估组织是在监测评估组织内设立一些职能部门，把相应的监测评估职责和权力交给职能部门，各职能部门在本职范围内有权直接指挥下级，如图 9-3 所示。

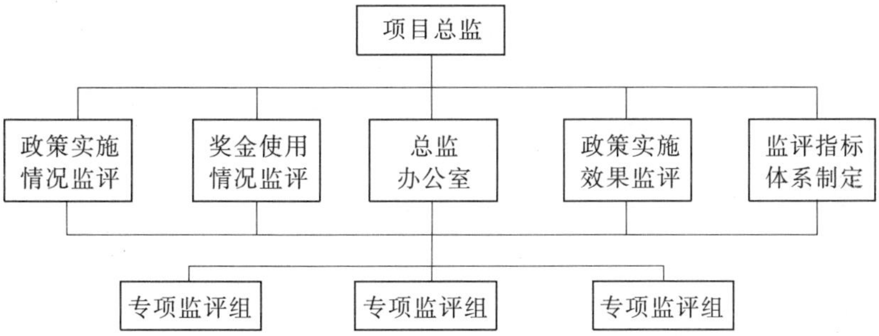

图 9-3　职能制监测评估组织形式

1. 职能制组织形式的主要优点

(1)由于按职能划分部门，其职责容易明确规定。

(2)每一个管理人员都固定地归属于一个职能结构，专门从事某项职能工作，在此基础上建立起来的专业组间联系能够长期不变，这就使整个组织系统有较高的稳定性。

(3)各专业组和各类人员实行专业化分工，有利于管理人员注重并能熟练掌握本职工作的技能，有利于强化专业管理，提高工作效率。

(4)管理权力高度集中，便于最高领导层对整个组织实施严格的控制。

2. 职能制组织形式存在的缺点

(1)横向协调差。高度的专业化分工以及稳定性使各专业组的眼界比较狭窄，他们往往片面强调本专业组工作的重要性，希望提高本专业组在组织中的地位，十分重视维护本专业组的利益，特别致力于提高专业组的工作效率。因此，容易产生本位主义、分散主义，造成许多摩擦和内耗，使专业组之间的横向协调比较困难。

(2)适应性差。由于人们主要关心自己狭窄的专业工作，这不仅使专业组之间的横向协调困难，而且妨碍相互间的信息沟通，高层决策在执行中也往往被狭窄的部门观点和利益所曲解，或者受阻于专业组隔阂而难以贯彻。这样，整个组织系统就不能对外部环境的变化及时做出反应，适应性差。

(3)组织领导负担重。在职能制结构条件下，专业组之间的横向协调只有组织高层领导才能解决，加之决策权又集中在他们手中，组织高层领导的工作负担就十分重，容易陷入行政事务之中，无暇深入研究和妥善解决组织运行的重大问题。

(4)不利于培养素质全面的、能够指挥整个组织的管理人才。由于专业组的主管人员属于专业职能人员，工作本身限制着他们扩展自己的知识、技能和经验，而且养成了注重本专业组工作与目标的思维方式或行为习惯，使得他们难以胜任也不适合担任对组织全面负责的高层领导工作。

9.1.3.3 直线职能制监测评估组织

直线职能制监测评估组织是吸收了直线制组织形式和职能制组织形式的优点而构成的一种组织形式。该组织形式把管理部门和人员分为两类:一类是直线指挥部门的人员,他们拥有对下级实行指挥和发布命令的权力,并对该部门的工作全面负责;另一类是职能部门和人员,他们是直线指挥人员的参谋,只能对下级部门进行业务指导,而不能对下级部门直接进行指挥和发布命令,如图 9-4 所示。

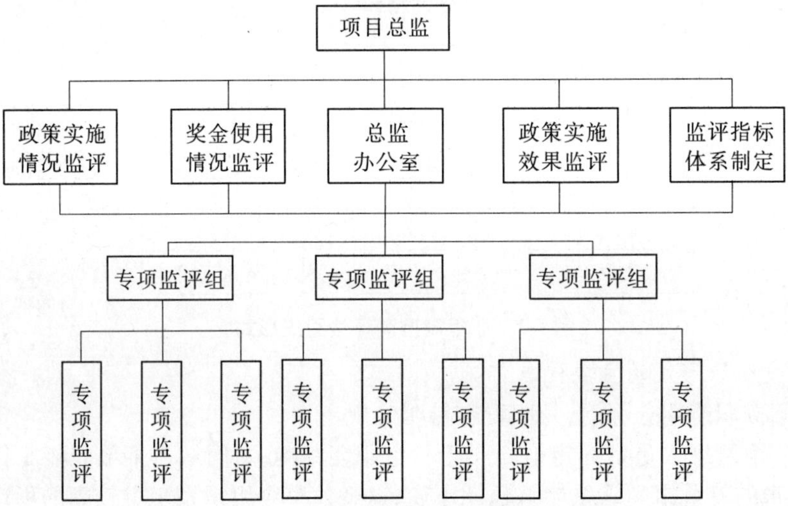

图 9-4 直线职能制监测评估组织形式

该组织形式的主要优点是实行直线领导、统一指挥、职责清楚、目标管理专业化。缺点是职能部门与指挥部门易产生矛盾,信息传递路线长,不利于互通情报。

9.1.3.4 矩阵制监测评估组织

矩阵制监测评估组织是由纵横两套管理系统组成的矩阵形组织结构,一套是纵向的职能系统,另一套是横向的子项目系统,如图 9-5 所示。

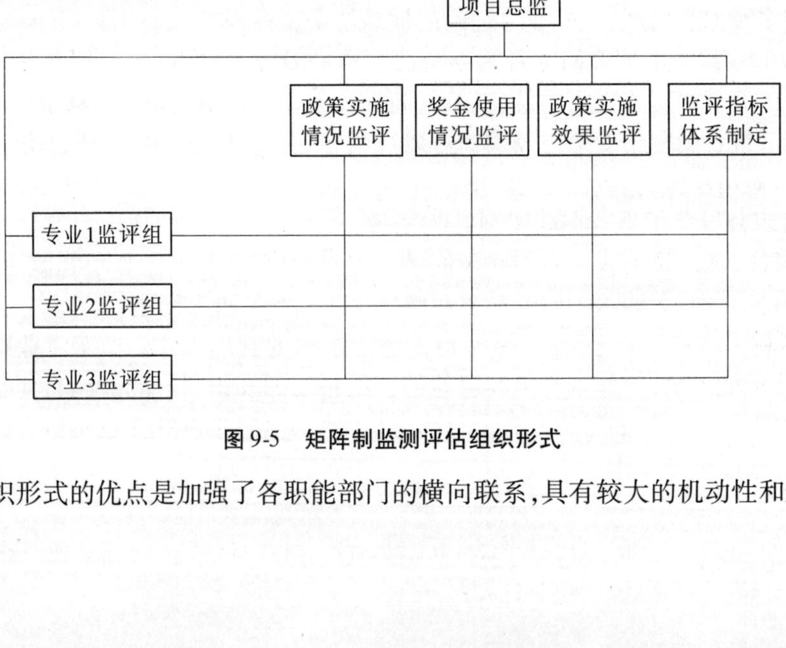

图 9-5 矩阵制监测评估组织形式

该组织形式的优点是加强了各职能部门的横向联系,具有较大的机动性和适应性;将集权与分权实行最优的结合,有利于解决复杂难题及监测评估人员业务能力的培养。缺点是纵横向协调工作量大,处理不当会造成扯皮现象,产生矛盾。

9.1.4　监测评估组织能力建设

大中型水库移民后期扶持政策实施涉及移民数量多、时间跨度长、扶持项目非常复杂,为保证监测评估工作的进度与质量,作为后期扶持监测评估的组织,需加强能力建设,要有合理的人员配备、系统的人员培训、明确的人员职责要求。

9.1.4.1　监测评估人员配备

监测评估组织合理的人员结构配备应包括以下几点。

1. 合理的专业结构

后期扶持监测评估组织应由与监测评估内容的性质及委托方对监测评估的要求相称职的各专业人员组成,配备有社会学、人类学、经济学、工程学、统计学的学者、专家,具有丰富的工程移民业务经验和经历,主要工作人员接受过国家级移民主管部门水库移民监测评估业务培训,掌握国家水库移民政策,熟悉移民监测评估业务,组织具有完善的工作质量保证体系。在少数民族地区进行监测评估,应配备具有少数民族工作经验和能与少数民族进行语言交流的工作人员。

2. 合理的技术职务、职称结构

监测评估工作虽是一种高智能的技术性劳务服务,但也不是不论监测评估项目的要求和需要,追求监测评估员的技术职务、职称越高越好。合理的技术职称结构应是高级职称、中级职称和初级职称应有与监测评估工作要求相称的比例。如表 9-1 所示。

表 9-1　后期扶持监测评估组织技术、职称结构

监测评估组织层次	监测评估人员	主要职能	要求对应的技术职称
项目监测评估部	项目总监 专业监测评估人员	项目监测评估的策划 项目监测评估实施的组织与协调	高级 中级
子项监测评估组	子项监测评估组长 专业监测评估人员	具体组织子项监测评估业务	高级 中级 初级
现场监测评估人员		监测评估事务的执行	中级 初级

3. 合理的年龄与性别结构

监测评估工作十分艰苦，需要监测评估人员投入大量的精力，尤其是对村、户、移民的调查，要走村串户，体力支出很大，对监测评估人员的身体素质要求较高。因此，监测评估组织成员应配备较大比例的年轻力壮且具有实战经验的人员，年纪稍大、体力较差的人员适合作宏观资料的收集，且不宜太多。在性别结构上，也应合理搭配，要有一定数量、善于交流的女性参加。

4. 合理的人员数量

监测评估人员的数量应根据后期扶持监测评估任务总量、监测评估期限、工作强度、后期扶持项目的复杂程度、监测评估单位的业务水平、人员能力、所采取的监测评估组织结构等因素而确定，还要考虑到监测评估费用、委托的监测评估时间限制等。

9.1.4.2 监测评估人员培训

在监测评估项目确定后，应对监测评估人员进行相关培训。监测评估实地调查是获得评估数据的主要途径，要求参加该项工作的人员既要具有一定的专业知识，又要对社会学、统计学的原理与方法有所了解。根据监测评估工作的业务性质、任务繁重程度、监测评估对象的文化风俗等，对监测评估人员的培训主要包括以下几点。

(1)有关水利水电工程移民的法律、法规、政策的培训，尤其是与移民后期扶持相关的条例、意见、规定、通知、办法等应着重加强培训，熟悉人口核定登记、项目确定、项目资金筹措、拨付与使用、后期扶持政策实施的管理等的具体要求。

(2)监测评估的目的、内容、方法和要求。监测评估人员要充分了解并熟悉本次监测评估的主要目的，涉及的主要内容，采用的具体方法，要达到的深度，尤其是对各种指标概念的把握、问卷填写方法与要求等，要统一口径，不能因理解的偏差而出现较大误差。

(3)监测评估人员的职业道德与行为准则。监测评估人员在实施监测评估活动时，应该遵守哪些行为准则，具备何种职业道德，应根据国家相应的职业规范及监测评估单位、委托单位的要求而确定。没有良好的职业道德和规范的行为准则，极容易导致监测评估数据、报告的失真，而对项目委托方提供非正确的信息，形成误导。因此，应重视并加强对监测评估人员职业道德和行为准则的培训。

监测评估人员的职业道德与行为准则主要包括以下几点：①遵守国家的法律、法规、规程规范、有关条例、规定和办法；②努力学习移民政策法规和监测评估业务，不断提高政策水平、业务能力和监测评估水平；③坚持“守法、诚信、公正、科学”的原则，不得弄虚作假；④坚持独立自主地开展工作；⑤坚持公正的立场，公平地处理有关各方的争议；⑥不得以个人名义承揽监测评估业务；⑦不准在两个以上监测评估单位注册和从事业务活动，不得非岗虚名挂靠；⑧不得收受相关单位任何礼金、额外报酬和津贴；⑨不得泄露相关单位认为需要保密的事项。

(4)监测评估人员组织纪律。对于组织成员数量大、人员构成复杂、监测评估面广、涉及时间长的监测评估项目，没有强有力的组织纪律作为行动保证，容易出现扯皮、窝工、涣散现象乃至不安全行为等。因此，组织管理者应在监测评估活动前制定详尽的组织纪律,并对组织成员进行纪律培训,必要时可签订组织纪律协议,规范组织成员行为。

9.1.4.3 监测评估组织设备配置

为了监测评估工作的需要,监测评估单位应配备一定的硬件设施,包括交通工具、通信工具、电脑、打印机、数码相机、摄像机、录音笔、笔记本、笔等。

9.2 后期扶持监测评估的前期准备

水库移民后期扶持监测评估的前期准备工作是为监测评估的实施作准备的,它是整个监测评估工作的基础。前期工作准备充分,外业调查和报告则编写顺利,少走弯路。前期准备工作主要包括工作大纲、计划的制订和报告提纲的编写、调查表格的设计、修改和完善、相关问题问卷的确定。

9.2.1 编制监测评估工作大纲

编制监测评估工作大纲包括编制总体工作大纲和每次监测评估的工作大纲。监测评估单位在初次接受监测评估任务后,需由总监编制总体工作大纲。工作大纲的内容包括:任务依据、项目概况、监测评估范围、监测评估依据和原则、监测评估的内容、样本的选择、监测评估的指标体系、监测评估需收集的资料、监测评估的方法、人员组成及分工、时间安排及成果提交。每次监测评估的工作大纲可结合总体工作大纲和以前各次监测评估中存在的问题和教训,并结合即将进行的监测评估工作的特点和重点,对总体工作大纲进行修正和调整。

在工作大纲编制前,总监应首先与委托单位交换意见,听取委托单位对监测评估的特殊要求,征求委托单位对以前监测评估工作和监测评估报告的意见。工作大纲编制后经监测评估组成员讨论修改再报委托单位审批。

以下结合监测评估工作实践,附××县大中型水库移民后期扶持政策实施情况监测评估工作大纲。

附:

××县大中型水库移民后期扶持政策实施情况监测评估工作大纲

一、任务依据

为贯彻落实《国务院关于完善大中型水库移民后期扶持政策的意见》(国发〔2006〕17号)文件精神,及时了解大中型水库移民后期扶持政策的实施情况,发现和纠正实施中存在的问题,评价实施效果,受×××(单位)委托,我单位承担了××县大中型水库移民后期扶持政策实施情况监测评估工作。

二、项目概况(略)

三、监测评估人员与分工

监测评估人员与分工表

序号	姓名	工作范围	职责

四、监测评估范围

监测评估合同或协议规定纳入××县大中型水库移民后期扶持规划处理范围的移民和对应的移民后期扶持项目。

五、监测评估依据

1.《大中型水利水电工程建设征地补偿和移民安置条列》(国务院令第471号);

2.《国务院关于完善大中型水库移民后期扶持政策的意见》(国发〔2006〕17号);

3.《财政部关于印发〈大中型水库移民后期扶持基金征收使用管理暂行办法〉的通知》(财综〔2006〕29号);

4.《财政部关于加强大中型水库移民后期扶持资金管理的通知》(财企〔2006〕202号);

5.××省大中型水库移民后期扶持政策实施方案;

6.××省大中型水库库区和移民安置区基础设施建设和经济发展规划纲要;

7.××县大中型水库移民后期扶持规划;

8.××县大中型水库库区和移民安置区基础设施建设和经济发展规划;

9.经批准的年度项目计划和年度资金预算;

10.当地国民经济统计资料;

11.其他相关的法规、政策及技术标准;

12.××县大中型水库移民后期扶持政策实施情况监测评估合同。

六、监测评估的主要内容

监测评估的主要内容包括:后期扶持政策实施情况、后期扶持资金的使用管理情况及后期扶持政策实施效果等方面。

(一)后期扶持政策实施情况

后期扶持政策实施情况监测评估内容主要包括:后期扶持规划和项目规划的制定与实施,后期扶持政策实施保障机制的运行等。

1.后期扶持规划。监测评估内容主要是后期扶持规划的编制,年度计划,人口核定,扶持方式的确定,直补资金的发放,项目实施管理等。

(1)规划的编制。是否按《大中型水库移民后期扶持规划编制工作大纲》要求编制后期扶持规划。

(2)年度计划。主要包括:规划本年度项目与资金情况,实施本年度项目与资金情况,实施年度计划与规划是否一致,变更程序是否合规。

(3)人口核定情况。主要包括:人口核定登记的原则、程序和方法;扶持期内人口自然变化处理办法及落实情况;人口核定登记验收的原则、程序和方法;人口核定登记的成果等。

（4）扶持方式的确定情况。主要包括：扶持方式确定的原则、依据、程序及其结果等。

（5）直补资金的发放情况。主要包括：直补资金发放的依据、程序、方式、户数、人数、标准、金额、时间；移民个人档案建立和账户设立情况；移民直补资金的使用情况；资金发放的抽查情况等。

（6）后期扶持项目的实施管理情况。主要包括：项目确定的原则、程序、方法及其内容；项目的进展情况；项目竣工验收情况等。

2. 项目规划。监测评估内容主要是项目规划的编制，年度计划，项目实施情况，项目管理情况等。

（1）规划的编制是否按《大中型水库库区和移民安置区基础设施建设和经济发展规划编制工作大纲》要求编制项目规划。

（2）年度计划。主要包括：规划本年度项目与资金情况，实施本年度项目与资金情况，实施年度计划与规划是否一致，变更程序是否合规。

（3）项目实施情况。主要包括：基本口粮田建设及水利设施配套、基础设施、建设生态及环境保护、劳动力技能培训和职业教育、生产开发等项目的资金完成情况、实施进展情况以及质量保证情况。

（4）项目管理情况。主要包括：项目申报、审批、实施以及验收等程序。

3. 后期扶持政策实施保障机制。监测评估内容主要包括：移民机构的设置及能力建设，相关配套文件的制定和落实情况，权益保护，资金保障措施以及监督机制等。

（1）移民机构的设置及能力建设。主要包括：机构设置与分工、人员配备、能力建设与培训、移民工作经费、监督监管机制等的落实情况。

（2）相关配套文件的制定和落实情况。主要包括：人口核定登记工作管理办法、扶持方式确定意见、资金管理办法、项目管理办法、监督检查和责任追究办法以及宣传提纲等配套文件的制定情况和落实情况。

（3）权益保障。主要包括信息公开、公众参与及申诉的落实情况。

（4）资金保障措施。主要包括资金筹措情况和监管制度等。

（二）后期扶持资金的使用管理情况

监测评估的主要内容包括后期扶持基金、库区基金、后期扶持结余资金、0.5 厘电价加价资金、配套资金及其他各类后期扶持资金的使用管理情况。

资金管理情况主要包括资金使用计划的编制情况，资金拨付程序、数量以及使用情况，资金的检查、监督及审计情况等。

（三）后期扶持政策实施效果

监测评估内容主要包括：移民群众生产生活条件、收入水平的变化情况，库区和移民安置区基础设施建设和经济发展情况。

1. 移民生产生活条件变化。监测评估内容主要包括移民的耕地面积、耕地质量及生产设施较项目实施前有何变化；移民居住的房屋面积、质量，移民村（户）的水、电、路较项目实施前是否改善；文教卫生、通信、广播等是否达到项目预期目标。

2. 移民收入水平变化。监测评估内容主要是现金直接发放和项目实施对移民家庭人均收入及收入水平的影响。

3. 库区和移民安置区基础设施建设和经济发展情况。监测评估内容主要是基本口粮田建设及水利设施配套、基础设施、生态建设及环境保护、劳动力技能培训和职业教育、生产开发等项目实施对当地经济社会发展和居民生产生活水平的影响。

七、监测评估的方法

(一)监测方法

1. 文献调研。对与移民后期扶持政策实施活动有关的各种文献进行系统而有针对性地收集、整理、分析、研究。

2. 座谈。通过与各级移民管理机构进行座谈,了解后期扶持政策实施的全面信息,掌握报告期内的后期扶持政策实施进展情况,实施中的主要问题和处理情况、移民管理机构情况。

在库区和移民安置区,召开移民和移民村群众代表参加的座谈会,收集后期扶持人口核定登记情况、后期扶持资金发放及使用情况、后期扶持项目的进展及效果、移民群众生产生活条件变化情况、移民群众对后期扶持政策实施工作的意见和建议,以及信息公开、公众参与和协商、抱怨的申诉及其解决情况等。

3. 访谈。监测评估人员深入到移民家庭中去,与他们进行面对面的访谈,了解后期扶持政策实施情况。入户访谈主要了解移民家庭情况,后期扶持政策实施情况,后期扶持直补资金发放及使用情况,移民生产生活水平状况,政策宣传与信息公开,公众参与,抱怨与申诉及其解决情况。另外,根据需要也可对相关机构进行重点访谈。

4. 实地查勘。通过实地查勘,获知后期扶持政策实施进度、效果,发现实施中存在或潜在的问题。

5. 典型个案调查。针对需要调查研究的问题,通过深入库区和移民安置区,对典型户和典型项目进行调查,获取第一手资料,进行分析研究,提出解决问题的建议。

6. 抽样调查。

(1)移民户抽样调查。移民样本户采取抽样调查的方法,抽取比例一般为所在村组总移民家庭户数的5% ~10%。

(2)项目抽样调查。对已实施的项目进行抽样调查,调查方法主要有现场察看、查阅资料等。现场察看项目实施地点、工程规模与标准、形象进度、工程质量等;查阅项目计划、完成情况统计报表、项目决算资料等。

(二)评估方法

1. 统计分析。全面统计分析移民后期扶持政策实施情况。包括:直补资金兑现、项目的实施进展等;分析实施与规划、计划的适应性,并评估规划目标实现的可能性。

2. 对比分析。对比分析后期扶持政策实施效果。包括:移民后期扶持政策实施基准年与监测年移民纵向对比、移民与当地农村居民横向对比生产生活水平状况。分析移民生产生活条件和水平变化情况,评估后期扶持政策实施对移民生产生活水平影响程度。

3. 参与式评价。通过召开移民和移民村群众代表参加的座谈会及问卷式调查等形式,由移民群众评价后期扶持政策实施情况、效果,听取移民群众对后期扶持政策实施工作的意见和建议等。

4. 综合评价。综合评价后期扶持政策实施所产生的社会效益、经济效益和环境效益。

八、监测评估工作流程

本次监测评估工作流程见下图。

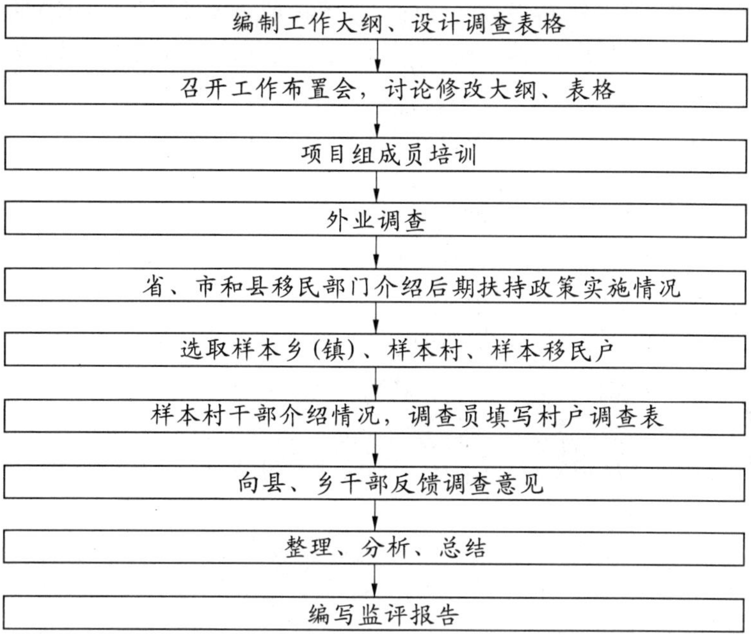

××县大中型水库移民后期扶持政策实施情况监评工作流程图

九、时间安排

监测评估工作时间安排表

序号	起止时间(年-月-日)	时间跨度	主要内容	主持人	完成人
1	2008-10-10 ~ 2008-10-16	7 天	编写工作大纲、设计调查表格		
2	2008-10-17 ~ 2008-10-26	10 天	讨论修改大纲、调查表格，布置外业调查任务		
3	2008-10-27 ~ 2008-11-11	16 天	外业调查、资料收集		
4	2008-11-12 ~ 2008-12-01	20 天	整理资料、数据分析		
5	2008-12-02 ~ 2008-12-16	15 天	完成报告终稿编写		
6	2008-12-17 ~ 2008-12-23	7 天	报告审核、审定		
7	2008-12-24 ~ 2008-12-30	7 天	报告印刷，提交委托单位		

十、附件

附件一　收集资料清单

附件二　访谈提纲

附件三　调查表格

9.2.2 编制监测评估工作计划

编制监测评估工作计划包括编制总体计划和年度工作计划。监测评估单位应根据批准后的工作大纲,依据后期扶持进度编制项目监测评估总体计划和年度计划。内容包括:工作范围、工作内容、调查方法、调查对象、主要指标及深度要求、监测评估人员组成及分工、进度计划、成果。

工作计划的编制也应听取委托单位的意见。

9.2.3 编写监测评估报告提纲

每次监评的最终结果都体现在监评报告上,无论是前期准备、外业调查,还是后期资料整理,都是为了监评报告的编写。只有一开始就确定好报告提纲,外业调查才会有的放矢,报告编写才会顺利。报告提纲的主要内容有以下几点。

(1)概述。包括水库移民基本情况和后期扶持监测评估概况。

(2)后期扶持人口核定登记和扶持方式确定。包括后期扶持人口核定登记情况、后期扶持人口自然变化及处理情况、扶持方式确定情况以及对人口核定登记、扶持方式确定的评价。

(3)直补资金的发放情况。包括后期扶持直补资金发放的依据、程序与监督管理情况,直补资金的发放情况(范围、标准、数量),对直补资金发放的抽查情况(发放、使用及效果),对直补资金发放情况的评价。

(4)项目实施情况。包括后期扶持项目确定的程序,后期扶持项目的主要内容,后期扶持项目资金的来源,投资完成情况,项目工程量完成情况(数量、质量、进度),项目管理情况,对后期扶持项目实施情况的评价。

(5)资金使用管理情况。包括移民后期扶持资金使用情况、资金管理情况,对资金使用管理情况的评价。

(6)后期扶持政策实施保障。包括后期扶持政策实施的组织保障、政策保障、资金保障,对政策实施保障的评价。

(7)后期扶持政策实施效果。包括后期扶持政策的实施对移民收入的影响,对移民生产、生活条件的影响,对库区和移民安置区基础设施建设和经济发展的影响,对后期扶持政策实施效果的评价。

(8)评价与建议。包括对监测对象后期扶持总体情况的综合评价,分析存在的主要问题,提出相关建议。

9.2.4 设计调查表格与问卷

调查表格与问卷是现场调查的主要工具,既能体现现场调查的目的,又可提高现场调查效率。其收集内容是后期分析评价的依据和基础。

9.2.4.1 调查表格与问卷设计的原则

调查表格与问卷的设计是前期准备阶段的重要内容,其设计原则主要有以下几点:

(1)系统完整性原则。系统完整性是指调查表格、问卷要涵盖整个调查的内容,从后期扶持政策的宣传、移民人口核定登记到后期扶持政策实施效果;移民管理机构的运作;后期扶持资金的筹措、拨付及使用;存在问题及申诉渠道等应尽可能的用表格、问卷来收集反映。

(2)操作可行性原则。可行性是指调查指标确定的概念要明确、具体、通俗易懂,在实践中可直接运用,便于调查者访问及受访者回答。避免概念模糊,影响调查的效率。

(3)调查指标可比性原则。因监测评估过程是一个周期性的、各期之间又相互衔接的过程,故调查指标应能反映不同调查期的变化,并反映各期之间的连续性和可比较性。例如:资金拨付使用情况表,随着后期扶持项目的进度,每次监测评估都可能会有不同,但此表内容变化应前后照应,资金的拨付和使用均是一个连续的、可比较的过程。

9.2.4.2 调查表格与调查问卷设计的内容

调查表格及问卷设计的依据主要由调查内容决定,通常根据监测评估目的需要了解以下内容:

(1)后期扶持政策实施规划的编制。内容包括后期扶持政策实施规划(包括大中型水库移民后期扶持规划、大中型水库库区和移民安置区基础设施建设和经济发展规划)编制的依据、原则、内容、规划的时间、预期目标、实施组织保证等。

(2)人口核定登记情况。内容包括人口核定登记的对象、范围、程序、申报、审批、公示、成果等。

(3)后期扶持方式的确定。包括后期扶持方式确定的原则、程序、扶持方式、公示情况等。

(4)直补资金的发放。包括直补资金计划、直补资金发放的对象、人数、标准、发放时间、发放方式、发放对象花名册、发放数额、公示情况等。

(5)项目扶持情况。主要内容有:项目扶持规划,项目确定的依据和程序,项目扶持的地点、名称、内容(基本口粮田建设、基础设施、培训与就业、环境保护、社会事业、生产开发等),项目年度计划,项目招投标情况,项目资金预算,项目资金来源,项目资金拨付,项目资金使用;项目实施情况及项目监督管理情况等。

(6)移民机构设置运行情况。主要内容有:机构名称、人数、成员结构、办公场所、主要设备配置、对移民后期扶持政策法规等宣传落实情况,对移民干部管理知识的培训情况。

(7)信息公开与移民申诉。包括信息公开的方式、公开渠道、公开频率、移民知晓程度、移民申诉渠道是否畅通、申诉处理是否及时、移民对申诉处理结果的满意程度,及移民参与情况等。

(8)后期扶持保障机制。包括组织保障:参与组织情况、组织分工与协作、组织管理制度、组织工作运行等;制度保障:后期扶持配套制度制定、制度的执行等;资金保障:资金筹措、资金拨付、资金使用管理等。

(9)后期扶持效果。包括移民生产生活条件改善情况、移民家庭收入增加及收入结构变化情况、基础设施改善情况、劳动力技能培训与职业教育、劳动力转移情况、社会事业改善情况、生产开发及产业结构调整情况、库区及安置区经济发展情况、移民脱贫情况,及移民对后期扶持政策实施的满意程度等。

9.2.4.3 调查表格的构成

一份完善的调查表格通常由以下四个部分构成。

(1)被调查者的基本情况。指关于被调查者的一些具体情况,如姓名、性别、年龄、家庭人口、文化程度、婚姻状况、职业、所在地区等。列入这些项目,是为了便于对调查资料进行分类和具体分析。在调查表中需要列出被调查者基本情况的项目范围,应当根据不同的调查目的要求确定,不是必需的或无法取得的,不宜列入。

(2)调查内容。它是调查表最基本、最主要的部分,是指所需调查内容的具体项目。

(3)填表说明。这部分内容包括填表的目的要求、调查项目含义、调查时间、被调查者填表应注意的事项、调查人员应遵守的事项等说明,其目的在于取得被调查者的合作,使其明确填报调查表的要求和方法。

(4)编号。有些调查表须加以编号,以便分类归档,或者便于电子计算机处理。有些需要国家统计机关批准才能制发的调查表,还应该在表上列明批准文件字号。

有些调查表内容比较简单,某些部分可以省略,通常(1)、(2)两部分必须具备。

9.2.4.4 调查表的形式

(1)一览表和单一表。

一览表是把许多个调查单位和相应的调查项目依次在一张表里登记调查,一般用于调查项目比较简单、调查人员亲自上门登记的访问调查。单一表是将一个调查单位的所有调查项目登记在一张表上,这种一个单位一张表的表式,调查项目可以多一些,而且可以分别调查登记,故在邮寄调查中得到广泛运用。

(2)开放式和封闭式调查表。

所谓开放式调查表,是指调查的内容并不列出所有可能的答案,而是由被调查者自由作答的调查表。即在调查表中,根据调查的目的要求,列出一系列问题,让被调查者自由回答,它同问话式调查提纲相似。所谓封闭式调查表,是指在调查表中提出的问题,已设计了各种可能的答案,被调查者只要从中选定一个或几个现成答案就行了。在实际调查中,这两种形式往往并用,即在同一张调查表中既有开放式的问题,也有封闭式的问题。

9.2.4.5 调查设计的方法与步骤

(1)根据调查目的和调查课题涉及面,拟订提纲。监测评估组在拟订调查提纲时,要尽可能征求熟悉有关调查问题的专家、实际业务工作者的意见,并在单位领导人员和调查人员之间展开讨论,力求内容切合实际,能够满足分析研究问题的需要。

(2)确定调查表的形式,列出调查项目,编写要提问的问题。在调查表中,对于需要收集数据的指标,必须明确其含义和计算方法,以便汇总统计。这一步是拟订调查表的主要工作,务必细心研究,反复推敲。设计每个项目、每个提问,都应考虑到是否必须,能否得到答案,力求内容符合调查课题的要求,文字简明扼要,词义明白无误。

(3)按照调查表各个构成部分的要求,把上述拟好的调查项目、提问问题、指标说明等依次列入表内,设计成一张调查表。需要编号或者需要向被调查者说明调查目的要求、注意事项等,一并列入表中。

(4)将初步设计出来的调查表,在小范围内进行实验性调查,或者请若干单位试填,即“预调查”,以便在实际中发现问题,及时作出必要的修改。有些内容比较简单的调查,可以只拟订一个调查提纲作为调查表。

9.2.4.6 设计调查表格应注意的问题

(1)将需要与可能结合起来确定调查问题与项目。列入调查表的每个问题、每个项目应是调查课题所必需的,与调查主题无关以及虽有一定关系但被调查者无法回答或者不愿意回答的问题不宜列入。

(2)应根据不同的调查内容和调查对象的特点确定询问方式。在调查表格设计中要运用一定的询问技巧,灵活掌握。如有些属于质量性的问题宜采用开放式,有些比较性的问题可用封闭式选择法。提出的问题不宜一般化、空洞笼统,而应具体明确,便于被调查者回答。

(3)命题用语力求生动活泼、通俗易懂、简明扼要、明白无误,要避免含糊不清、可作多种不同理解以及过于专门化的深奥枯燥的语句。在命题中还要注意被调查者的心理因素,避免提出引起反感或带有暗示调查者倾向性的引导性问题。

(4)注意问题的排列次序,符合逻辑层次。调查表格中的问题应眉目清楚,顺理成章,这有助于提高回答问题的效果。通常,同类型的或者成套的问题可列在一起;简单的问题、被调查者较为关注的问题,可放在前面,复杂的问题、被调查者较难回答的问题应放在后面。

(5)拟订调查表格注意反复检查、修改,从内容到文字,都应多思索、多推敲、力求完善。一张完善的调查表可收到事半功倍的效果。

9.3 外业调查

外业调查的主要内容是监测,是为评估和报告编写做准备的,是整个监测评估工作的保证,它的准确性、全面性和充分性决定着评估的准确性和报告的质量。

9.3.1 工作步骤

外业调查工作大体上可分以下几步进行:

(1)与委托单位的有关人员座谈,了解移民后期扶持政策实施的总体情况。

(2)与涉及省、县的移民主管部门领导及移民机构工作人员座谈,了解当地移民的社会背景、后期扶持政策实施的全面进展情况;收集所涉及省的大中型水库移民后期扶持政策实施方案、大中型水库库区和移民安置区基础设施建设和经济发展规划纲要,所涉及县的大中型水库移民后期扶持规划、大中型水库库区和移民安置区基础设施建设和经济发展规划;计划实施情况及所在地的经济社会的各种资料数据。

(3)与乡(镇)领导及移民机构工作人员座谈,了解后期扶持政策实施前的情况,后期扶持政策实施计划情况及存在的问题、拟解决问题的办法,收集相关资料。

(4)与村(组)负责人座谈,了解移民后期扶持政策实施情况、存在的问题及拟解决的设想。

(5)现场查勘,了解大中型水库库区和移民安置区的地形、地貌、民居、生活习俗及生产、生活情况,了解基本口粮田建设及水利设施配套、基础设施、生态建设及环境保护、劳动力技能培训和职业教育、生产开发等后期扶持项目的建设情况,了解移民及移民村群众生活环境和生产措施的落实情况。

(6)座谈或问卷调查,了解移民后期扶持资金的发放情况、后期扶持政策的执行、移民的参与及申诉等情况。

(7)调查移民样本户生产、生活实际情况。

(8)向乡(镇)、县(市、区)移民机构反馈调查、访谈、了解到的有关情况,提出建议等。

(9)与委托单位交换意见,通报现场工作情况。

9.3.2 外业调查的要求

9.3.2.1 准确性

准确性是对数据资料处理的一项最基本的要求。为此,调查工作应:①收集调查的数据资料要注明来源;②数据资料必须经过有关专业技术人员组成的审核小组的审查;③源于统计局的数据应由统计局审定批准后方可使用。

9.3.2.2 全面性

全面性是指在调查过程中,要将相关区域有关数据资料尽量地收集起来。

9.3.2.3 目的性

在调查过程中,应当遵循系统的观点,使所收集的数据资料都能为完成某种特定功能的分析所用。

9.3.2.4 严肃性

为了保证收集到的资料具有严肃性,应做到:①各种数据资料必须齐全;②经审核的数据,统计局有的以统计局数据为准,统计局没有或不准使用的,以专业部门和实际调查提供的数据资料为准;③同类数据应换成统一的计算口径,基年期不同的数据应折算成同一基年期;④数据资料的填写应做到设计科学化、时间序列化、数据系统化,并标明计量单位、填写日期、数据资料的来源和填写人员。

9.3.3 现场监测

现场监测(Field monitoring)是获取数据的重要途径,要求参加现场监测的人员既要有一定的专业知识,又要熟悉社会学、统计学的概念、原理和基本方法。现场监测工作内容包括样本户的选择、基线调查或本底调查、跟踪监测。

9.3.3.1 样本户的选择

样本(Sample)又称“子样”。按照一定的抽样规则从总体中取出的一部分个体。样本中个体的数目称为“样本容量”。统计学上将样本定义为总体中抽取的所要考察的元素总称。

监测评估单位在开展后期扶持监测评估工作时,必须正确地选择合适的样本,只有这样,才能真实、准确地反映评估对象各时期、各指标的水平。样本选择是搞好移民后期扶持监测评估工作的关键,应在本底调查时完成。

1. 样本选择的原则

移民后期扶持监测评估样本选择应遵循以下原则：

(1)一致性原则。一致性原则是指在进行本底调查时的样本村和样本户应与进行监测评估时所选择的样本村和样本户尽可能一致。只有尽可能一致，才能更好地分析移民后期扶持前后的各项内容的变化情况。

(2)适宜性原则。本底调查是以移民后期扶持前的社会经济发展水平为基础进行的，样本选择应符合我国移民有关社会经济发展水平的要求。移民经过后期扶持后，其所在地的社会经济发展水平肯定发生了一定变化。因此，在进行监测评估时，移民村和移民户的样本选择与本底调查时的样本可以进行适当调整。

(3)代表性原则。无论是在进行本底调查还是在进行移民后期扶持实施过程的监测评估时，所选择的样本村和样本户都应具有代表性，样本必须覆盖所有类型的对象，如：在移民户的选择时，既要选择较富裕的家庭，也要选择较贫困的家庭；既要选择影响程度深的家庭，也要选择影响程度相对较浅的家庭；既要选择以农业为主要收入的家庭，也要选择以非农业为主要收入来源的家庭。在选择样本村时，既要选择交通、社会经济发展等条件好的村，也要选择相对闭塞、社会经济条件落后的村。总之，监测评估的样本村和样本户要能代表后期扶持政策实施后大多数移民以及移民村社会经济各方面的变化情况。

2. 样本选择的步骤

(1)确定总体范围。后期扶持监测评估总体的确定，应以监测评估委托方的指定范围为对象。

(2)选择适当的抽样方法。移民监测评估应用较多的抽样方法是类型抽样、整群抽样、多段抽样、判断抽样、偶遇抽样和滚雪球抽样等。在具体检测评估中，应用何种方法，应根据实际情况，因地制宜，也可同时采用多种方法。

(3)确定抽样单位，编制抽样框。监测评估的抽样单位包括人、户、村、居民点、社区等，但在一个总体中，各抽样单位必须互不重叠并能合成总体，即总体总的每个个体属于且只属于一个单位。

抽样框即一个完整的抽样单位一览表。在移民后期扶持监测评估中，抽样框可能是受影响人一览表、受影响户一览表、受影响村一览表等。

(4)确定样本覆盖率或样本量。样本覆盖率或样本量的确定，一般应考虑：符合统计学要求、考虑总体规模的大小、考虑监测评估组织的人力、委托方的具体要求等。在实际工作过程中，应该对需要监测评估的对象和问题进行深入细致分析，合理选择样本覆盖率的样本数量。

(5)选择样本。样本的选择除遵循上述原则外，还应注意：取得调查者的信任、支持、配合，调查者具备准确反映信息的能力，尽量让被调查者使用发言表述信息，尊重当地的风俗习惯。

9.3.3.2 基线调查或本底调查

基线调查(Baseline survey)就是对拟定对象基期的一定状况或特征值进行调查的活动或活动过程，是对拟定对象动态变化情况分析的基础，是后期调查的参照系。

移民后期扶持监测评估的基线调查或本底调查(Background investigation)，即在移民后期扶持政策实施之前对移民最近一年的社会、经济和生活状况,按照预定的要求和任务,采用科学的调查方式和方法,收集和登记资料的工作过程。其目的是为移民后期扶持政策的实施及随后进行的监测评估准备基础资料。

在开展移民后期扶持监测评估本底调查时,由于调查范围广、面大等特点,加之调查者可能对调查范围的情况知之甚少。因此,一般情况下,现场调查通过组织逐级向下传递和安排,进入调查现场后,调查者可以根据实际情况自行扩大调查对象范围。

调查人员进入现场后,应真诚、客观地向调查对象说明调查的目的、内容、方法等,取得调查对象的信任、支持和帮助。现场访谈时,应注意采用合适的方式做好记录,做到勤问、勤看、勤记,利用机会寻找并发现问题产生、发展的脉络。既要收集口头资料,也要收集文字资料,并及时集中、整理调查资料,做到边收集资料边进行资料审核工作,以便随时发现问题,及时进行资料的补充调查和修正工作。

为了使调查人员按照统一的要求顺利完成收集资料的任务,在现场调查时,应先开展试点调查,取得经验并统一标准和认识后,再全面推开。现场调查组织时,首先,要强化调查人员收集资料的技能和对资料的理解,尽快打开调查局面。其次,要注意总结和交流调查工作的经验,调查工作中发现了新情况、新问题,应及时研究统一的答案或解决方案,使现场调查工作平稳、顺利开展。最后,应注意外部关系的协调,合理安排调查工作的时间、任务和进度。

9.3.3.3 跟踪监测

移民后期扶持跟踪监测(Track monitoring)主要是对移民家庭、移民以及移民安置区在后期扶持过程中的社会经济状况进行观察、研究,通过对监测结果的分析评价,反映后期扶持政策的执行情况及实施效果,并发现后期扶持政策实施过程中存在的问题,向项目委托方提出意见或建议,使其产生预警作用。同时,对后期扶持过程中成功的经验加以总结和宣传,以利于移民管理机构更好地开展后期扶持工作。

跟踪监测时,样本选择可采取两种方式:①对本底调查中的移民样本村进行跟踪监测或在本底调查样本村中选取部分样本村;②为满足跟踪调查的特别要求而重新选取样本村。在实际监测评估中,如果没有特别要求,一般保持本底调查阶段所选定的样本村,只对个别移民点进行必要的调整。维持本底调查样本点有利于进行纵向对比分析。

在移民后期扶持监测评估中,针对不同的调查内容和对象,应采取不同的调查方式。对移民家庭主要采取填表和问卷方式;对移民干部主要采用问卷或访谈的形式;对涉及移民安置区的公共信息资料(如基础设施、政策、管理制度、总人口等),可采取资料查阅或实地考察的方式;对特殊人群采取现场访问的方式。

9.4 资料整理

通过调查阶段所获得的资料,还只是粗糙的、表面的和零碎的东西,需要经过整理加工,才能进行分析研究并得出科学的结论。因此,调查资料的整理工作是监测评估过程中的一个必不可少的环节。

移民后期扶持监测评估调查资料整理是根据监测评估调查的目的,运用科学的方法,将调查所得到的原始资料或次级资料进行科学的审核、分类、分组、汇总和再加工，使之系统化和条理化，并以集中、简明的方式反映调查对象总体情况的过程。

资料整理是为分析研究资料准备集中的、系统的、反映总体的资料。因此，资料整理是对监测评估调查工作质量的全面检查和进一步深化，也是对社会调查资料进行科学分析的开始，而且，资料整理还是监测评估调查积累资料的需要。

总之，资料整理既是资料收集工作的继续，又是资料分析的前提，也就是说，资料整理是由资料收集阶段过渡到资料分析研究阶段的中间环节。

资料一般分为定性资料与定量资料两大类。这两种资料的性质不同，因而所采用的整理方法与分析方法亦有所不同。

9.4.1 资料整理的原则

整理资料必须采取科学的方法，具体说应当遵循以下几条原则：真实性、准确性、系统性、完整性。

9.4.1.1 真实性

真实性是资料整理必须遵循的最基本的原则。由于各种复杂原因，收集来的资料中难免夹杂着某些虚假的东西，整理过程中必须认真鉴别、去假存真。真实是指整理后的资料必须是实实在在的发生过的客观事实，而不是弄虚作假，主观杜撰的。没有进行过调查，就没有资料，也得不出结论。而资料不真实或编造资料，就会使调查者得出错误的结论，这种情况比不调查更为有害。因此，真实是资料整理的最本质的要求。

9.4.1.2 准确性

准确是指整理后的资料其事实要准确，特别是数据要准确。如果整理后的事实材料仍然含糊不清、模棱两可，数据资料相互矛盾，则不能用来进行分析和研究，当然也就无法做出科学的正确的结论，也会大大影响调查结论的说服力。同时，也应说明准确和精确的概念是不一样的，准确不等于一丝一毫都不差。如果精确度要求过高，不仅会增加许多无效的工作量，而且还有可能使调查和整理的数据出现更多的错误。

9.4.1.3 系统性

系统性即要求从整体综合的角度考虑问题。首先从整体上考虑现存资料是否能把问题说清楚，其次考虑调查中发现的新情况如何处理。

9.4.1.4 完整性

完整性即反映移民后期扶持政策实施情况的资料必须尽可能全面，以便能反映客观事实的全貌。完整包括三方面的含义，即时间范围上的完整，空间范围上的完整，调查项目上的完整。如果资料不完整，以偏赅全，则资料就失去了研究的价值。

9.4.2 资料整理的步骤

资料的整理主要是指对文字资料和对数字资料的整理。整理工作大体可分为以下几步进行。

1. 设计和编制资料的汇总方案

设计汇总方案是资料整理工作有计划顺利进行的保证。汇总方案主要包括三方面的设计:①一套综合表,包括一系列分类分组所构成的分组体系;②填表说明,包括汇总的范围、程序、分组方法、指标解释和计算方法;③分类目录。

2. 对资料进行审核

资料的审核包括对原始调查资料的审查和核定,也包括对次级资料如历史资料或其他已经加工过的资料的再一次审核。审核是资料整理的一个重要步骤,是使分析工作顺利进行的前提。

3. 对资料进行科学分类或分组

对文字资料的分类和对数字资料的分组包括确定分类或分组的标志,分组的具体方法,分布数列的编制等。资料的分类或分组是资料整理的中心环节。

4. 对分类或分组后的资料进行汇编或汇总

汇编或汇总包括一系列的编辑和运算过程,是把资料完整地保存下来的一种手段。

5. 结果显示

对资料整理的结果一般以汇编资料或以统计表的形式显示。

9.4.3 定性资料的整理

定性资料主要来源于无结构式访谈、观察的记录以文字形式叙述的文献资料。对定性资料的整理一般要经历三个阶段:审查、分类整理和汇编。

9.4.3.1 资料的审查

资料审查的目的是消除原始资料中的虚假、差错、短缺、冗余等现象,以保证资料真实、可信、有效、完整、合格,从而为进一步整理分析打下基础。对定性资料的审查主要集中在真实性、准确性和适用性上。

所谓真实性审查,也称信度审查,即看资料是否真实可靠地反映了调查对象的客观情况,进行真实性审查通常采用以下4种方法:①根据已有的经验和常识进行判断,一旦发现与经济、常识相违背,就要再次根据事实进行核实。②根据材料的内在逻辑进行核查,如果发现资料前后矛盾,或违背事物发展的逻辑,就要找出问题所在,剔除不符合事实的材料。③利用资料间的比较进行审核。如果资料是用多种方法获得的,可将对同一事件不同回答者的叙述进行比较以判明资料可信程度。④根据资料的来源及来源渠道判断资料的真实性,如根据提供资料者与事件的利害关系,个人倾向与动机,来分析资料夸大或缩小的成分。一般地说,当事人反映的情况比局外人反映的情况更可靠些,有文字记录在案的情况比人们口传的情况可靠些,多数人反映的情况比个人反映的情况可靠些,等等。

所谓准确性审查,也就是效度检查,一方面是审查收集到的资料符合原设计要求及对于分析所研究的问题有效用的程度。对那些离题太远、效用不大或不符合要求的资料要予以清除。另一方面是审查资料对于事实的描述是否准确,特别是有关的事物、人物、时间、地点、数字等要准确无误。

在对资料的真实性和准确性进行检查后,还要审查资料的适用性如何,就是考察资料是否适合分析与解释。主要包括:资料的分量是否合适,资料的深度与广度如何,资料是否集中紧凑、是否完整等。

资料的审查工作,一部分是在收集资料的过程中进行的,边收集边审核,这叫做实地审查；一部分是在资料收集完毕后集中进行的，这叫做系统审查。对于访谈和观察资料，收集过程中的审查特别重要，这一方面是因为可以防止遗忘，而且在发现错误、遗漏和矛盾时能就地补充和改正，及时弥补准确性和适用性上出现的问题，新发现的问题和新线索也能就地及时收集有关的资料。另一方面是因为，在收集资料的过程中，访问者通过对资料提供者的考察，观察者通过对产生资料的实地社会背景的考察，以及通过互相讨论，或派专门人员抽查等方式，对影响资料的各种因素进行分析和控制，对资料的信度和效度进行评估。

9.4.3.2 资料的分类整理

资料整理的第二步工作是分类整理。经过真实性、准确性和适用性审查后的资料仍是杂乱无章的，必须经过进一步的加工整理，使之条理化和系统化。

分类具有两重意义，对于全部资料而言是“分”，即将相异的资料区别开来，对于各份资料而言是“合”，即将相同或相近的资料合为一类。因此，分类就是将资料分门别类，使繁杂的资料条理化、系统化，为找出规律性的联系提供依据。

1. 分类方法

调查资料的分类方法有前分类法和后分类法。前分类法就是在设计调查提纲、调查表时就事先按事物的性质分门别类设计调查题目，然后再按分类指标收集资料。后分类法是先将资料收集起来，然后再根据资料的性质、内容和特征分门别类加以重新整理。监测评估调查中一般连续性调查可按历史上的分类进行前分类，而对于一些文献资料、访谈调查、问卷调查中的开放性问题则因无法先知道分类标准，只能采用后分类法。

资料分类应根据研究目的而定，一般可按时间分类，按地域分类，按单位分类，按性质分类，按数量分类等。

2. 分类原则

分类的原则有两条，即穷举和相斥原则。穷举即不遗漏，就是说分类时每一条资料都要有归属。分类的结果必须将所有的资料全部包括进去，没有遗漏。相斥即不重复，就是说在一种分组中每一条资料只能归属在一类中，而不能既归于这类又归于那类，以至在不同类中重复出现。即类与类要相互排斥。

9.4.3.3 资料的汇编

资料整理的第三步是汇编，即按调查目的和要求对分类后的资料进行汇总和编辑，使之成为能反映调查对象客观情况的系统、完整的资料。

资料的汇编应首先根据调查目的和要求对调查对象的客观情况确定合理的逻辑结构，使汇编后的资料既能反映调查对象的真实情况，又能说明调查目的。汇总和编辑资料的基本要求是：①完整和系统，大小类要井井有条，层次分明，能系统地反映被调查对象的全貌；②简明集中，要使用尽可能简洁、清晰的语言，集中说明被调查对象的客观情况，并注明资料的来源和出处。

定性资料中有许多是个案资料，为了对个案进行比较以及对个案做出正确的评估和分析，要尽可能使资料数量化，使分析方法和看问题角度标准化。

9.4.4 定量资料的整理

与定性资料一样，定量资料的来源也有两个：一是实地源，二是文献源。前者包括问卷资料、结构性访问和观察的记录等,后者主要是统计资料。来源不同,这两类定量资料在整理方法上也有所不同。整理数字资料的一般程序包括整理方案的设计、数据的审核、分组、汇总以及资料整理结果的显示五个步骤。

9.4.4.1 整理方案的设计

科学合理地制定数据整理方案,是保证数据整理有计划、有组织地进行的首要步骤,是数据设计在整理阶段的具体化。整理方案就是根据监测评估调查的目的和分析的要求对原始资料进行汇总的计划和安排。整理方案的设计应包括内容和形式两个方面。

1. 整理方案的内容设计

整理方案的内容设计包括汇总指标和指标体系设计以及分组设计。汇总指标和指标体系指调查项目,其设计有两种选择方式:一是将所有调查项目全部进行汇总,二是根据调查目的和研究问题的需要选择部分调查项目进行汇总。汇总时许多项目就组成了指标体系。分组设计是指对总体的处理方式,其设计有两种选择:一是对总体单位不加任何处理,只是简单地按时间或按原调查单位进行简单排列,这种处理方式只是将资料进行初步整理,它所提供的认识是很肤浅的;二是对总体进行分组排列,这种处理方式是将资料进行分析后再进行整理,它所提供的认识是较深刻的,是分析资料常用的整理方式。

2. 整理方案的形式设计

整理方案的形式设计应包括三个部分:①一整套空白的综合表式,表的设计应有一系列分组所构成的分组体系;②填表说明,主要说明各种指标解释、计算方法;③分类目录,这是制定的统一分组标准。后两个部分都是对表式的补充,是为保证汇总的可比性而必须的附加部分。从表式的设计来看,表式应尽可能简单明了,使人一目了然。

9.4.4.2 数据的审核

数据审核就是检查数据中是否有错误。从不同渠道取得的数据及不同类型的数据在审核的内容和方法上都有差异。

对于通过调查取得的第一手数据,应主要从完整性和准确性两个方面去审核。完整性审核主要是检查调查单位或个体是否有遗漏,所有的调查项目是否填写齐全等。准确性审查主要是检查数据是否有错误,是否存在异常值等。对于异常值要仔细进行鉴别;如果异常值属于记录时的错误,在分析前应予以纠正;如果异常值是正确的数值,则应予以保留。

对于通过其他渠道取得的第二手数据,应着重审核数据的适用性和时效性。数据使用者首先应弄清数据的来源、数据的口径以及有关的背景材料,以便确定这些数据是否符合自己分析研究的需要,不能盲目地生搬硬套。此外,还要对数据的时效性进行审核,对于有些时效性较强的问题,如果所取得的数据过于滞后,就可能失去研究价值。

在数据的审核中,如发现问题,可以分不同情况予以处理:①对于在调查中已发现并经过认真核实后确认的错误,可由调查者代为更正。②对于数据的可疑之处或明确有错误与出入的地方,应设法进行补充调查。③在无法进行或无需进行补充调查的情况下,应坚决剔除那些有明显错误的或没有把握的数据,以保证数据的真实性和准确性。

这里应当强调的是,为了保证审核后的数据能得到及时的补充或纠正,一般不应在所有的调查工作都结束、调查队伍离开调查现场后,再去搞数据的整理工作,而是应当在收集资料的过程中及时进行数据的审核工作。

正式汇总后的数据还应从以下三方面审核汇总工作的质量:①复计审核,即对每一个项目的数值都进行复核计算;②表表审核,即对不同表格中出现的同一项目的汇总数值进行对照,必须相符,对有关系的项目,则可利用项目之间本身存在的关系进行计算检查;③表实审核,即利用调查者已有的经验或利用已有的统计、会计、业务的核算资料,进行对照比较,检查汇总结果是否正确。

9.4.4.3　**数据的分组**

1. 数据分组的概念与作用

数据分组就是根据监测评估目的和客观现象的内在特点,按照选定的某个或几个标志,将监测评估的总体数据分成若干部分的科学分类。

数据分组应遵循"相同者合并,不同者分工"的原则,将相同性质的总体单位划分在同一组内,而不同性质的总体单位划分在不同的组、使组与组之间具有差别性,而同一组内又保持相对同质性。例如,在整理人口资料时,可按性别标志分成男、女两组,还可按年龄、文化程度等标志分成若干组。

数据分组可以有以下几个方面的作用:一是区分事物的质。在这种分组中,划分社会经济类型具有重要意义。通过分组将社会经济类型划分为性质不同的类型,以体现出社会经济现象之间质与量上的差异。二是观察总体的构成。将总体按照某一标志分成若干组成部分后,计算各组成部分占总体的比重,揭示总体内部的构成,反映部分与总体之间、部分与部分之间的数量关系。三是观察有联系的社会经济现象数量上的依存关系,以便在此基础上分析量的变化规律性。

2. 数据分组的标志

统计分组是最基本的统计方法之一,分组的好坏直接关系到统计整理能否得到正确、客观的统计资料,也关系到能否得出正确的结论。数据分组的关键就是正确地选择分组标志。选定了分组标志,还要进一步在分组标志变异的范围内,划定各个相邻组之间的性质界限和数值界限。如果划不清各组的界限,就将失去分组的意义。

分组标志的选择不单纯是一个技术性问题,而是一个有高度理论和原则性的问题。分组的原则既要考虑分组的实用性、现实性,更要考虑其科学性。分组标志应遵循以下原则:一是分组标志选择那些能反映社会经济现象本质和内在联系的标志;二是分组标志的选择必须根据监测评估调查研究的目的和任务来确定,保证其实用性,不能随意主观确定;三是分组标志的选择应具有现实意义,保证其现实性。

3. 数据分组的方法

根据分组标志的不同特征,分组时可以按品质和数量标志分组。按品质分组,是指选择反映事物性质差异的品质标志为分组标志,并在品质变异范围内划定各组的界限,把总体划分为性质不同的若干个组。按数量分组,是指选择反映事物数量差异的数量标志为分组标志,并在数量标志的变异范围内划定各组的界限,把总体划分为性质不同的若干个组。

4. 数据分组体系

数据分组体系是指对同一总体进行的多种不同分组。这种分组相互联系、相互补充,是一种从不同侧面认识总体数量表现的认识体系。分组体系的形式有两种:一是简单分组和平行分组体系,二是复合分组和复合分组体系。如果对总体品质或数量特征仅按一种分组标志进行分组就是简单分组。对同一个总体选择两个或两个以上的标志分别进行简单分组,就形成了平行分组体系。平行分组体系的特点是每种分组只能按一种因素进行,各种分组标志互不包含,是平行的。如果对总体品质或数量特征同时按两种或两种以上分组标志进行层叠分组就是复合分组。进行复合分组的特点是各种分组同时进行,即各种分组标志有包含关系。监测评估调查中常用各种表格形式表示各种分组体系。

5. 次数分布

在分组的基础上把总体的数据分组整理,形成总体中各单位数在各组间的分布就是次数分布。把各组和各组出现的次数依次编排而形成的数列就是次数分布数列。根据分组标志选择的不同,次数分布数列可以分为属性分布数列和变量分布数列两种。

变量数列由两个要素组成:一是变量值,另一个是次数。影响变量分布的要素有全距、组限、组距、组中值、组数等。全距为资料中最大数值与最小数值的差。组限是指各组两端的限值,有上下限之分。组距是指各组下限至上限的距离。一个次数分布中各组的组距可以相等也可以不等,如果各组距相等即为等距数列,如果各组距不相等即为异距数列。自一组下限至该组限距离的中点称为组中值。变量数列分为几个组,称为组数。

在次数分布的编制中应注意几个问题:一是组数和组距如何确定,二是组距是否相等,三是组距的位置如何确定,四是组限的表示方法。

9.4.4.4 数据的汇总

数据的汇总是指根据调查研究的目的,将资料中的各种分散的数据汇聚起来,以集中的形式反映调查单位的总体状况以及调查总体的内部数量结构的一项工作。数据的汇总是资料整理工作中必不可少的重要环节,也是分析资料前的一项基础性工作。汇总方法主要有两种:手工汇总和计算机汇总。

手工汇总是使用小型计算器和算盘进行的汇总,适用于资料较少的情况之下。常用的手工汇总方法是划记法和卡片法。划记法是在汇总表上用划“正”字的方法进行分组计数。卡片法是把每个总体单位需要汇总的项目和数值摘录在事先准备好的摘录卡片上,然后根据卡片进行分组和汇总计算。

电子计算机汇总包括编制程序、编码、数据录入、编辑和制表打印五个步骤。其内容包括对原始数据的加工、储存、分组、逻辑检查、计算汇总及结果的显示全过程。

9.4.4.5 数据整理结果的显示

数据整理的结果可以以表格和图形的形式显示出来。

1. 统计表

把经过汇总整理得出的系统化的统计数据资料按一定顺序填列在一定的表格上,形成的就是统计表。统计表是表现数据整理结果的最常用的一种表格。统计表的作用表现在:一是能使大量的统计数据条理化、系统化,更清晰地描述数据之间的相互关系;二是采用表格形式使得统计数据的显示简明易懂;三是利用统计表便于计算和比较表内各项统计指标;四是利用统计表易于检查数据的完整性和正确性。

1)统计表的构成

从内容上看,统计表由主词和宾词两部分组成。主词是统计表所要说明的总体及其分组;宾词是用来说明总体的统计指标。在通常情况下,表的主词排列在表的左边,列于横栏;表的宾词排列在表的右方,列于纵栏。但有时为了更好地编排表的内容,也可将主宾词更换位置或合并排列。

从构成要素看,统计表包括总标题、横行标题、纵栏标题、指标数值四个基本要素。

总标题概括说明整个表的内容,是表的名称,一般位于表的上方居中。

横行标题用来表示各组的名称,它说明统计表所要说明的对象,是横行的名称,通常也称主词,一般写在表的左方位置。

纵栏标题用来表示汇总项目即统计指标的名称,是纵栏的名称,通常也称宾词,一般写在横行标题的右上方位置。

指标数值是各组、各汇总项目的数值,内容由横行标题和纵栏标题限定,其数字可以是绝对数、相对数或平均数。

另外,为了补充统计表中未说明的问题,统计表往往还附有一些说明,包括资料来源、指标计算方法、填报单位、填表人、填表日期等。

2)统计表的种类

统计表种类繁多,一般可分为:①按作用不同可分为调查表、汇总表或整理表及分析表;②按分组情况不同可分为简单表,即不经任何分组,仅按时间或单位进行简单排列的表;简单分组表,即仅按一个标志进行分组的表;复合分组表,即按两个或两个以上标志进行层叠分组的表。

3)编制统计表的注意事项

统计表编制总的要求是:简练、明确、实用、美观、便于比较。统计表的编制应注意以下事项。

(1)标题。统计表的总标题、项目、指标要简明扼要,能准确反映内容,使人一目了然,便于分析。

(2)线条的绘制。表的上下端用粗线,左右两边不封口;纵栏之间用细线分开,横行之间可以不加线。如果横行过多,也可以每5行加一细线。

(3)合计栏设置。统计表纵列若需合计时,一般应将合计列在最后一行,各横行若需合计时,可将合计列在最前一栏或最后一栏。

(4)指标数值。表中数字应填写整齐,对准位数。数字为零时要写出“0”,不应填写数字时用符号“—”表示,缺失某项数字时用符号“…”表示,统计表数字部分一般不留空白。如果某项数字与邻项数字相同,仍应填写数字,不得用“同上”“同左”等字样代替。

(5)计量单位。如果指标的计量单位只有一个,通常列在表的右上角,如果计量单位较多也可列在指标栏内。

(6)注解或资料来源。必要时,在统计表下应加注解或说明,以便查阅参考。

(7)统计表纵栏较多时,为便于阅读,可编栏号。习惯对不填写数量数据的各栏分别以(甲)、(乙)、(丙)、(丁)……的次序编栏,对填写数量数据的各栏分别以(1)、(2)、(3)、(4)……的次序编栏。对各栏数字之间有一定计算关系的,也可用数学等号表示,如

(3) = (2) ÷ (1)等。

统计表经审核后制表人和填报单位应签章,以示负责。

2. 统计图

1)统计图的概念

所谓统计图,就是以点、线、面积、形状等方法描述、显示统计数据的形式。利用统计图显示统计资料形象具体,简明生动,通俗易懂,一目了然,可以给人以深刻的印象。它可以表示现象之间的对比关系,揭示总体结构及其变化,描述现象发展变化的趋势,分析现象之间的依存关系,说明现象在地域上的分布状况等。

2)统计图的常见类型

(1)条形图。条形图是用长短或高矮来显示数值大小的统计图。至于具体的形状,可以是线条,也可以是立体的圆柱、方柱或锥体。它最适合于显示离散型变量的次数分布。

(2)直方图。直方图是一种垂直的条形图,条形的高度可以表明具体变量取值的数量或比例,依此给出各个变量的比较效果,同时也可以通过不同的颜色或阴影给出有限的细分效果。

(3)折线图。折线图是用一条条连续的直线段把散点连结起来的图形,这种图形可以表现一个变量随另一个变量变化的趋势。如果要进行几种状态的横向比较,还可以在一个图中同时绘制几条这样的线,但每条线应该用不同的颜色或者线形表示。

(4)图形图。圆形图也称饼图,是以圆形的分割来表示总体的分组及结构情况。它最适宜用来显示定类变量的次数分布,因为它没有起点和终点,图中的各部分看不出顺序,这与定类变量各类别间是平等关系的特征一致。圆形图可以是平面形式,也可以是立体形式。

统计图种类很多,可针对不同的数据类型和不同的研究目的,去选择合适的图形。

9.5 监测评估报告编写

移民后期扶持监测评估报告是监测评估工作的具体成果,也是项目委托方最为关心的内容,是作为移民后期扶持项目管理的重要依据和内容。监测评估单位投入了大量的人力,收集到详尽的资料,如果不形成完整的评估分析报告,为移民管理部门提供决策信息,监测目的则未达到。

移民后期扶持监测评估的目的就在于向委托方、移民管理机构及执行机构反馈移民后期扶持政策的实施情况、后期扶持资金的使用情况及后期扶持的效果,存在的问题及评价等,以便他们做出及时的决策和调整,确保移民后期扶持目标的实现。而监测评估的整个过程及结果、评价等,最终都需要以文字报告的形式反映。所以,监评报告的编写是完成监评任务的关键环节,必须给予足够重视。

9.5.1 监测评估报告编写的依据

监测评估报告的编写,一般依据监测评估的目的、报告编写提纲、现场调查及分析评价的资料、结论等，进行监测评估内容的写作。

9.5.2　监测评估报告编写的原则

9.5.2.1　及时性

监测评估的基本要求之一是及时性，监测评估报告作为监测评估成果的反映，自然需要满足这一基本要求。通常要求在监测评估现场调查之后一个月内提交监测评估报告（主要根据委托方的要求而定）。

9.5.2.2　客观性

所谓客观性，就是要在编写报告时尊重客观事实，反映真实情况。监测评估单位作为独立的第三方，在任何时候、任何情况下，都不应因外界的干扰而忘记监测评估的独立性、公正性和科学性。在监测评估报告编写过程中，要以公正的立场将客观监测到的事实及分析评价的结果作为监测评估报告的依据，如实反映监测过程中发现的成绩与问题，不得以任何理由迎合主观需要。

9.5.2.3　逻辑性

监测评估报告应该结构合理、逻辑性强。监测评估报告的书写顺序应该按照移民后期扶持政策实施活动展开的顺序进行，做到环环相扣，前后呼应。为了便于报告使用者辨别前后内容的逻辑关联性，使监测评估报告层次清晰、重点突出，有必要恰当地设立标题、副标题或小标题，并标明项目等级符号。

9.5.2.4　通俗性

监测评估报告的使用者是多方面的，有委托单位、各级人民政府、各级移民管理机构及项目实施单位等，如果使用大量专业性的理论、公式和数学模型，将会对报告的有效使用产生影响。因此，需要强调报告的通俗易懂。所谓通俗易懂是指监测评估报告必须有较强的可读性，报告的目的是以文字的形式传递监测评估人员想要传递的信息，所以报告中使用的文字和语句必须简洁、清晰、贴切、通俗、流畅，同时又不流于俗套。提倡使用能够加强文章可读性的写作方法和技巧，杜绝晦涩难懂的语句，也应当避免方言和大白话。

9.5.3　监测评估报告编写的基本要求

9.5.3.1　图文并茂

在监测评估报告中，适当地插入图、表、照片及其他可视性较强的表现形式来强调重要信息是必要的。因为可视性表现形式能使信息传递更加便利、直观，同时也能增加监测评估报告的层次感和明晰度。然而，经验证明，图表、画片的数量也不宜过多，否则，会适得其反。图表、画片应与相关的文字内容放在一起，这样将方便读者进行图文交互阅读。另外，一张图表表达的信息不应过多，提倡使用简单的图表。

9.5.3.2　精心制表

统计数表是报告的重要组成部分之一，应予以充分重视。一般在制表时，应遵循“一表一标题一编号”的原则。标题应该简明，突出所描述的内容。要善于构造纵列标题、横排标题和脚注。脚注内容一般不能加入表中的信息，脚注应位于主表下面、表格信息来源的上面。

数据项的排列应突出最重要的数据信息,如果数据与时间有关,那么数据应按时间顺序排列。如果数据的大小次序重要,数据应按大小次序排列。如果地理位置信息重要,那么应按地理位置名称的汉语拼音字母顺序排列;应该清楚标明表中数据的计量单位。点、连字符、横线等符号有时可以增加报表的可读性。如果表中数据是档案数据,那么应指明数据来源。

每张表需配上相应的文字说明,把读者的注意力吸引到重要的事实上。阐述这些事实可能的意义,正确地确定它们与其他表格所包含的信息的相关关系,并对所得出的结论的可靠性进行评价。一般不提倡将文字和表格分开的做法,这是因为:一是通常读者在阅读文字部分时可能不会将表格对照来看,因此得到的印象与实际数字所提供的基础结构相互脱节;二是许多阅读报告的人可能直接翻到表格部分以查阅和获取数据,而不看带有各种见解和防止误解的文字说明,这样就会有产生误解数据的危险。如果把文字和数据放在一起,这样至少可以把这种危险降低到最低程度。

9.5.3.3 恰当配图

用图形表达的信息可以更好地补充文字和表格的不足。制图的基本原则与制表相近。常用的图形有地理图、饼形图、线形图和直方图以及在此基础上的修饰图形。

9.5.4 监测评估报告编写的内容结构

报告的内容结构是指它的一般格式,而监测评估报告的格式因各地移民后期扶持政策实施情况不同、报告期项目的范围、任务和要求的变化,可能会呈现出差异。但各种监测评估报告的基本结构和内容仍存在着共性,有一定规律可循,这就是所谓:"定体则无,大体则有。"一般说来,移民后期扶持监测评估报告包括开始、正文和附录三大部分,各个部分又各有细目。

9.5.4.1 开始部分

开始部分一般包括主页、任务书、目录、概要。

(1)主页。主页应该包括报告标题、执行调查的人或组织的信息(姓名、地址、电话、传真号以及各自在监测评估调查和报告编写中的任务等),报告完成及呈送日期等,标题应该简明突出。

(2)目录。在报告的开始部分要列出整个报告的内容目录,包括每页的标题和副标题,与报告一起呈送的图表、附录、索引和其他展品,报告正文中所有引述过或提及的有关文献等,各项对应的页码。目录的作用是方便阅读和资料查询。

(3)概要。概要是在完成书面调查报告主体部分的基础上对监测评估报告的高度概括。在概要中,应该说明本次监测评估的主要目的,准确界定本次监测评估的任务,简要说明监测评估的方法,重点突出监测评估的主要结论与建议,适当点明问题。概要不宜太长,应通俗、精练。

9.5.4.2 正文部分

正文是监测评估报告的最主要的部分。这一部分写得如何,将直接决定整个报告质量的高低和作用的大小。

正文部分主要包括引言、监测评估范围、监测评估工作过程、本期监测评估的结果、主要结论、建议等。

引言的作用是向读者提供进行移民后期扶持监测评估的背景资料和相关信息，使报告的使用者能够大致了解本阶段监测评估的主要任务和应重点关注的问题。

工作过程包括监测调查的准备、样本的选择、监测实施以及基于现场数据的预测和评价。

对监测评估结果的表述应充分考虑移民后期扶持政策实施的特点及报告使用者对信息的需求。

监测评估的结论是报告的关键内容，也是委托方、国家移民主管部门和有关阅读者最感兴趣的地方，监测评估报告的编写应针对监测评估的任务、目标，详细反映现场监测调查的基本资料和数据，在对基本资料和数据进行科学、合理的定性分析和定量分析的基础上，做出科学公正的预测和评价，并提出存在的问题和建议。

9.5.4.3 附录部分

附录部分一般为本次监评内容所涉及的实施机构的有关文件、条文、监测对象的关键图片资料、监测调查问卷、访谈提纲、统计图表、专业技术资料、清单等。

9.5.5 监测评估报告编写的程序

9.5.5.1 研究和评审现场监测调查资料

监测评估报告需要用大量的监测调查资料来阐明结果。因此，现场调查完成之后，监测评估转入室内分析、预测以及报告编写阶段。监测评估工作人员需要根据本阶段监测评估大纲所确定的监测重点和项目管理有关部门的要求确定监测评估报告的主题，然后就要围绕监测评估报告的主题研究、评审和选择材料与数据。选用的材料要真实、准确、新颖、生动，以充分适应表现监测评估报告主题的需要。

通常情况下，下列几方面的材料有助于报告主题的表达：

(1)典型材料。典型材料就是具有代表性的材料，往往具有深刻的含义和较大的说服力，是最能表现监测评估范围内移民后期扶持政策实施现状和发展趋势的材料。

(2)综合材料。综合材料是指面上的材料，它能够说明移民后期扶持政策实施活动总体的概貌和发展趋势，有助于认识整体、掌握全局。运用综合材料时须注意处理好综合材料与典型材料的关系，使问题更具深度和广度。

(3)对比材料。运用历史与现实、成与败、新与旧、先进与落后等对比材料，可以使监测评估报告的主题更加突出，给人以深刻的印象。尤其是结合监测评估中样本县、乡、村、户本底调查资料，将移民后期扶持政策实施后生产生活现状情况与后期扶持政策实施前本底情况相对比，可以使监测评估报告主题更为突出。

(4)统计资料。事物的质是通过量表现出来的，移民后期扶持政策实施后生活和经济收入水平的变化更是如此。真实、准确的数字有较强的概括力和说服力，运用得当可产生锦上添花、画龙点睛的效果，大大增加了报告的科学性、准确性的力度。

(5)排比材料。用若干不同的材料，从不同的角度、不同侧面多方面说明观点，可以使监测评估报告所提出的问题、看法和建议更为深刻有力。

在进行现场监测调查材料的具体取舍时，首先要选取与主题有关的材料，去掉与主题无关的材料，才能使主题更加突出。与主题无关的材料，要忍痛割爱，否则，堆砌材料，反而冲淡主题，使人不得要领。其次要精选材料，精选的方法有：精选的材料要能深刻说明问题的本质，而不是图解对象，这是根本的标准；将有关的近似材料加以比较，选择符合标准的材料，这是鉴别的方法；可用可不用的材料，要敢于舍弃。

还应指出一点是材料必须充足。如果材料不足，事实交代不清楚，结论就会很牵强而站不住脚，读后令人困惑而不易令人信服，这样就可能使监测评估报告不足以作为解决移民后期扶持政策实施过程中出现的问题、制定和修改有关移民后期扶持计划措施的依据，使移民后期扶持政策实施监测评估工作价值大打折扣。

9.5.5.2 拟定报告格式

拟定报告格式的作用是搭起报告的“骨架”，以便把调查和分析的结果按要求“填”进去，层次分明地表达材料和作者的观点；另一个作用是进一步明确写作的任务，理通思路，弄清报告内容各部分之间的联系。

9.5.5.3 编写报告初稿

提纲拟定好后，便进入了报告的具体写作阶段，此时，需认真提炼观点，选择例证，做到观点与材料的有机统一；同时要精心安排结构，使之重点突出，层次井然；还要讲究语言的运用，做到准确、简洁、朴实、生动。

报告初稿的撰写须注意的问题是：要在材料完备或对监测评估文献理解、分析透彻的情况下开始写作，确保引用资料和数据的代表性、准确性及出处的可靠性，并深入研究、抓住特点、写深写透。同时要注意监测评估报告使用者的不同要求和特点，考虑监测评估的任务与范围，调整报告的表达方式。报告既要简练、突出重点，适应专家的要求，又要考虑到项目主管单位领导的阅读习惯，在报告中注意观点明确、说理充分。另外，还要注意写作中对监测评估任务了解的再深入。报告编写阶段应该看做是监测评估活动的继续，具有补充监测意见、完善评估结论、核实调查数据、纠正前期错误的特殊作用。所以，在监测评估报告初稿的写作中要随时检查、判断和鉴别资料是否齐全、数据是否准确、论据是否充分、结论是否恰当，使现场监测过程中的问题能够得到及时纠正。

9.5.5.4 报告审查与修改

监测评估报告初稿完成之后，需要对不同部分进行统稿，然后打印送交项目负责人予以审定。按照监测评估任务以及项目有关部门对监测评估的要求，项目负责人提出报告修改意见，或直接完成报告初稿的修改。报告的修改还应考虑项目主管单位和移民后期扶持政策实施部门的意见，这是监测评估单位避免由于时间和基层移民部门配合方面的局限，而可能出现片面监测评估结果的一项措施，这样做的另一项显著好处是可以使监测评估单位提出的执行建议更具现实意义，也更具有可操作性。

监测评估报告不是一次完成的，要经过反复的审查、修改，如同人们说的：文章不是“写”出来的，而是“改”出来的。监测评估报告的修改和完善是撰稿阶段的延续。修改报告的主要任务是：第一，检查引用资料的合理性和正误；第二，检查所用概念、观点是否明确,表达是否准确;第三,检查全篇报告是不是言之有理、持之有据;第四,检查报告的思想基调是不是符合调查的目的和时代要求;第四,通读全篇报告,检查语言是否畅达。

从经验来看,修改报告比撰写报告更加困难,有些时候自认为已经写好的报告,经有关方面审阅后,要求大量删减,作者往往不愿割爱,觉得辛辛苦苦搞了调查,很不容易,就尽可能把资料写进报告,但为了提高报告的质量,必须"忍痛割爱"才能修改好。

在撰写、修改报告时,往往发觉某项资料未做调查,需及时做补充调查。补充调查的任务,一般都是收集少量典型材料或个别材料,也有的用来核实和验证原调查材料的可信度。这种调查范围小,比较容易做。需要注意的问题是:需要做补充调查时不要图简便,用其他资料代替,而应按科学程序收集资料,不要忽视必要的中间环节,如抽样或选"点";选择调查对象和地点尽可能客观,不要随意行事。

9.5.6 监测评估报告编写的要则

由于监测评估报告的写作不像文学作品那样强调文学、修辞等,而要注意准确、严密、简洁,故在写作时,要注意以下几点:

(1)用简单的语言写作,并要用例子来解释说明。研究报告应该用常用的语言写作,应该能让非专业的读者能够阅读。即使他们对于统计知识一无所知,也应能让他们理解你干了些什么,以及为什么要这么干。要做到这一点,最主要的办法就是尽可能使用简单的语言,少用专业术语。对于一些必须用的专业术语或抽象概念,则应使用具体的例子来解释。

(2)叙述事实力求客观,避免使用主观或感情色彩较浓的语句。最好用第三人称或非人称代词,而不要用第一人称。比如用"作者发现……""笔者认为……""这一结果表明……""这些数据说明……"等,而不用"我认为……""我们发现……"等。

(3)行文时,应以一种向读者报告的口气撰写,而不要表现出力图说服读者同意某种观点或看法的样子,更不能把自己的观点强加于人。因为读者阅读你的报告时,关心的是你的结果和发现,是你调查得到的客观事实,而不是你个人的主观看法。

9.6 调查反馈

监测评估报告编写完工后,本次监测评估的工作也就基本告一段落。为保证项目监测评估过程的系统性,体现各期监测评估工作之间的衔接性,为今后的监测评估工作做准备,在报告写完后,还需对本次监测评估的内容做一总结。

总结的内容一般为本次工作的进展、成果、结论等,并将总结的内容同监测评估规划对比,找出其间的差距,分析原因,及时作出今后工作目标、工作重点、工作方法的调整。

思 考 题

1. 监测评估组织设计的主要原则有哪些?

2. 简述监测评估组织设计的程序。
3. 监测评估组织形式主要有哪些？各有什么优缺点？
4. 监测评估组织能力建设的主要内容是什么？
5. 如何进行后期扶持监测评估的前期准备工作？
6. 如何正确选择现场监测样本户？
7. 监测评估组织如何搞好现场调查？
8. 后期扶持跟踪监测主要有哪些程序？
9. 简述监测评估报告编写的程序、内容结构。

第10章　水库移民后期扶持监测评估实例

根据水库移民后期扶持监测评估理论、内容、方法、指标体系及组织实施等相关内容的讨论，本章结合S省D县大中型水库移民后期扶持监测评估政策实施情况进行实例应用研究，供移民后期扶持监测评估单位参考。

10.1　概述

10.1.1　大中型水库移民基本情况

D县大中型水库移民主要涉及两座大型水库。截至2006年6月30日，D县核定人数为24 712人，涉及10个大中型水库，分布在D县管辖的所有10个乡(镇、区)。

10.1.2　后期扶持政策实施情况

根据国家“一个尽量，两个可以”的政策精神和S省政府大中型水库移民后期扶持文件精神，D县全部采取现金发放直补到人的扶持方式。自2006年10月后期扶持工作正式启动后，D县严格按照国家政策和有关办法，健全移民机构，明确分工，细化责任，加强政策宣传，完善各项措施，强化监督机制，编制了《D县大中型水库移民后期扶持规划》，《D县大中型水库库区和移民安置区基础设施建设和经济发展规划》，并制定了《D县水库农村移民后期扶持人口核定登记政策解答50问》、《D县大中型水库农村移民后期扶持人口核定登记工作验收方案》、《D县大中型水库农村移民后期扶持人口核定工作验收办法及细则》、《D县大中型水库移民后期扶持基金发放管理实施细则》等具体的操作办法，有力地推动了该县移民后期扶持政策实施工作的顺利开展。

10.1.3　监测评估简介

为全面贯彻落实《国务院关于完善大中型水库移民后期扶持政策的意见》(国发〔2006〕17号)精神，及时了解大中型水库移民后期扶持政策实施情况，发现和纠正实施中存在的问题，评价实施效果。

10.1.3.1　监测评估的目的

通过后期扶持监测评估，及时掌握大中型水库移民后期扶持政策实施和年度预算执行情况，监督年度预算项目是否按照批准的计划有效执行和是否达到预期的效果，评估典型移民安置点的移民生产生活水平是否达到当地农村平均水平，发现移民后期扶持工作中现存的和潜在的问题，并提出合理化建议，以促进水库移民后期扶持工作正常开展，为项目法人和实施机构提供决策依据和技术支持。

10.1.3.2 监测评估的范围与时期

监测评估范围:纳入 D 县后期扶持政策实施相关规划的大中型水库移民。

监测评估时限:2006 年 7 月 1 日至本监测评估期(2008 年 12 月 31 日)D 县后期扶持政策的实施情况及效果。

10.1.3.3 监测评估的依据

(1)《大中型水利水电工程建设征地补偿和移民安置条例》(国务院令第 471 号);

(2)《国务院关于完善大中型水库移民后期扶持政策的意见》(国发〔2006〕17 号);

(3)批准的国家和省级大中型水库移民后期扶持政策配套文件;

(4)大中型水库移民后期扶持政策实施情况监测评估合同。

10.1.3.4 监测评估的内容

(1)后期扶持人口的核定登记情况。主要包括:人口核定的原则、程序、方法、数量及执行情况。

(2)移民后期扶持资金管理、使用和监督情况。

(3)后期扶持资金的发放情况。主要包括:发放的依据、程序、方式、户数、人数、标准、金额、时间等。

(4)项目实施情况。主要包括:项目的资金完成情况、实施进展情况及管理情况等。

(5)移民生产生活水平评价。主要包括库区和移民安置区农村移民人均纯收入、总收入及构成、消费支出及构成、人均资源占有情况、居住条件、社会环境、人口素质等状况及其变化。

(6)后期扶持政策实施效果。

(7)后期扶持机构配置情况。主要包括水库移民属地各级人民政府后期扶持机构运行和协调配合情况,领导干部责任落实情况。

(8)移民权益保护。主要包括移民的知情权、参与权、申诉权。

(9)移民的满意度。主要包括移民对后期扶持政策实施的满意度及对当前生产生活状况的满意度。

10.1.3.5 监测评估的方法

监测评估主要采取文献调研、访问座谈、入户调查、现场查勘、对比分析等方法。

(1)文献调研。主要收集后期扶持政策实施相关规划、年度计划与总结、实施情况的相关内容和数据等。

(2)访问座谈。为准确、客观地了解情况,除了与县、乡(镇)移民部门座谈,还对 10 名村干部和 15 位非移民进行了访问。访问内容涉及后期扶持方式的确定、后期扶持政策的宣传、信息公开、公众参与等。

(3)入户调查。为了保证监测的准确性,根据当地的移民情况,本次监测评估首先在样本村选择体现了移民来源(不同的水库移民)、安置方式(全移民村与插居村)、基础设施(好与差)、移民与非移民的关系(好与差)、村级组织建设(由移民和非移民担任村干部)等方面的差异性,然后对样本户按生活水平分为好、中、差三类进行选择。

(4)现场查看。填写调查表格,核实有关情况和数据,现场查看移民档案整理情况、移民资金发放情况、工程进展情况等。

(5)对比分析。以当地农村居民当年平均生产生活水平为基础,通过对比来分析和描述农村移民的生产生活水平。

10.2 人口核定登记与扶持方式确定

大中型水库移民人口核定登记是贯彻落实水库移民后期扶持政策的最关键、最核心、最基础的工作,关系到政策实施的成败,关系到移民群众的切身利益,关系到库区和移民安置区的社会稳定与长远发展。

人口核定登记工作涉及面广、政策性强、成果质量要求高。该县把人口核定登记工作作为移民后期扶持政策实施的一项重要任务来抓,加强组织领导,明确各级责任,加大宣传力度,严格核定程序,按照"尊重历史、实事求是、公开透明、确保稳定"的原则开展工作,着力确保人口核定登记准确无误。

10.2.1 人口核定登记的依据、范围和对象

人口核定登记的依据为:中央《关于大中型水库农村移民后期扶持人口核定登记工作的意见》,《S省大中型水库农村移民后期扶持人口核定登记办法》,经批准的移民安置规划设计文件,搬迁时登记在册的移民人口或工程验收文件等档案资料,公安部门户籍登记资料,其他具有法律效力的材料。

人口核定登记的范围为经国家批准建设的大中型水库移民中,户籍在该县管辖至2006年6月30日前仍为农业户口的移民。具体对象是:

(1)因修建大中型水库而批准动迁的移民,包括本村后靠、乡(镇)内、县内集中安置、分散插迁、投亲靠友等目前仍为农业户口的移民纳入登记;经国家批准建设的县外其他大中型水库零星迁入该县的农村移民也纳入本次登记。

(2)嫁入或入赘到农业户口移民家庭并入户的,本人及所生子女予以登记。

(3)农业户口移民,出嫁或入赘到非移民户或非农业户口家庭,身份仍为农业户口的,本人予以登记,其配偶和子女不予登记。

(4)户口临时迁出的大中专在校学生、现役士兵及其他符合扶持政策的,予以登记。

(5)户口已迁出县外的农村移民,在户籍所在地申报登记。

(6)2006年6月30日前已死亡和2006年7月1日后出生、婚入等新增人口不予登记。

10.2.2 人口核定登记的步骤

在进行人口核定登记过程中,该县坚持公开、公正、实事求是的原则,分级负责,自下而上进行移民人口核定登记工作。对不按规定张榜公示,不经群众认可、不按程序逐级进行的,核定登记成果一律不予承认。

该县的人口核定登记工作大致可以分为三个阶段,具体做法和步骤如下(见图10-1)。

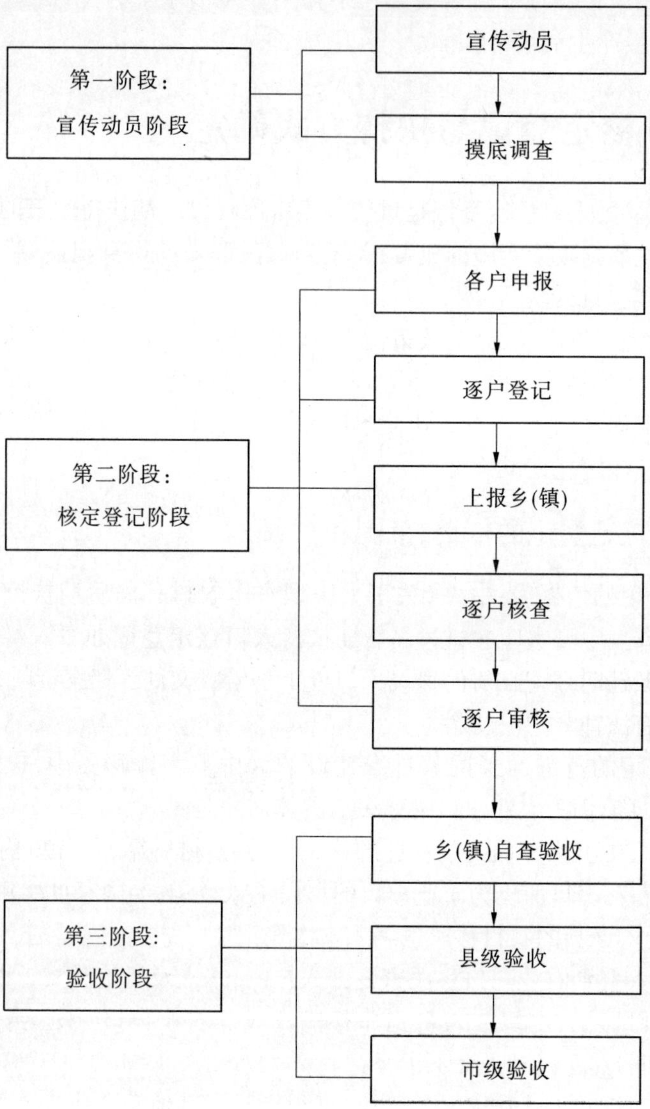

图 10-1　D 县水库移民人口核定登记步骤

10.2.2.1　宣传动员阶段

(1)宣传动员。广泛宣传国务院 17 号文件及有关移民后期扶持政策配套文件和省、县政府的文件政策精神,将人口核定登记办法予以公告。

(2)摸底调查。以村组为单位弄清原迁人口搬迁的户数和现状人口分布情况。

10.2.2.2　核定登记阶段

(1)各户申报。群众根据移民身份界定条件进行申报,村移民身份审查委员会或监督委员会(由村两委、组长、党员、移民及 60 岁以上老人组成,成员 5 ~ 7 人)对各户申报的情况进行审查或监督,逐户进行认定。

(2)逐户登记。将认定的结果,在所在村张榜公示 5 天,群众无异议后,由村登记员统一以户为单位进行登记,填写农村移民人口核定登记表。

(3)上报乡(镇)。登记结果在村监督委员会的监督下,由村、组负责人员签字盖章,并以村为单位汇总上报到所在乡(镇)。

(4)逐户核查。公安户籍管理部门,对村上报的登记成果,对照户籍册,逐户核查移民身份,并签字盖章。

(5)逐户审核。乡(镇)对村上报的登记成果,逐户进行审核,签字盖章,并以乡(镇)为单位汇总上报到县移民管理机构审查。

10.2.2.3 验收阶段

(1)乡(镇)自查验收。

(2)县级验收。

(3)市级验收。

该县在人口核定登记操作过程中,上述步骤中有的环节还要进行多次核实、多次公示。因此,D县移民实施机构把人口核定登记工作过程概括为"一次登记,三次核实,六次公示"。

10.2.3 人口核定登记的方法

10.2.3.1 "三老"认证

请60岁以上的老村民、老党员、老村干对移民申报人口进行确认。

10.2.3.2 逐级确认汇总

人口核定登记结果自下而上逐级汇总,汇总成果由移民户、村民小组、村委会、乡(镇)人民政府、县人民政府各级负责人分别签字盖章,逐级确认。

10.2.3.3 张榜公示

对登记在册的移民人口,在乡村两级进行张榜公示,接受社会各界和移民群众监督。

10.2.3.4 自查验收

为保证人口核定登记的准确性,该县在人口核定登记之前要求各乡(镇、区)成立由乡(镇)分管领导为主任,派出所、财政所、经管站、移民专干等人员组成的自查验收委员会,对本乡(镇、区)的大中型水库移民后期扶持人口核定登记情况进行自查验收。自查验收的主要内容包括移民身份核定依据、人口核定登记工作的程序和做法、人口核定登记成果、群众对人口核定登记结果的满意度等四个方面。

1. 移民身份核定依据验收

审查本地原迁移民身份证明材料、外地迁入移民身份证明材料、移民配偶及后代身份证明材料、移民配偶及后代与原迁移民关系证明材料等的真实有效性。

2. 人口核定登记工作的程序和做法验收

人口核定登记工作责任主体是否明确、具体工作程序和做法是否规范合法、宣传工作是否做到家喻户晓、是否制定人口核定登记细则、登记结果是否在移民村张榜公布等。

3. 人口核定登记成果验收

人口核定登记档案基础材料是否完整、人口核定登记是否齐全、各类统计数据是否正确、移民身份分类是否清楚明了等。

4. 群众对人口核定登记结果的满意度验收

有关人口核定登记工作方面的移民上访情况、主要矛盾集中体现在哪几个方面、对于影响移民区稳定的突出问题如何处理等。

在各乡(镇、区)验收委员会全面自查验收的基础上,县验收委员会采取随机抽查的办法,以听汇报、查资料、开座谈会和入户走访的形式进行验收。

10.2.3.5 **监察监督**

纪检、监察部门全程参与后期扶持工作,设立举报箱,公开举报电话,加大对移民人口核定工作的监督力度,对违反有关政策规定,弄虚作假、以权谋私、虚报移民人口的,一经查实,依据有关规定严肃处理。

此外,有的乡(镇)在人口核定登记工作上还有所创新。如A镇设计了"家族谱"。由于S水库移民原迁档案中只显示户主姓名和人口总数,而没有显示家庭其他成员的姓名,所以事隔几十年,难以确定其他成员的情况。为把人口核定登记工作做细做实,A镇采取设计"家族谱","顺藤摸瓜"来确定人员、追踪去向,即通过当时的移民户主这根"藤"来寻找其后代子孙这些"瓜",然后再经过"三老"(老邻居、老党员、老村干)的认证,最后还要经数次的公示,接受群众和社会各界的监督。

10.2.4 人口核定登记的成果

按照省市移民工作会议安排部署,该县大中型水库移民后期扶持人口核定登记工作于2006年10月12日县水库移民会议之后开始,2007年元月登记工作初步结束。在2007年8月5日,D县所在的Y市大中型水库农村移民后期扶持人口核定登记工作验收委员会对该县大中型水库移民后期扶持人口核定登记工作进行验收,共认定D县大中型水库移民7 311户24 712人,与国家和S省核定的D县大中型水库后期扶持移民人口数量一致。登记核实汇总成果显示:D县实际登记核实大中型水库移民后期扶持人口,涉及10座大中型水库,分布在全县10个乡(镇)198个行政村。

10.2.5 后期扶持方式的确定

选定水库移民后期扶持方式,是水库移民后期扶持政策落实中的一项重要任务,涉及的因素和问题也比较多,处理不好极容易发生利益冲突和不稳定因素。

国发〔2006〕17号文件规定,后期扶持实行"一个尽量,两个可以"的方式,即:后期扶持资金能够直接发放给移民个人的应尽量发放到移民个人,用于移民生产生活补助;也可以实行项目扶持,用于解决移民村群众生产生活中存在的突出问题;还可以采取两者结合的方式。

根据国发〔2006〕17号文件的精神和《S省大中型水库移民后期扶持政策实施方案》的规定,D县确定后期扶持方式坚持"尊重民意、政府引导"、"一个尽量,两个可以"和"维护社会稳定"的原则,以后期扶持人口核定登记结果、移民意愿和安置地(村民小组)群众的意见、移民安置所需土地等生产资料的取得方式、移民的生产生活状况、安置地(村民小组)的基础设施状况为依据,按照以下程序进行:一是村民小组召开移民会议,讨论提出后期扶持方式,会议要求本村民小组三分之二以上的移民户18周岁以上的代表参加,经三分之二以上的参会人员签字同意后，在该村民小组和村委会所在地公示 7 天。二是村委会同意后报乡（镇）人民政府审核。三是乡（镇）人民政府审核后报县移民机构。四是县移民机构进行审查。五是县移民机构报县政府审批。审批结果报上级移民管理机构备案。

根据 D 县各村移民后期扶持方式的意愿调查情况，全县 90% 以上的移民和移民村群众希望直补到人。因此，该县大中型水库移民后期扶持方式决定全部采取直补到人的方式进行。

10.2.6 抽查情况

监评组对该县移民局移民人口核定档案的抽查情况：在移民人口的核定过程中，该局共计建立后期移民扶持移民个人文书档案 890 卷，约 169 000 页，基本达到了完整、真实，整理规范。此外，还有国家、省、市的政策文件、会议文件、领导讲话等资料档案和各种工作会议、现场公示等数码照片的纸质版和电子版资料档案，档案全部在档案室整齐存放，有专人管理。

监评组对 A 镇的移民档案的检查情况：在移民人口核定的过程中，该镇的移民人口档案也比较完整、真实，整理规范。移民政策文件、会议文件、领导讲话等资料档案和各种工作会议、现场公示等数码照片的资料，比较齐全地在档案柜中整齐存放。

为进一步了解移民和移民村群众对后期扶持方式的意见，监评组在调查过程中关注了移民和非移民对后期扶持方式的意见。通过对 75 户移民、10 名村干部、15 位非移民的调查了解，希望移民资金直补到人的比例达到了 100%。而且，监测评估组还了解到，在听取移民村群众意见的过程中，一些非移民在调查初始阶段对直补到人的方式持反对意见（尤其在插居村），但是，经过移民工作人员细致入微的宣传解释以后，非移民基本认同了移民后期扶持资金直补到人的方式。

案例 1 人口核定登记与后期扶持方式调查座谈会

时间：2008 年 12 月 24 日

地点：B 镇 W 村会议室

参加人员：村支书、村主任、移民、非移民共 15 人

座谈内容：

调查员：请支书介绍村里的移民情况。

村支书：我们村这次登记移民 219 户 677 人，分布在 4 个自然庄。他们都是 20 世纪 50 年代 S 水库建设时迁过来的移民。移民群众当时为了积极配合 S 水库建设，从库区迁移到 I 村居住，做出了巨大的牺牲。同时，安置区的党员干部和群众也做出了奉献，给移民土地、农具、牲口找住处，而国家当时没有给安置区群众任何补偿，体现了安置区群众的大无畏精神。

调查员：人口核定登记工作是如何组织的？

村主任：首先，宣传国家的移民后期扶持政策，让群众了解政策；其次，群众根据移民身份界定条件进行申报；然后成立了村移民身份审查委员会，对移民申报材料进行审查，

逐户进行认定,将认定的结果,在村里张榜公示 5 天;最后村里统一组织填写移民人口核定登记表,签字盖章后上报到镇里,镇里再走镇的一套登记程序。这期间,要多次张榜公示。

调查员:征求扶持方式时移民和非移民的意见如何?

村民甲(移民):征求意见时,我认为我们当时搬迁为了国家建设,做出了牺牲,直接发钱能让我们真正得到实惠。

村民乙(非移民):我承认移民为国家作出了贡献,但是我们也付出了很多。移民来到我们村后,我们给他们土地、农具、牲口,当时国家也没有任何补偿。现在国家有新政策,也应考虑给我们一些补偿。以前,我不赞成发钱,认为应该用这些钱来做项目。村干部给我们做工作,现在我们也想通了。

村民丙(移民):还是直接发钱好。把钱拿到自己手中实在,花着也方便,还能解燃眉之急。

村民丁(非移民):我赞成给移民发钱。毕竟他们当时背井离乡来到我们这里,还需要重新安家,当时他们确实挺苦的,国家给他们补偿是应该的。但是,国家也应考虑我们的感受。希望能通过项目来改善村里的基础设施,使我们有比较好的生产生活条件,也能享受到国家的政策。

村支书:刚开始,我们村里非移民对移民发钱有意见,而且有的非移民还对移民说:“还是当移民好,一年就能领600块,以前占了我们的地,我们一分钱也没有。”后来,经过我们村干部反复做工作,尤其是听说还有钱给村里做项目,非移民也想通了。我们县对移民都是实行的发钱,我们村也这样执行的。现在看来,如果再让我来选择扶持方式,我倾向于做项目。尽管我也是移民,但是作为村干部,应该看到全村的发展。我们村正处于发展的阶段,迫切需要资金,而把钱集中起来可以大力改善我们村的基础设施和发展社会公共事业。

监评结论:①人口核定登记工作能严格按照程序,接受群众监督。②看到移民领钱,非移民心理失衡。③不同的角色对扶持方式各有看法。移民认为把钱拿到自己手中更实在一些,自己花着方便,能解燃眉之急;村干部更愿意把直补资金用于发展村的基础设施和社会公共事业;而非移民认为移民占取了他们的资源,应有所回报。④加快项目实施力度,大力改善村的基础设施和发展社会公共事业,以使非移民也能得到国家移民后期扶持政策的实惠。

10.3 直补资金发放情况及效果

10.3.1 直补资金发放的依据、范围和标准

后期扶持资金发放的依据是:中央制定的《大中型水库移民后期扶持基金征收使用管理暂行办法》(财综〔2006〕29 号)、S 省制定的《大中型水库移民后期扶持基金使用管理暂行办法》、D 县制定的《大中型水库移民后期扶持基金发放管理实施细则》及 D 县大中型水库移民后期扶持资金发放名册。

后期扶持资金发放的对象为：列入 D 县大中型水库后期扶持范围的在册农村移民及户口临时迁出的现役士兵、大中专在校生。

后期扶持资金发放的标准为：每人每年 600 元，期限为 20 年。

10.3.2 直补资金发放的程序

为确保后期扶持资金安全发放，方便移民，减少中间环节，D 县统一在县信用社通过开设移民个人账户，采取“活期储蓄存折”或“银行卡”方式代为发放。具体步骤和程序如下（见图 10-2）：

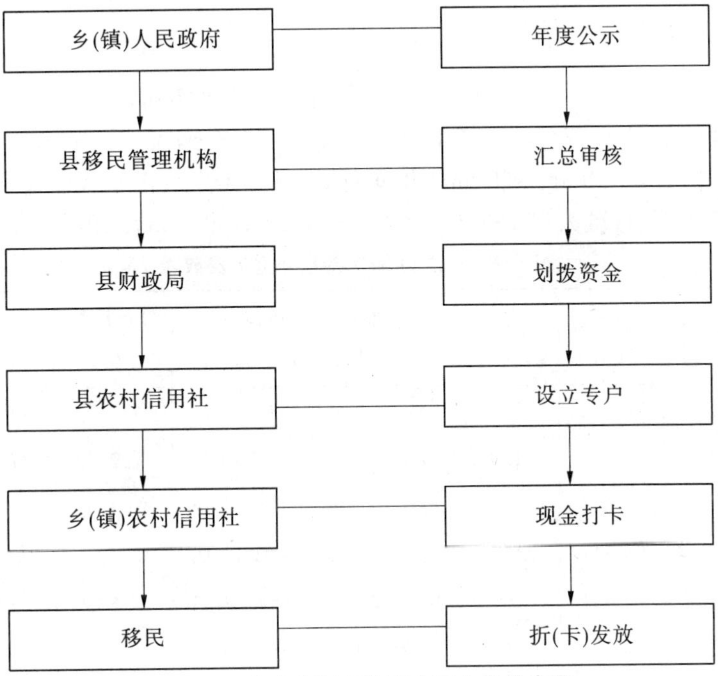

图 10-2 水库移民直补到人资金发放步骤

（1）年度公示。

各乡（镇）人民政府在初次发放或每年发放前必须在乡（镇）、村两级张榜公布领取直补资金的人员名单。公示后群众无异议，并以乡（镇）政府文件形式上报县人民政府方可发放。同时要将文件抄报县移民局备案。

（2）汇总审核。

县移民局将各乡（镇）上报的直补到人资金发放花名册负责进行汇总审核，建立移民人口台账，并将汇总审核确认后的花名册上报县政府，县政府批转至县账政局。

（3）划拨资金。

县财政局根据县政府批转的直补到人资金发放花名册，将所需资金划拨到县农村信用社设立的后期扶持移民资金专用账户上。

（4）设立专户。

县农村信用社根据县财政局批转的直补资金花名册，将资金划拨到各乡（镇）财政所在乡(镇)农村信用社设立的移民资金专户上,各乡(镇)政府设立移民人口台账,同时在财政所设立现金台账。

(5)现金打卡。

各乡(镇)农村信用社按照本乡(镇)移民花名册采取“活期储蓄存折”或“银行卡”的方式“一人一卡(折)”实施打卡。

(6)折(卡)发放。

各乡(镇)政府将信用社打好的折或卡领回,并组织分片分村共同实施发折或卡到移民手中。

10.3.3 直补资金兑付情况

按照国务院17号文件要求,D县按照扶持标准和移民实际,直补资金按季度发放(除对2006年下半年的直补资金实行了半年一发放外),即对纳入扶持范围的移民人口每人每季度发放直补资金150元。自2007年9月25日开始发放至本次监评期,共发放直补资金3 326.19万元,核减人口156人,结余资金4.29万元。如表10-1所示。

表10-1 D县后期扶持直补资金发放表

核定人口(人)	核减人口(人)	实补人口(人)	标准(元/人)	直补时段(年、季度)	拨付日期(年-月-日)	发放次数(次)	发放金额(万元)	结余(万元)
24 712	0	24 712	300	2006下半年	2007-09-25	第1次	741.36	
24 712	45	24 667	150	2007一季度	2007-10-22	第2次	370.01	0.675
24 712		24 667	150	2007二季度	2007-11-14	第3次	370.00	0.675
24 712	33	24 634	150	2007三季度	2007-12-16	第4次	369.51	0.495
24 712		24 634	150	2007四季度	2008-03-03	第5次	369.51	0.495
24 712	52	24 582	150	2008一季度	2008-05-14	第6次	368.73	0.78
24 712		24 582	150	2008二季度	2008-08-15	第7次	368.73	0.78
24 712	26	24 556	150	2008三季度	2008-11-24	第8次	368.34	0.39
合计	156						3 326.19	4.29

10.3.4 后期扶持资金发放的管理与监督

对移民实施现金直补,事关移民的切身利益。为了确保资金安全运行和及时足额发放,该县按照“身份确认、统一管理、按季发放、社会监督”的运行管理机制开展移民后期扶持资金发放工作。具体来讲,后期扶持资金发放的管理与监督措施主要内容如下。

10.3.4.1 委托代发

县财政局、移民局与县信用社签订大中型水库移民后期扶持资金委托代发协议。委托代发协议应明确各方的权利和义务,对个人“活期储蓄存折”或“银行卡”开户所需要提供的资料、办理期限和移交方式、扶持对象及电子纸质花名册的提供、扶持资金发放时间和有关要求等作出详细的规定。

10.3.4.2 建立告知制度

为确保后期扶持资金安全运行、阳光操作，让移民及时知道资金发放情况，各乡（镇）人民政府、县移民局和县信用社建立告知制度，运用县新闻媒体，如电视、报纸、公告等形式，将移民直补资金转入“活期储蓄存折”或“银行卡”的时间及金额及时告知移民。

10.3.4.3 纠正机制

在资金发放前或发放过程中，如果出现移民群众反映有虚报移民人数的问题时，各乡（镇）必须立即纠正并收回资金卡，待审核清楚，问题解决，矛盾消除后方可发放。

10.3.4.4 资金发放档案管理

资金发放时，由县移民局向各乡（镇）人民政府提供《移民资金发放表》一式四份。资金发放结束后，由各乡（镇）人民政府负责将资金发放表上交县财政局、移民局和县信用社各一份，乡（镇）人民政府留一份存档备案。

10.3.4.5 发放对象增减变更程序

各乡（镇）人民政府、县移民局和县信用社每半年审定一次直补资金到人的对象和人数。审定的内容：一是在后期扶持人口总数范围内因各种原因增加符合政策直补到人的移民，二是因死亡、农转非等各种原因减少直补到人的移民。

因死亡、农转非等原因不能列入补助对象的移民，有关乡（镇）移民办行文上报县政府并抄送县移民局，县移民局接文后应及时行文告知县财政局和县信用社，并于次月停发直补资金。年度内因停发结余的直补资金，由县移民局安排转为移民所在乡（镇）移民村项目扶持资金。

在后期扶持人口总数范围内，因各种原因需增加符合政策直补到人的资金，乡（镇）人民政府移民办要按移民人口核定登记办法报县移民局、财政局审定后，报上级主管部门批复，列入下个半年度预算后再计发直补到人资金。

各乡（镇）人民政府必须建立完整的直补资金移民个人的档案及发放清册，将移民人数的增减情况及时报送县政府，并抄送县移民局、财政局。由县移民局与财政局审核后，通过信用社提供的“活期储蓄存折”或“银行卡”信息管理系统及时予以变更。

10.3.4.6 监督检查

县财政局、各乡（镇）人民政府、县信用社加强对本辖区移民后期扶持资金管理，专户储存，专人管理，专账核算，定期向县移民局反馈资金拨付情况，对隐瞒真相、虚报冒领、滥用职权、徇私舞弊、擅自改变扶持对象和补助标准以及贪污、拖欠、挪用、挤占及抵扣移民直补资金的现象，依照《S省大中型水库移民后期扶持工作及基金管理使用行政过错责任追究暂行办法》和《财政违法行为处罚处分条例》严肃处理。

10.3.5 抽查情况

本次监评对直补资金的发放和使用情况进行了抽查。抽查结果显示：受访的75户369人均按时拿到了直补资金。

后期扶持政策实施后，绝大多数移民不仅感受到了政策实施带来的实惠，还从长达20年的扶持中看到了前景和希望，特别是上年纪的老人最为高兴。一位老移民深情地说,“我能在有生之年每年拿600元真是太好了,说明国家还没有忘记我们。有了这笔钱,今后的生活就有了保障。水库移民后期扶持政策体现了党和政府对广大移民群众的深切关怀,新的政策更加直接,更加实惠,我们一定不辜负党和政府的期望,努力提高生产生活水平”。在调查中,一位老移民告诉我们,“我们村有一个不成文的规定,每个子女每年要给老人100元的养老钱(前几年不足100元,近几年由于物价上涨,现在基本都是100元)。现在国家每年给600元,相当于养几个儿女。而伸着手向儿女要养老钱,还要看儿女的脸色”。每年有600元的补助在中西部欠发达的农村,特别对于老年人来说,不但改善了他们生活的困境,同时也提高了他们在家庭中的地位。

在调查员与移民群众的交谈中,许多移民在感谢国家的移民政策、感谢党和政府的关心的同时,纷纷表示将用好国家的移民后期扶持款,努力发展生产,提高生产生活水平。

根据对75户移民样本家庭的抽样调查,移民后期扶持直补资金用于日常生活的占39%,用于生产支出的占9%,用于购置农机具的占2%,用于购买家庭耐用消费品的占6%,用于发展种植养殖业的占2%,用于子女教育的占16%,用于医疗的占11%,用于建房修房的占4%,用于还债的占9%,其他的占2%(见图10-3)。由图可以看出,移民后期扶持直补资金的用途多样化,其中大部分人将这部分钱用于补贴了日常的生活开支。

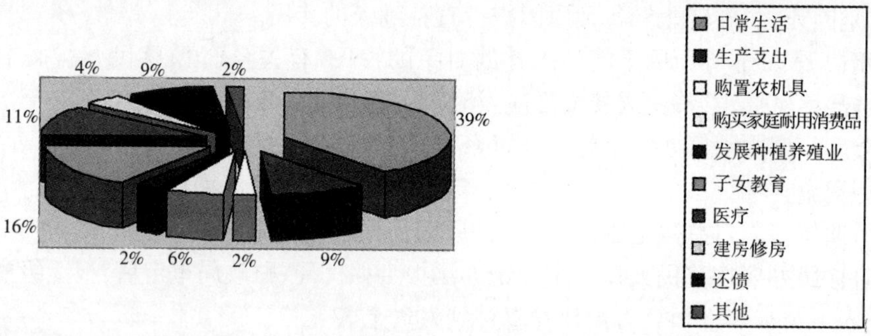

图10-3 移民后期扶持直补资金使用情况抽查

案例2 后期扶持直补资金发放情况个人访谈

时间:2008年12月25日

地点:A镇T村村委会

访谈对象:袁××,男,45岁,高中文化程度,家庭人口4人。

访谈内容:

调查员:请问你们家有几口人能领到补助?

受访者:全家4口人都有。

调查员:现在领了多少钱了?

受访者:领了5 400元,每个人1 350元。

调查员:领了几次了?

受访者:8次。

调查员:领到的钱都是怎么用的?

受访者:我们家2个孩子都在外上学,开销太大。领的这些钱全部都给孩子上学用了。

调查员：这些钱要发20年，以后有什么打算？

受访者：现在是孩子上学急用钱，等孩子毕业有工作能挣钱了，我们准备用这些钱来种果树。

监评结论：(1)移民很清楚直补资金的发放时间和次数。(2)在直补资金使用方式方面，刚开始发放资金阶段，移民把钱用于当期消费，还没有计划安排。以后，移民会理性地使用直补资金来发展生产。

10.4 项目实施情况

按照《大中型水库库区和移民安置区基础设施建设和经济发展规划编制工作大纲》要求，该县于2007年12月编制完成了《D县大型水库库区和移民安置区基础设施建设和经济发展规划》。项目建设主要侧重于农田水利、人畜饮水、修路和沼气化建设，并安排了荒山治理及林果业，养殖业，二、三产业项目和劳动技能培训。项目规划的实施，可改造低产田1 000亩，扩大改善浇地面积4 740亩，解决12村10 536人1 130头大牲畜饮水困难，扩宽和硬化17个村的村级路及村街道路43.1 km，完成5个村的沼气化建设，治理荒山3 960亩，发展林果业种植3 400亩，扶持发展养殖业项目5个，扶持二、三产业项目5个，培训劳动力0.265万人次，在改善移民群众生产生活条件的同时，为移民安置区经济的进一步发展奠定了基础。

10.4.1 项目投资完成情况

2008年上级拨入该县各类项目资金159万元，截至2009年9月底已全部完成投资。其中用于开发耕地及水利设施建设24万元(完全用于农田水利)；用于基础设施建设90.5万元，其中交通道路74万元，人畜饮水16.5万元；用于生产开发8.5万元，完全用于种植业中的林果业；用于技术培训15万元；用于生态环境保护15万元，用于其他6万元。

10.4.2 项目工程量完成情况

2008年实施完成的项目：农田水利方面完成打井11眼，机井配套1眼，修防渗渠250 m，护村坝110 m；基础设施建设：交通道路方面完成道路硬化6 506 m，整修移民路5 300 m，涵洞挡墙护砌98 m，修涵洞桥1座；人畜饮水方面建蓄水池2座，打井2眼，机井配套2台(套)，铺设管道5 300 m；生产开发共完成开发荒山150亩，挖水平条田2 100 m，果树坪120亩，栽枣树5 200棵；技术培训共举办培训班4期，培训移民劳动力783人次，移民干部125人。其他：主要是应急资金用于救助20个移民村的300户移民特困户，每户200元。

10.4.3 项目管理情况

在项目实施过程中，充分尊重民意，保障移民的知情权、参与权和监督权，严格按程序审批项目，规范项目管理，取得了较好的建设成效。对移民后期扶持项目资金实行国库集中支付或县级主管部门报账制。移民后期扶持项目资金拨付具体流程为：

(1)项目立项。每一个项目在立项前，要经村两委班子会、党员干部会、村民代表会讨论通过后，由村委会向县移民局提出立项申请。

(2)考察论证。县移民局根据村提出的立项申请，组织工程技术人员对项目的可行性进行实地考察论证，本着“先生存，后发展”的原则，分轻重缓急，把基础设施建设项目和移民群众呼声强烈的建设项目作为重点优先立项。

(3)项目审批。项目确定后，经设计单位进行勘测设计，提出实施方案，县移民局编制项目计划，按照审批程序分级审批。项目审批下达后，不得随意变更，确需变更的项目，需自下而上逐级请示报原批准单位审批。

(4)组织施工。项目经上级批准后，项目建设单位严格按程序、按设计标准进行施工。开工前向县移民局写出开工申请，经批准后方可施工。

(5)项目验收。项目完成后，由项目建设单位向县移民局提交竣工报告及验收申请，移民局会同财政部门组织有关技术人员检查验收，并填写统一制式的《工程项目竣工验收合格证书》，写出验收评定意见。

(6)资金拨付。验收合格的项目，项目建设单位依据验收合格证、税务发票及有关资料到支付单位兑付项目资金。

(7)档案管理。对每个项目建立一套完整的档案资料，长期保存。

10.4.4 评价

D县的项目管理规范，严格按程序执行，项目实施后，移民村的基础设施条件有了很大改善，移民劳动技能有所提高，项目的实施为发展移民经济，提高移民经济的科技含量注入了新鲜血液，从而为实现后期扶持政策的近期目标——提高移民群众的生活水平奠定了基础。

10.5 后期扶持资金使用管理

移民后期扶持政策实施以来，上级下达D县的后期扶持资金有三类：后期扶持基金、后期扶持结余资金和省级扶持资金，这三类资金按用途及使用方式可分为两大项：直补资金和项目资金。后期扶持基金完全用于对移民个人的直补，后期扶持结余资金用于扶持项目，省级扶持资金中的一部分用于补足中央核定和实际核定移民人口人均600元的差额即用于直补，其余部分用于扶持项目。

10.5.1 资金使用情况

(1)后期扶持基金。上级按国家核定24 712人每年600元的标准拨付D县相应的后期扶持基金，至本次监评期，已拨付3 336.12万元，其中3326.19万元已全部以直补形式发放给移民个人。

(2)后期扶持结余资金。2008年拨付D县后期扶持结余资金110万元，这部分资金均按项目资金拨付程序，用于基本口粮田及水利设施、基础设施、生态建设和环境保护、劳动力技能培训和职业教育项目、生产开发、应急等项目建设。

(3)省级扶持资金和人口核减结余资金。2008年拨付D县省级扶持资金35.02万元。根据上级文件要求，此项资金和中央下达的大中型水库移民后期扶持资金统筹使用，用于解决水库移民、移民村群众、淹地不淹房人口的困难等所有移民遗留问题，以及和水库移民有关的连带问题。该县根据实际，按照项目资金拨付程序，将这部分资金及人口核减累计结余资金 4. 29 万元主要用于移民村和相关村的项目建设。

10.5.2 资金管理情况

(1)后期扶持基金。直补资金严格按照国务院 17 号文件、《S 省大中型水库移民后期扶持基金使用管理暂行办法》规定使用和管理资金，及时发放。

(2)后期扶持结余资金。严格按照《S 省大中型水库移民后期扶持结余资金使用管理暂行办法》规定使用和管理资金。项目的实施，坚持公平、公正、公开透明的原则，在项目村进行了张榜公示。资金拨付实行报账制。对基础设施建设项目，实行验收制。结余资金的使用，接受各级财政、监察、审计部门的监督、检查。

(3)省级后期扶持资金。严格按照国务院 17 号文件、《S 省大中型水库移民后期扶持基金使用管理暂行办法》规定使用和管理资金。

10.5.3 评价

D 县在水库移民后期扶持资金管理方面，严格按照上级规定执行，资金管理制度健全，资金使用程序规范、公开透明，无截留、挪用资金等现象。直补资金的发放及时、便捷、安全，群众满意，项目扶持尊重移民意愿，坚持民主程序，让移民知情并参与，实践证明：后期扶持资金“专户储存、专账管理”的模式，资金安全，发放渠道畅通，发放工作及时、快捷，群众满意。

10.6 后期扶持政策实施保障机制

10.6.1 组织保障

10.6.1.1 组织机构设置

为全面贯彻落实国务院 17 号文件及国家有关部门相关文件精神，加强对水库移民后期扶持工作的领导，该县政府于 2006 年 10 月成立了以县长为组长、常务副县长和县政府秘书长为副组长，移民局、财政局、公安局、信访局、审计局、民政局、劳动和社会保障局等 19 个职能部门的主要负责人和 11 个乡(镇、区)党政“一把手”为成员的“水库移民后期扶持工作领导组”，负责对完善全县大中型水库移民后期扶持政策工作的组织领导和统筹协调。领导组下设办公室，由县移民局局长任办公室主任，具体负责日常工作和协调指导相关乡(镇)做好移民后期扶持政策落实工作。

根据省水库移民工作会议精神，县人民政府作为本县移民后期扶持工作的责任主体、实施主体、工作主体，将目标任务和责任分解落实到部门、乡(镇)。各乡(镇)相应成立了由乡(镇)长担任组长，移民村党支部书记为成员的移民后期扶持工作领导小组。各移民村也成立了由支部书记或村委会主任为负责人，两委委员、各组组长、村务公开监督组

(民主理财组)负责人、60岁以上老年人、移民代表、非移民代表等有关人员组成的移民后期扶持工作机构。通过建立健全组织机构,该县在落实库区移民后期扶持政策过程中,形成主要领导亲自抓、分管领导具体抓,有关部门紧密配合,一级抓一级,层层抓落实的工作机制。

该县水库移民后期扶持工作各级机构和相关主要部门的职责和分工如下。

1. 县水库移民后期扶持工作领导组

(1)贯彻落实国家移民后期扶持政策和县委、县人民政府关于移民后期扶持工作的重要决定;

(2)制定后期扶持政策配套性文件;

(3)协调移民后期扶持实施中的重大事项。

2. 县水库移民后期扶持工作办公室

(1)负责移民后期扶持政策全面贯彻宣传和咨询解释;

(2)负责汇总、上报全县移民人口核定登记结果;

(3)负责办理迁到外省、外县农村移民的有关身份证明手续;

(4)负责移民个人基础档案资料的建立和管理;

(5)负责移民后期扶持政策实施规划的编制及项目的实施;

(6)协助做好后期扶持资金发放工作。

3. 乡(镇)人民政府

乡(镇)人民政府是水库移民人口核定登记工作的最主要的直接负责人。

(1)负责组织、安排本乡(镇)移民人口核定登记工作,明确具体的包村干部,深入村、组广泛宣传、解释移民人口核定登记政策,并发放申请表;

(2)会同移民、公安部门对移民身份、户籍等进行审查,且将审查结果在全乡(镇)各行政村张榜公示,接受群众监督;

(3)负责汇总、上报本乡(镇)移民人口核定登记结果;

(4)负责本乡(镇)移民人口的核减;

(5)负责处理各类信访事件。

4. 村委会

村委会是水库移民核定登记工作的最主要具体负责人,也是具体实施者。

(1)对移民个人申请表逐户进行初审把关,并予以公示;

(2)配合乡(镇)人民政府及核定登记工作小组,填写移民人口核定登记表,并负责将登记结果在本村张榜公示。

5. 县财政局

负责后期扶持资金年度支出预决算编制、预算审核、资金拨付、资金使用管理。

6. 县公安部门

(1)审查、出具移民农户及个人的相关户籍手续、证明;

(2)负责库区和移民安置区社会治安秩序的维护、移民群体性事件的预防和处置;

(3)加强与移民部门的沟通,密切关注社会动态。

7. 县民政部门

(1)负责做好有关城(镇)最低生活保障的政策宣传和咨询;

(2)对于符合条件、已转为非农业户口的移民贫困家庭按照政策及时纳入城(镇)最低生活保障范围。

8. 县信访部门

(1)负责接待移民的来信来访;

(2)会同移民管理机构做好政策解释和来访人员的疏导工作。

9. 县纪检、监察部门

负责受理并调查处理国家机关工作人员在水库移民后期扶持政策落实工作中出现的违反行政纪律的行为。

10. 县农村信用社

负责配合完成移民后期扶持资金发放工作。

10.6.1.2 能力建设与培训

为深刻领会移民后期扶持政策的精神实质,准确把握政策界限,掌握正确工作方法,该县多次召开会议,采取以会代培的形式对县、乡、村移民工作业务骨干进行培训,培训内容主要是国家大中型水库移民后期扶持政策、省制定的配套文件。自移民后期扶持政策实施以来,该县至少召开了16次以上由县、乡两级移民部门和负责人参加的水库移民后期扶持政策实施会议;县移民局移民业务骨干还参加了省、市举办的各种有关大中型水库移民后期扶持政策贯彻实施等的业务培训。

通过培训学习,广大移民干部依法办事能力得到了提高,能熟练掌握移民后期扶持的范围、对象、标准、期限和扶持方式等,能够熟练解答移民的各种诉求,基本达到理解政策不偏差,执行政策不走样。

10.6.2 政策宣传与信息公开

为做好大中型水库农村移民后期扶持政策实施工作,使后期扶持政策能够家喻户晓,该县严格按照省大中型水库移民后期扶持政策实施方案要求,利用多种宣传媒介,从多方面加大对大中型水库移民后期扶持政策的宣传力度,充分体现党和政府对水库移民的关心,为大中型水库移民后期扶持政策实施工作营造良好的舆论氛围。一是开好"三个会议"。第一个层次会议,由县政府主持召开,宣传贯彻国务院17号文件精神,使全县副科级以上部门都掌握政策内容;第二个层次会议,由各乡(镇)党委、政府主持召开,各移民村组及淹地不淹房受影响村组干部参加,深化政策宣传,提高村组干部对移民后期扶持政策的理解和认识;第三个层次会议,由行政村党支部、村委会主持,分自然村(组)召开,参加人员是移民和原住农民户主,用通俗易懂的语言,解释政策内容,争取群众理解和支持。二是借助媒体宣传。电视台对《国务院关于完善大中型水库移民后期扶持政策的意见》、《大中型水库移民后期扶持政策宣传工作提纲》及《S省大中型水库移民后期扶持人口核定登记办法》等有关移民政策采取问答式进行播放宣传。同时,编制印发了《D县水库农村移民后期扶持人口核定登记政策解答50问》,以公告形式发到全县所有村庄。另外,在广场和乡(镇)、村委会所在地刊出专栏。三是借助亲友力量进行宣传。为了使外出打工人员了解政策情况,动员移民的亲戚朋友用电话或书信方式向在外务工人员进行政策宣传,通报所在村组后期扶持政策的落实进度及其本人依照政策“对号入座”的归属情况。

10.6.3 公众参与

为发挥群众在移民后期扶持政策实施过程中的主动性和积极性,该县按照民主程序,十分重视公众参与和协商。在人口核定登记、后期扶持方式确定、直补资金发放等过程中,不但充分尊重移民的意愿,而且还广泛听取库区和移民安置区内非移民的意见。公众参与的形式主要有:召开村民代表大会、移民户代表会议、张榜公示等。

监评组通过对75位移民、15位非移民和10位村干部在后期扶持政策实施过程中参与情况的调查显示:①关于扶持方式是否经村民代表大会通过,移民回答“是”和“否”的分占94.7%和5.3%;非移民回答“是”和“否”的分占80.0%和20.0%;村干部回答“是”的达到100.0%。②关于扶持方式的确定是否参与,移民回答“是”和“否”的分占93.3%和6.7%;非移民回答“是”和“否”的分占73.3%和26.7%;村干部回答“是”的达到100.0%。③关于对人口登记程序是否了解,移民、非移民和村干部回答“是”的均达到100.0%。④关于对登记人口是否张榜公布,移民、非移民和村干部回答“是”的也都达到100.0%。由以上数据分析可知,关于扶持方式是否经村民代表大会通过、扶持方式的确定是否参与这两个问题,受访者73.3%以上持肯定态度;关于对人口登记程序是否了解、对登记人口是否张榜公布两个问题,受访者全部持肯定态度;而村干部对这四个问题全部持肯定态度。

10.6.4 申诉

在移民后期扶持政策实施中,县人民政府和各乡(镇)都成立了信访接待室,移民管理部门也安排了专人接待群众。针对后期扶持政策刚实施时库区和移民安置区群众情绪不稳的情况,他们耐心讲解国家有关移民政策,引导移民以合理合法的方式表达利益诉求,正确处理好移民与当地居民的关系,使群众充分了解移民政策,自觉支持和积极参与后期扶持各项工作。

为了方便群众咨询和反映问题,市、县及各乡镇设定了专门的咨询或举报电话,对移民和群众电话诉求及政策咨询均给予了耐心细致的答复。

完善大中型水库移民后期扶持政策,可能会涉及其他人群的连带影响。该县充分估计新政策实施后对相关群体的影响和可能引发的突发性群体事件,提高了对突发事件的应对能力;并认真按照上级要求进一步完善城镇最低生活保障制度,把符合低保条件的大中型水库非农业安置移民中的困难家庭,纳入地方城镇最低生活保障范围,做到“应保尽保”。同时,通过其他渠道进行帮扶,努力改善他们的生活条件。对其他征地拆迁人口,高度重视,密切关注,认真做好宣传解释工作,并采取多种措施,妥善处理矛盾,维护社会稳定。由于措施得力,在政策实施过程中,该县没有发生大规模群体上访事件。

根据监评组对75位移民和15位非移民的调查,结果显示:①关于申诉渠道,选择向政府职能部门申诉的占31%,选择向乡(镇)人民政府申诉的占28%,选择向村委会申诉的占41%(见图10-4);②关于申诉渠道是否畅通,受访者回答“是”的占35%,回答“否”

的占15%，回答"其他"的占50%；③关于申诉处理是否及时，受访者回答"是"的占34%，回答"否"的占10%，回答"其他"的占56%；④关于处理结果是否满意，受访者回答"是"的占37%，回答"否"的占27%，回答"其他"的占36%（见图10-5）。调查了解到，受访者只有部分进行过申诉，没有申诉过的受访者大多回答了"其他"，而回答"是"的是通过亲友、其他村民的述说来回答调查员提出的问题。群众申诉的问题主要是移民身份认定中的相关问题。

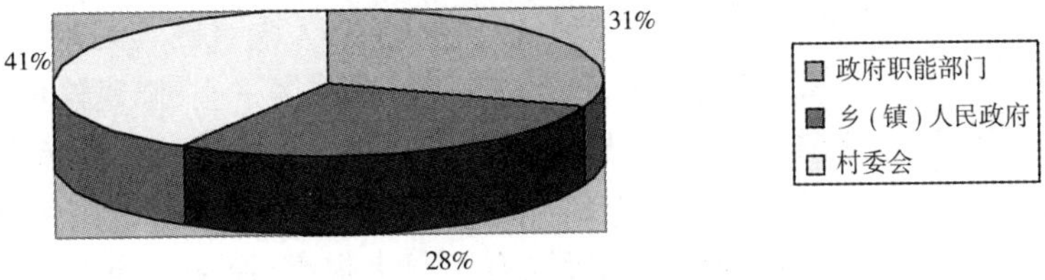

图10-4 受访者信访渠道比较

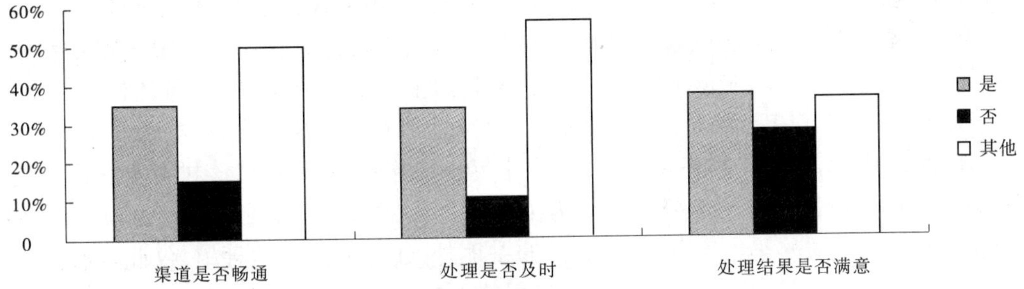

图10-5 对受访者申诉问题解决的调查情况

10.7 移民生产生活水平评价

本次监测评估，对移民后期扶持实施的T村、W村，进行了入村、入户的实地访谈，了解了移民村人口、耕地、生产、生活条件，移民户后期扶持实施后生产、生活条件变化情况及对后期扶持实施的满意度等情况。其中，扶持前以2006年情况进行调查，扶持后以2008年情况进行调查。

10.7.1 样本村情况

本次监测评估，选取了移民分散安置的T村和集中安置的W村，作为访谈的样本，以了解后期扶持政策的实施效果。

T村：村里现有247户1 156人，其中有劳动力700人；移民人数占全村人数的40%，该村移民从1957年即开始分插安置，1960年又安置了部分回迁移民，经过全村耕地重新分配，所有移民均得到了耕地，与原住村民平等享受村民待遇。经过40多年的共同生活，现在移民与原住居民关系融洽，生产、生活已完全融入非移民。

全村原有耕地2 300亩，其中，水浇地200亩，林地800亩；后期扶持政策实施后，修建了灌溉设施，水浇地增加到了 800 亩，林地增加到 1 200 亩。主要种植小麦、玉米、黄豆；经济作物有芝麻、花椒等。全村常年在外打工的有 30 人，人均年收入在 17 000～18 000 元。村里人均居住面积由后期扶持项目实施前的 15 m^2 增加到 20 m^2，人均年收入在后期扶持政策实施前是 1 500 元，后期扶持政策实施后的 2008 年是 3 200 元。

后期扶持政策实施中，该村作为项目扶持村，实施了人畜饮水和农田水利两个项目。人畜饮水项目后期扶持资金 10 万元，群众自筹 7. 93 万元，修建了蓄水池、井房、电力配套设施等，修建供水管道 1 500 m，解决了 1 个组 25 户 110 人吃水困难问题。农田水利项目后期扶持资金 13 万元，自筹 5. 88 万元，打机井一眼，建井房一座，修建输水管道 2 200 m，新增灌溉面积 200 亩。这两项工程均已完工并经过验收。工程实施后，深受广大群众赞扬，原来耕地无法灌溉，靠天吃饭，年景不好的时候可能颗粒无收，村民种地不敢大胆投入，现在有了灌溉的保障，群众种地的积极性有了很大提高，小麦的亩产由项目实施前的 150 kg/亩提高到了 400～500 kg/亩，玉米的产量也从一二百千克上升到 500 kg/亩。原来吃水困难的小组要到邻村拉水吃，现在家家户户通上了自来水。现在，村里温饱问题已经基本解决，绝大多数的移民将领取的后期扶持直补资金用来改善生产、生活条件。

W 村：该村是移民集中安置村，1988 年，各分散安置村部分移民集中搬迁安置在此，由政府出资垫高了村台，并从部队农场、乡农场收回土地划拨给了搬迁安置的移民。

现全村有 246 户 1 300 人，其中劳动力 780 人。有耕地 1 900 亩，全部是水浇地。主要种植小麦、玉米，经济作物主要有西瓜、棉花、花生、芝麻等。另外，该村有 500 亩土地，专门种植芦笋，芦笋的种植主要以出口为主，年投资 1 000 元/亩，收益达 5 000～10 000 元/亩。村里的居民几乎家家都种，除自己的耕地外，还从外村包地种植，仅此项收入，村里个别人的年收入就达几十万元，奠定了该村雄厚的经济收入基础。但受全球金融危机影响，出口严重萎缩，2008 年，芦笋种植出现了亏损的现象。另外，村里还有 400 亩黄花菜地，每亩的收益也可以达到 3 000 元。

村里计划扩大黄花菜的种植面积，达到 800 亩即人均 1 亩的水平。并计划包租部队农场，发展 500 亩莲藕种植，7 000 亩芦笋种植。全村有 80 多人在外打工，主要分布在西安、广州、杭州、北京等地，从事刺绣、服装加工、电子等行业。村里人均居住面积 25 m^2。人均年收入，后期扶持实施前是 3 500 元，后期扶持实施后的 2008 年是 5 500 元。

样本村基本情况如表 10-2 所示。

表 10-2　样本村基本情况

指标			单位	T 村		W 村	
				扶持前	扶持后	扶持前	扶持后
人口	户数		户	247	247	220	246
	人数	农业	人	1 156	1 156	1 200	1 300
	劳动力	男性	个	400	400	380	400
		女性	个	300	300	340	380
		小计	个	700	700	720	780

续表 10-2

指标		单位	T 村		W 村	
			扶持前	扶持后	扶持前	扶持后
土地	水田	亩	200	800	1 900	1 900
	旱田	亩	1 300	300		
	林地	亩	800	1 200		
	小计	亩	2 300	2 300	1 900	1 900
人均耕地		亩	1.98	1.98	1.58	1.58
人均居住面积		m^2	15	20	25	25
人均年纯收入		元	1 500	3 200	3 500	5 500
农田水利	灌溉井	眼		3	5	5
	扬水站	座	1	1	1	1
人畜饮水	水源		地下水	地下水	地下水	地下水
	水质		碱性	合格	不好	不好
	方式		拉水	自来水	手压井	手压井
交通道路	村内道路		土路	水泥路	主路硬化	全面硬化
	距离公路	km	1	1	2.9	2.9
房屋	砖混	%	30	50	100	100
	砖木	%	70	50		
生活条件	饮水安全	%	0	100	0	0
	农户通电	%	100	100	100	100
	燃气为主家庭	%	20	60	20	50
	卫生所	个	1	1	2	2
	百户电视	台	90	100	100	100
	百户电话手机	台	10	25	100	100
人口素质	学校	所	1	1	1	1
	在校学生	人	150	170	180	180
	适龄儿童入学率	%	100	100	100	100
生态环境	水土流失率	%	严重	严重	严重	严重
	垃圾处理设施		无	计划建	无	计划建

在对样本村访谈的基础上，监测评估组对 T 村的 11 户、W 村的 24 户移民，进行了后期扶持现金发放情况及后期扶持政策实施后生产、生活变化情况的访谈，内容包括住房变

化情况,收入变化情况,支出变化情况和对后期扶持政策实施满意度,对生产、生活的满意度等方面。

10.7.2 移民样本户情况

10.7.2.1 移民样本户人口情况

在对移民生产生活监评时,重点调查了 35 户移民。被调查的 35 户移民,扶持前有 172 人,扶持后有 170 人,扶持前后女性均略多于男性,其中,劳动力的人数在扶持后增加了 3 人,扶持后劳动力占人口比例为 54%。详细情况如表 10-3 所示。

表 10-3 移民样本户人口情况

项目		扶持前		扶持后	
		人数	占总人口(%)	人数	占总人口(%)
家庭人数	男性	82	48	83	49
	女性	90	52	87	51
	小计	172	100	170	100
劳动力人数	劳动力	89	52	92	54
	非劳动力	83	48	78	46
	小计	172	100	170	100

10.7.2.2 移民样本户住房情况

样本户人均住房面积由扶持前的 23 m^2 增加到扶持后的 25 m^2,人均住房增加 2 m^2,住房结构以砖混为主。详细情况如表 10-4 所示。

表 10-4 移民样本户住房情况

指标		扶持前		扶持后	
		总数	人均	总数	人均
家庭人数		172		170	
主房	面积(m^2)	3 965	23	4 245	25
	结构	砖混		砖混	
杂房	面积(m^2)	195	1	165	1
	结构				

10.7.2.3 移民样本户收入变化情况

后期扶持政策实施后的 2008 年,移民人均耕地由扶持前的 4 亩增加到 5 亩(包括租种的土地,指有收益的土地)。人均收入由扶持前的 4 645 元/人增加到 6 061 元/人,增幅为 30.5%。其中,工副业收入由 738 元增加到 1 959 元,增幅为 165.4%;打工收入由 392 元增加到 903 元,增幅为 130.4%。工副业和打工收入增加的主要原因是,近两年农民意识到了外出打工的好处,出外打工及从事相应工副业的人数逐渐增加。农业种植收入则由3 487元下降到2 548元,下降幅度为26.9%,下降的主要原因是受全球金融危机影响,原来占种植收入比例很大的芦笋种植,2008年的出口严重萎缩,很多种植芦笋的农户出现了亏损现象。芦笋种植的收益,在正常年景可达5 000~10 000元/亩,仅此项收益的大幅下滑,就导致了农业种植收入的直接下降。另外,人均575元直补资金收入的增加,对提高移民人均收入也发挥了重要作用。从总收入上来讲,工副业、打工、直补资金补偿的收入增加弥补了种植业暂时下降的影响,移民总收入不降反升。

收入中的惠农直补资金指近年来国家对农业种植的各种补贴,包括种粮直补18元/(亩·年),种子补贴10元/(亩·年),还包括退耕还林的补贴150元/(亩·年)。其中,退耕还林已补贴8年,粮食直补从2004年开始发放,种子直补从2008年才开始发放。虽然这部分收入占总收入的比例只有1%,但对减轻农民负担,提高农民种粮积极性起到了重要作用,深受广大农民的拥护。

移民样本户收入变化情况汇总如表10-5所示。

表10-5 样本户收入变化情况汇总

指标	总收入(元)			人均收入(元)			比例(%)	
	扶持前	扶持后	比较	扶持前	扶持后	比较	扶持前	扶持后
农业收入	599 800	433 100	-166 700	3 487	2 548	-939	75.1	42.0
林果业收入	0	2 770	2 770	0	16	16		0.3
养殖业收入	0	0	0	0	0	0		
工副业收入	127 000	333 000	206 000	738	1 959	1 221	15.9	32.3
打工收入	67 500	153 500	86 000	392	903	511	8.4	14.9
后期扶持直补资金	0	97 800	97 800	0	575	575		9.5
惠农直补资金	4 617	7 982	3 365	27	47	20	0.6	0.8
其他收入	0	2 660	2 660	0	16	16		0.2
合计	798 917	1 030 812	231 895	4 644	6 064	1 420	100	100

移民的收入结构的变化,在总收入的构成中,种植业收入由原来的75.1%下降到42.0%,工副业收入的比例由15.9%上升到32.3%,打工收入由8.4%上升到14.9%,后期扶持直补资金的比例占扶持后移民人均收入的9.5%。收入变化结构如图10-6所示。

10.7.2.4 移民样本户支出变化情况

移民后期扶持政策实施后,移民人均年支出为3 127元,比后期扶持实施前的2 419元增加了708元,增幅为29.3%,与人均收入的增幅相当。其中,主副食、日杂、燃料水电、教育、通信等均有不同程度的提高,仅医疗支出下降。支出总体水平的增加,在忽略

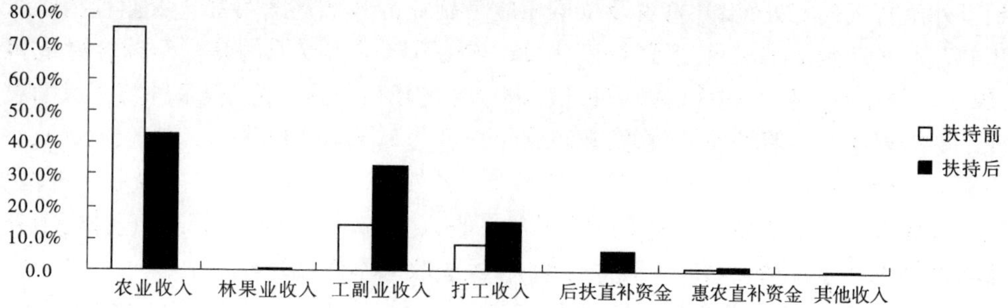

图 10-6　后期扶持实施前后移民收入结构变化图

2006～2008 年居民价格指数变化的情况下，反映出移民可支配收入的增加。

移民样本户支出变化情况汇总如表 10-6 所示。

表 10-6　移民样本户支出变化情况汇总

指标	单位	总支出			人均支出			比较	
		扶持前	扶持后	比较	扶持前	扶持后	比较	扶持前	扶持后
家庭人数	人	172	170	-2					
主副食支出	元	137 500	167 200	29 700	799	984	185	33. 1	31. 5
日杂支出	元	34 700	47 000	12 300	202	276	74	8. 3	8. 8
燃料水电支出	元	22 450	41 704	19 254	131	245	114	5. 4	7. 9
医疗支出	元	94 900	53 300	-41 600	552	314	-238	22. 8	10. 0
教育支出	元	93 800	151 500	57 700	545	891	346	22. 5	28. 5
通信支出	元	23 150	31 020	7 870	135	182	47	5. 6	5. 8
其他支出	元	9 500	39 900	30 400	55	235	180	2. 3	7. 5
合计	元	416 000	531 624	115 624	2 419	3 127	708	100	100

10.7.3　满意度调查

监测评估组对移民现有生产、生活条件的满意度进行了调查。调查结果显示，除生活用水水质外，后期扶持移民对于生产、生活其他方面的满意度均在 85% 以上。水质不满意的原因主要是 W 村目前仍采用地下水，该村地下水质砷超标，村里已向县水利局提出申报，从邻村引水解决此问题，申请已得到水利局的批准，正待实施中。生产、生活满意度调查情况如表 10-7 所示。

表 10-7　移民样本户生产生活满意度调查情况

序号	指标	满意		不满意	
		人数(人)	比例(%)	人数(人)	比例(%)
1	耕地数量	30	86	5	14
2	耕地质量	35	100		
3	居住环境	32	91	3	9
4	住房条件	33	94	2	6
5	住房面积	32	91	3	9
6	生活用水水源	30	86	5	14
7	生活用水水质	11	31	24	69
8	生活用水方式	35	100		
9	农田灌溉设施	35	100		
10	用电情况	35	100		
11	公共交通	31	89	4	11
12	医疗卫生	32	91	3	9
13	子女上学	32	91	3	9
14	通信状况	35	100		
15	电视接收	35	100		
16	日常生活方便程度	35	100		
17	生态环境保护状况	35	100		

10.8　评价与建议

10.8.1　后期扶持政策落实与实施情况评价

该县在水库移民后期扶持政策实施过程中,严格贯彻执行国家和本省关于水库移民后期扶持的文件精神,建立健全移民管理实施机构,细化责任,分工明确,强化政策宣传和信息公开,注重公众参与,妥善解决群众申诉,有力地保障了移民后期扶持政策实施的稳步推进。

(1)人口核定登记。该县严格按照国家政策和有关办法及要求对移民人口进行核实登记,基本做到了移民核实登记人口准确、真实、不错、不漏。

(2)后期扶持方式确定。充分尊重移民的意愿,广泛听取库区和安置区群众的意见,对全县大中型水库移民全部实行直补到人的方式。

(3)直补资金发放。依据移民后期扶持资金发放名册,严格执行政策,部门责任到位,规范发放程序,资金的管理与监督有章可循。

(4)项目实施管理。实施了农田水利、交通道路、人畜饮水、生产开发等方面的项目,完成投资 159 万元。并在项目实施过程中,充分尊重民意,保障移民的知情权、参与权和监督权,严格按程序审批项目,规范项目管理,实行报账制,取得了较好的建设成效。

(5)资金使用管理。资金管理制度健全,资金使用程序规范、公开透明,无截留挪用资金等现象。

10.8.2 后期扶持政策实施效益评价

移民后期扶持政策实施的效益主要体现在经济效益、社会效益、环境效益三个方面。

10.8.2.1 经济效益

移民后期扶持直补资金的发放,可使移民年人均直接增加收入600元,直接提升了移民的收入水平,使移民的人均收入大幅度增加,跳过了贫困线标准,还有许多移民将超过温饱线以上标准。随着项目扶持的进行,库区的基础设施建设投入不断加大,移民的生产生活条件不断改善。

10.8.2.2 社会效益

移民后期扶持直补资金的发放,可以减轻当地政府解决贫困移民问题的压力,可以增加当地的投资,拉动消费,促进库区和移民安置区经济社会发展。

此外,移民后期扶持直补资金的发放给移民心理上带来积极的影响,使移民切身感受到国家的关怀和温暖,尤其是对老年人的影响。与年轻人相比,由于在劳动能力、收入来源、消费需求等方面的差异,老人的心理满足程度更强烈一些。

10.8.2.3 环境效益

后期扶持项目实施包括农田水利建设、低产田改造、盐碱地改良、土地沙化的治理、水土流失的治理等,这些项目的实施直接增加了植被、净化了空气,对保持生态平衡将发挥重要作用;同时,人畜饮水工程的兴建、自来水的安装,大大改善了移民的生活条件,保障了移民身心健康。

10.8.3 问题与建议

(1)后期扶持项目资金短缺问题。由于移民库区的资源匮乏,基础设施条件太差,经济薄弱,要想从根本上改变贫穷落后面貌,必须下大力量加强基础设施建设,组织开展大规模的开山造地和专业技术培训。目前,投入的项目扶持资金量对比移民村的正常发展需要仍然存在着很大缺口,因此建议上级加大项目资金扶持力度。

(2)每年下拨项目资金过迟问题。鉴于冬季施工多有不便,项目建设施工一般安排在3~10月。而上级拨付项目资金多在10月以后。由于上级拨付项目资金过迟,对适时安排项目建设施工造成了一定影响。因此,建议上级提前拨付项目资金,以便适时安排,加快项目工程建设进度。

(3)移民后期扶持工作经费短缺问题。贯彻落实水库移民后期扶持工作,涉及面广,任务繁重,要做好水库移民后期扶持工作,需要有足够的工作经费作保障,而现有的工作经费远远不能满足开展工作的正常需要。建议地方政府应调拨资金,明确移民工作专用经费,以保证移民后期扶持政策实施工作的顺利推进。

附录 1

国务院关于完善大中型水库移民后期扶持政策的意见

国发〔2006〕17 号

各省、自治区、直辖市人民政府，国务院各部委、各直属机构：

新中国成立以来，我国兴建了一大批大中型水库，在防洪、发电、灌溉、供水、生态等方面发挥了巨大效益，有力地促进了国民经济和社会发展，大中型水库移民为此作出了重大贡献。为了帮助移民改善生产生活条件，国家先后设立了库区维护基金、库区建设基金和库区后期扶持基金，努力解决水库移民遗留问题，对保护移民权益、维护库区社会稳定发挥了重要作用。但由于扶持政策不统一、扶持标准偏低、移民直接受益不够等多种原因，目前水库移民的生产生活条件依然普遍较差，有相当多的移民仍生活在贫困之中。当前，我国总体上已进入统筹城乡发展、以工促农、以城带乡的发展阶段，有必要也有能力加大对水库移民的后期扶持。为帮助水库移民脱贫致富，促进库区和移民安置区经济社会发展，保障新时期水利水电事业健康发展，构建社会主义和谐社会，现就完善大中型水库移民后期扶持政策（以下简称后期扶持政策）提出如下意见：

一、完善后期扶持政策的指导思想、目标和原则

（一）指导思想。以邓小平理论和“三个代表”重要思想为指导，坚持以人为本，全面贯彻落实科学发展观，做到工程建设、移民安置与生态保护并重，继续按照开发性移民的方针，完善扶持方式，加大扶持力度，改善移民生产生活条件，逐步建立促进库区经济发展、水库移民增收、生态环境改善、农村社会稳定的长效机制，使水库移民共享改革发展成果，实现库区和移民安置区经济社会可持续发展。

（二）目标。近期目标是，解决水库移民的温饱问题以及库区和移民安置区基础设施薄弱的突出问题；中长期目标是，加强库区和移民安置区基础设施和生态环境建设，改善移民生产生活条件，促进经济发展，增加移民收入，使移民生活水平不断提高，逐步达到当地农村平均水平。

（三）原则。

——坚持统筹兼顾水电和水利移民、新水库和老水库移民、中央水库和地方水库移民。

——坚持前期补偿补助与后期扶持相结合。

——坚持解决温饱问题与解决长远发展问题相结合。

——坚持国家帮扶与移民自力更生相结合。

——坚持中央统一制定政策，省级人民政府负总责。

二、完善政策，提高移民后期扶持标准

（四）扶持范围。后期扶持范围为大中型水库的农村移民。其中，2006 年 6 月 30 日

前搬迁的水库移民为现状人口,2006 年 7 月 1 日以后搬迁的水库移民为原迁人口。在扶持期内,中央对各省、自治区、直辖市 2006 年 6 月 30 日前已搬迁的水库移民现状人口一次核定,不再调整;对移民人口的自然变化采取何种具体政策,由各省、自治区、直辖市自行决定,转为非农业户口的农村移民不再纳入后期扶持范围。

(五)扶持标准。对纳入扶持范围的移民每人每年补助 600 元。

(六)扶持期限。对 2006 年 6 月 30 日前搬迁的纳入扶持范围的移民,自 2006 年 7 月 1 日起再扶持 20 年;对 2006 年 7 月 1 日以后搬迁的纳入扶持范围的移民,从其完成搬迁之日起扶持 20 年。

(七)扶持方式。后期扶持资金能够直接发放给移民个人的应尽量发放到移民个人,用于移民生产生活补助;也可以实行项目扶持,用于解决移民村群众生产生活中存在的突出问题;还可以采取两者结合的方式。具体方式由地方各级人民政府在充分尊重移民意愿并听取移民村群众意见的基础上确定,并编制切实可行的水库移民后期扶持规划。采取直接发放给移民个人方式的,要核实到人、建立档案、设立账户,及时足额将后期扶持资金发放到户;采取项目扶持方式的,可以统筹使用资金,但项目的确定要经绝大多数移民同意,资金的使用与管理要公开透明,接受移民监督,严禁截留挪用。

(八)扶持资金筹集。要坚持全国统筹、分省(区、市)核算,企业、社会、中央与地方政府合理负担,工业反哺农业、城市支持农村,东部地区支持中西部地区的原则。

水库移民后期扶持资金由国家统一筹措:(1)提高省级电网公司在本省(区、市)区域内全部销售电量(扣除农业生产用电)的电价,提价收入专项用于水库移民后期扶持。为了减轻中西部地区的负担,移民人数较少的河北、山西、内蒙古、吉林、黑龙江、贵州、云南、西藏、甘肃、青海、宁夏、新疆 12 个省(区)的电价加价标准根据本省(区)的移民人数一次核定,原则上不再调整;如上述 12 个省(区)2006 年 7 月 1 日以后搬迁的纳入扶持范围的水库移民所需后期扶持资金出现缺口,由中央统筹解决;其他 19 个省(区、市)实行统一的电价加价。(2)提高电价形成的增值税增收部分专项用于水库移民后期扶持。(3)继续保留中央财政每年安排用于解决中央直属水库移民遗留问题的资金。(4)经营性大中型水库也应承担移民后期扶持资金,具体办法由发展改革委会同财政部、水利部另行制定。

(九)扶持资金管理。后期扶持资金作为政府性基金纳入中央财政预算管理。通过电价加价筹措的后期扶持资金由各省级电网公司随电费征收,全额上缴中央财政;应拨付给各省、自治区、直辖市的后期扶持资金由财政部会同国务院移民管理机构,按照发展改革委、财政部、水利部等部门核定的各省、自治区、直辖市移民人数和规定的标准据实拨付。后期扶持基金征收使用管理办法由财政部会同发展改革委、水利部和国务院移民管理机构等部门另行制定。

(十)现行水库移民扶持基金的处理。现行的库区建设基金并入完善后的水库移民后期扶持资金;现行的库区后期扶持基金并入库区维护基金,并相应调整和完善库区维护基金的征收、使用和管理,具体办法由财政部会同发展改革委、水利部另行制定。自完善后的水库移民后期扶持政策实施之日起,现行关于征收库区建设基金和后期扶持基金的政策即行废止,各地自行批准向水利、水电和电网企业征收的涉及水库移民的各种基金、资金一律停止收取。

三、统筹兼顾，安排好其他移民和征地拆迁人口的生产生活

（十一）做好大中型水库非农业安置移民工作。各省、自治区、直辖市要进一步完善城镇最低生活保障制度，把符合条件的大中型水库非农业安置移民中的困难家庭，纳入地方城镇最低生活保障范围，切实做到应保尽保；同时，要积极通过其他渠道进行帮扶，努力改善他们的生活条件。三峡工程的移民工作，依照《长江三峡工程建设移民条例》办理。

（十二）妥善解决小型水库移民的困难和现有后期扶持项目续建问题。各省、自治区、直辖市人民政府可通过提高本省（区、市）区域内全部销售电量（扣除农业生产用电）的电价筹集资金，统筹解决小型水库移民的困难，并保证对在建后期扶持项目的后续资金投入，确保项目按期建成并发挥作用。提价标准为每千瓦时不超过0.5厘，具体方案报发展改革委、财政部审批后实施。

（十三）切实做好其他征地拆迁人口的工作。完善水库移民后期扶持政策可能对其他征地拆迁人口产生影响，地方各级人民政府要高度重视，密切关注，做好宣传解释工作，并采取多种措施，及时解决他们生产生活中遇到的实际困难，妥善化解矛盾，维护社会稳定。

四、加大投入，促进库区和移民安置区长远发展

（十四）明确扶持重点。在提高后期扶持标准帮助解决水库移民温饱问题的同时，要继续从其他渠道积极筹措资金，加大扶持力度，解决库区和移民安置区长远发展问题，重点加强基本口粮田及配套水利设施建设，加强交通、供电、通信和社会事业等方面的基础设施建设，加强生态建设、环境保护，加强移民劳动力就业技能培训和职业教育，通过贴息贷款、投资补助等方式对移民能够直接受益的生产开发项目给予支持。

（十五）落实扶持资金。一是现有政府性资金，包括预算内投资和国债资金、扶贫资金、农业综合开发资金以及政府部门安排的各类建设基金和专项资金，要向库区和移民安置区倾斜；二是从筹集的后期扶持资金结余中安排，用于对库区和移民安置区的扶持，具体办法由财政部、发展改革委会同水利部等部门另行制定；三是从调整和完善后的库区维护基金中筹集。同时，地方各级人民政府要加大资金投入，鼓励社会捐助和企业对口帮扶，努力拓宽资金渠道。

（十六）做好项目规划。要以水库移民村为基本单元，按照优先解决突出问题的原则，抓紧编制库区和移民安置区基础设施建设和经济发展规划，作为国家安排扶持资金和项目的前提与依据。项目的确定要坚持民主程序，尊重和维护移民群众的知情权、参与权和监督权。

五、加强领导，精心组织实施

（十七）提高认识，增强工作责任感。做好移民工作，妥善解决移民群众关心的问题，使他们的长久生活有保障，关系到党和政府的威信，关系到党群、干群关系，关系到改革发展稳定的大局。完善水库移民后期扶持政策，加大扶持力度，是坚持以人为本、体现执政为民思想的一项重要举措，具有十分重要的意义。各地区、各有关部门要充分认识做好水

库移民工作的重要性、紧迫性和艰巨性，进一步统一思想，提高认识，加强领导，明确责任，把移民工作摆上重要的议事日程，周密部署，精心组织，稳步推进，确保移民政策落到实处。

（十八）落实责任，加强协调配合。移民工作实行属地管理，省级人民政府对本地区移民工作和社会稳定负总责，地方各级人民政府主要负责同志是第一责任人，要有一位负责同志分管移民工作，实行一级抓一级，逐级落实责任，做到责任到位、工作到位。国务院有关部门要按照职责分工，各负其责，密切配合，加强对水库移民工作的指导。要抓紧研究组建统一的国务院移民管理机构，在新机构组建之前，由发展改革委牵头，会同有关部门建立部际联席会议制度，及时协调解决水库移民后期扶持政策实施中出现的问题。省级人民政府也要整合现有移民工作力量，明确负责移民工作的管理机构，明确职能，充实人员，工作经费要纳入同级财政预算。省以下各级人民政府可结合本地实际，因地制宜地明确负责移民工作的机构。各级人民政府要建立水库移民后期扶持政策实施情况的监测评估机制。要切实加强移民乡村基层组织建设，充分发挥农村基层组织作用，配合做好移民工作。

（十九）制订方案，抓好干部培训。各省、自治区、直辖市人民政府要根据本意见抓紧制订本地区水库移民后期扶持政策实施方案，报国务院批准后组织实施。要细化实施办法，制定相关配套文件，选择若干不同类型的水库先行试点，取得经验后在全省范围内推开。各地要挑选一批思想素质好、政策水平高、业务能力强、群众工作经验丰富的干部组成移民工作组，深入库区开展工作。对参与移民工作的干部要分期分批进行培训，使移民工作干部深刻领会中央精神，准确把握政策界限，掌握正确的工作方法，提高依法办事能力。

（二十）强化监督，保证资金安全。地方各级人民政府要认真落实政策，严肃工作纪律。要审定移民人数，核实移民身份，并在乡村两级张榜公布，严禁弄虚作假。要认真执行水库移民后期扶持资金征收使用管理办法，严格资金支出管理，防止跑冒滴漏，严禁截留挪用。监察部要会同财政部制定有关责任追究办法。各级监察和审计部门要提前介入，加大工作力度，加强监督检查。对后期扶持资金使用中发现的问题，要限期整改。对违反法律法规和国家有关政策的，要依法依纪严肃处理；涉嫌犯罪的，要移送司法机关依法追究有关责任人员的刑事责任。

（二十一）加强宣传，维护社会稳定。各级宣传部门要坚持正确的舆论导向，为后期扶持政策的顺利实施营造良好的舆论氛围。要大力宣传国家的移民法规，配合移民部门做好后期扶持政策的有关宣传、解释工作，充分体现党和政府对水库移民的关心和照顾。要把握好宣传报道口径，严肃宣传纪律，防止炒作。地方各级人民政府要始终注意做好维护稳定的工作，认真排查各种不稳定因素，及时化解矛盾。要耐心细致地做好移民的思想政治工作，引导移民以合理合法的方式表达利益诉求，坚持依法办事、按政策办事，确保社会稳定。

发展改革委要会同财政部、水利部等有关部门，对各地实施水库移民后期扶持政策的情况进行监督检查，重大情况要及时向国务院报告。

国务院

二〇〇六年五月十七日

附录 2

大中型水库移民后期扶持规划编制工作大纲

根据《大中型水利水电工程建设征地补偿和移民安置条例》(国务院令第 471 号)、《国务院关于完善大中型水库移民后期扶持政策的意见》(国发〔2006〕17 号,以下简称国务院 17 号文件)、《国家发展改革委关于印发全国水库移民后期扶持政策部际联席会议成员单位职责分工的通知》(发改农经〔2006〕1446 号)精神,为了指导各地编制大中型水库移民后期扶持规划(以下简称规划),制定本工作大纲。

一、编制规划的必要性和意义

规划是今后一段时间大中型水库移民后期扶持工作的重要依据,编制规划是做好大中型水库移民后期扶持工作的基础和关键。

二、规划的指导思想和原则

(一)指导思想

以邓小平理论和“三个代表”重要思想为指导,坚持以人为本,贯彻科学发展观,全面落实国务院 17 号文件精神,从解决水库移民温饱和生产生活突出问题入手,充分尊重移民意愿,完善扶持方式,提高移民直接受益程度,使移民共享改革发展成果,促进农村社会稳定和移民安置区经济社会可持续发展。

(二)规划的基本原则

1. 坚持移民自愿。确定扶持方式和扶持项目,要坚持移民自愿的原则,充分尊重移民意愿,并听取移民村组(自然村)群众意见。

2. 坚持解决温饱问题优先。把解决移民温饱放在首位,兼顾解决移民生产生活突出问题,逐步提高移民生活水平。

3. 坚持开发性移民方针。在国家的帮助和扶持下,动员移民群众自力更生、艰苦创业,合理开发利用资源,增强自我积累、自我发展的能力,增加收入,解决温饱,摆脱贫困。

4. 坚持经济发展与生态保护相结合。既要考虑加快发展生产,又要注重保护生态环境,实现移民安置区生产发展、生活水平提高、生态环境改善。

5. 坚持维护移民安置区社会稳定。在切实维护移民群众合法利益的前提下,统筹兼顾,合理安排和处理好相关群众的问题,促进规划的顺利实施和移民安置区的社会稳定。

三、规划的依据

(一)《大中型水利水电工程建设征地补偿和移民安置条例》(国务院令第 471 号)。

(二)《国务院关于完善大中型水库移民后期扶持政策的意见》(国发〔2006〕17 号)。

(三)《财政部关于印发〈大中型水库移民后期扶持基金征收使用管理暂行办法〉的通知》(财综〔2006〕29 号)。

（四）《财政部关于加强大中型水库移民后期扶持资金管理的通知》（财企〔2006〕202号）。

（五）《国家发展改革委办公厅、水利部办公厅关于印发大中型水库移民后期扶持政策有关配套文件的通知》（发改办农经〔2006〕1249 号）。

（六）经批准的大中型水库移民后期扶持政策实施方案及其配套文件。

（七）移民安置所在县国民经济和社会发展“十一五”及中长期规划。

（八）移民的意愿及移民村组社会经济现状调查资料。

（九）其他相关资料。

四、规划的目标

规划的期限：原则上以不超过 3～5 年为宜。

规划的目标：重点解决水库移民温饱和生产生活突出问题。

规划目标要尽量量化，提出移民人均纯收入的具体指标。有项目扶持的村组（自然村），还要针对扶持的项目提出应达到的具体指标。如土地资源（耕地等）、住房、人畜饮水、农田水利、道路、供电、医疗、教育、生态环境等方面的指标。

五、规划的范围

此次后期扶持范围为大中型水库的农村移民。其中，2006 年 6 月 30 日前搬迁的水库移民为现状人口，2006 年 7 月 1 日以后搬迁的水库移民为原迁人口。

本规划是针对纳入扶持范围的移民每人每年补助 600 元的扶持规划。

采取资金直接发放方式的，规划范围不能超出扶持人口。

采取项目扶持方式的，规划范围原则上限于移民村组（自然村）。

六、规划编制的基础工作

（一）扶持人口核定登记

移民扶持人口核定登记办法和成果。

（二）移民情况调查

1. 移民主要情况及意愿调查。主要包括：土地资源、收入水平及构成、住房条件、对扶持方式的意愿等。

2. 移民所在县及移民村组（自然村）社会经济调查。主要包括：移民所在县及移民村组（自然村）的人口、年人均纯收入水平、土地资源、基础设施状况及存在的主要问题。

七、规划的内容

（一）移民生产生活现状及其评价

1. 移民生产生活现状

（1）移民生活现状。包括移民收入水平、住房状况、交通、人畜饮水、供电、通信和社会事业等。

（2）移民生产现状。包括移民拥有土地资源（数量和质量）、收入来源、产业结构、职业技能水平等。

(3)移民生产生活水平与当地群众的比较。从绝对值和相对值两个方面进行比较分析。

2. 移民生产生活存在的突出问题及原因分析

从自然因素、经济因素、社会因素、政策因素等方面进行分析。

(二)后期扶持方式

1. 后期扶持方式确定的原则和程序。包括工作主体、征求意见的范围、方式及移民群众的主要意愿、听取移民村组(自然村)群众意见的方法。扶持方式的确定,坚持能将移民核定到人的,要尽量将资金直接发给移民个人(以下简称现金直补),也可以实行项目扶持,还可以实行现金直补与项目扶持相结合的方式。

2. 移民和移民村组(自然村)群众对扶持方式的主要意见。

3. 规划移民村组(自然村)的具体后期扶持方式。

4. 后期扶持方式实施的保障措施。

(三)资金直接发放规划

1. 资金发放对象。以移民村组(自然村)为单位,列出扶持户数、人数、扶持对象的个人主要信息资料。

2. 资金发放的依据、程序、方式、标准、年限、时间。

3. 资金发放的效果及其相关影响的分析。

4. 资金发放工作的监督管理措施。

(四)项目扶持规划

1. 项目确定的原则

根据绝大多数移民的意愿,按“先生存、后发展”及“需要与可能相结合”的原则,分轻重缓急具体列出本村组(自然村)存在的突出困难和问题,并分析其存在的原因和对移民生产生活的影响,在此基础上提出规划项目安排意见。

规划项目重点限于移民村组(自然村)、移民群众能直接受益的项目,原则上不安排跨村和移民村组(自然村)以外的项目。特殊情况确实需要安排跨村和移民村组(自然村)以外项目的,应征得相关移民村组(自然村)大多数移民和移民村群众的同意。

规划应尽量避免安排经营性项目,以规避风险。

2. 项目可行性分析

主要包括项目的建设规模、建设条件、主要工程量、投资估算、进度安排、效益分析、环境保护、风险评估、建设主体、运行管理等方面的内容。

投资规模超过50万元(含50万元)的项目,必须根据项目所在行业的规程规范编制可行性研究报告。

(五)规划资金规模

年度投资规模:600元/人×扶持人数。

规划投资总规模:年度投资规模×扶持年限。

采取直接发放资金方式的,要说明直补到人资金数量。采取项目扶持方式的,要提出年度项目计划。

（六）保障措施

1. 明确负责移民工作的管理机构，并提出加强组织和制度建设、完善管理机构、保障工作经费和落实工作责任的具体措施。

2. 明确县、乡两级人民政府在后期扶持政策实施过程中的责任，提出充分发挥移民村级组织作用以及鼓励移民自力更生、艰苦奋斗的措施。

3. 提出开展移民干部培训的工作方案。培训方案应主要包括培训的对象、内容和时间安排。

4. 明确各级政府的移民稳定工作责任和具体工作要求。

5. 提出排查化解库区和移民安置区不稳定因素的工作方案，以及处理突发性事件的应急措施和工作预案。

（七）规划实施效益评价

1. 经济效益评价

实行现金直补的，分析对移民收入水平的直接影响和间接影响。实行项目扶持的，分析项目实施后对移民收入水平和当地经济发展的影响。

2. 社会效益评价

分析规划实施后，对当地社会经济发展和其他相关群众生产生活的影响。

3. 环境效益评价

分析规划项目实施后，对当地生态环境的影响。

八、规划的工作程序及时间安排

规划编制以移民村组（自然村）为单元，由县级人民政府组织编制，经市级人民政府审核后，由省级人民政府负责审批。

规划编制工作应于2006年9月底前完成，省级人民政府于10月份完成各县规划的审批工作，并将各县的规划及批复汇总后报国家发展改革委、财政部、水利部、国务院移民管理机构备案。

附录 3

大中型水库库区和移民安置区基础设施建设和经济发展规划编制工作大纲

根据《国务院关于完善大中型水库移民后期扶持政策的意见》（国发〔2006〕17 号）（以下简称国务院 17 号文件）、《国家发展改革委关于印发全国水库移民后期扶持政策部际联席会议成员单位职责分工的通知》（发改农经〔2006〕1446 号）精神，为做好大中型水库库区和移民安置区基础设施建设和经济发展规划（以下简称规划）的编制工作，特制定本大纲。

一、规划的指导思想和原则

（一）指导思想

以邓小平理论和“三个代表”重要思想为指导，坚持以人为本，贯彻科学发展观，全面落实国务院 17 号文件精神，按照开发性移民方针的要求，在解决水库移民温饱问题的基础上，结合社会主义新农村建设和全面建设小康社会要求，整合各方力量，加大投入力度。逐步改善库区和移民安置区生产生活条件，不断提高移民收入水平，建立库区和移民安置区社会稳定长效机制，促进经济社会可持续发展。

（二）基本原则

1. 坚持突出重点，统筹兼顾，村组直接受益，优先解决移民群众生产生活中的突出问题，加强基础设施建设、社会事业发展，促进库区和移民安置区全面发展。

2. 坚持从实际出发，因地制宜，根据各地实际情况，在分析需要与可能的基础上，合理确定发展目标，科学规划，协调发展。

3. 坚持以人为本，体现移民意愿，切实维护移民村群众在规划编制和实施中的知情权、参与权和监督权。

4. 坚持开发性移民方针，增强移民村群众自我发展能力，在国家的帮扶下，动员移民村群众自力更生、艰苦创业，合理开发利用资源，增强自我积累、自我发展的能力。

5. 坚持保护生态环境，节约利用土地，严格保护耕地的方针，按照建设资源节约型社会的要求，促进人与自然和谐，实现经济发展与人口、资源、环境相协调和社会经济可持续发展。

6. 坚持与区域经济发展规划相结合，在本地区经济社会发展规划的基础上，制定本规划，加快库区和移民安置区经济社会的发展速度。

二、规划目标

（一）规划水平年

2006 年为规划基准年，近期规划水平年为 2010 年，中长期规划水平年为 2020 年，远期规划水平年为 2026 年。

（二）规划目标

1. 近期目标：通过加大投入，解决制约库区和移民安置区经济发展的突出问题，使库区和移民安置区的经济社会发展基本达到当地“十一五”末的平均水平。

（1）基本建成能满足移民粮食自给的旱涝保收农田，南方有条件的地区达到人均0.5亩以上、北方争取人均1亩以上的基本口粮田。

（2）基本实现移民村群众饮水安全。

（3）行政村通公路，并基本解决村组内的交通问题。

（4）村（组）通电，基本实现移民村群众户户通电。

（5）行政村有卫生室。

（6）解决义务教育阶段移民村群众子女上学问题。

（7）争取每户有1个以上劳动力接受劳务输出技能培训或农业实用技术培训。

（8）基本实现行政村通广播电视、通电话。

（9）移民村群众生存条件明显好转，库区和移民安置区的生态环境有所改善。

2. 中长期目标：结合建设社会主义新农村和全面建设小康社会的要求，进一步加强库区和移民安置区基础设施和生态环境建设。

3. 远期规划目标：移民村生活水平达到当地农村平均水平，实现库区和移民安置区的经济社会与当地农村同步发展。

三、规划编制的依据

（一）《大中型水利水电工程建设征地补偿和移民安置条例》（国务院令第471号）。

（二）《国务院关于完善大中型水库移民后期扶持政策的意见》（国发〔2006〕17号）。

（三）《财政部关于印发〈大中型水库移民后期扶持基金征收使用管理暂行办法〉的通知》（财综〔2006〕29号）。

（四）《国家发展改革委办公厅、水利部办公厅关于印发大中型水库移民后期扶持政策有关配套文件的通知》（发改办农经〔2006〕1249号）。

（五）经批准的大中型水库移民后期扶持规划。

（六）库区和移民安置区所在县国民经济和社会发展“十一五”规划、中长期规划及相关专项规划。

（七）村（组）的经济社会现状调查资料。

（八）有关行业的规程、规范及其他相关资料。

四、规划范围

规划的范围为大中型水库库区和农村的移民安置区。

五、规划的基础工作

（一）基本资料收集

可供移民村开发利用的各种资源（储量、质量和分布）、开发利用现状、开发条件、发展规划、环境状况等资料；

库区和移民安置区所在县行政区划图，当地国民经济和社会发展“十一五”规划以及农业、水利、电力、交通、卫生、教育、生态建设、国土资源、环境保护、通信、扶贫等部门专项规划；

库区和移民安置区 2006 年农村人均纯收入资料；

库区及移民安置区 2006 年主要农副产品、建材、运输价格和人工工资等资料，有关工程定额和取费标准；

历年来水库移民问题处理情况。

（二）基本情况调查

以村（组）为基本单元对库区和移民安置区生产生活现状以及存在的主要问题进行调查。

1. 移民村群众生产、生活现状。包括农田水利设施、人畜饮水、道路、供电、通信条件和社会事业状况，以及移民村群众拥有土地资源、收入构成、收入水平和职业技能水平等方面的情况。

2. 存在的主要问题及从自然因素、经济因素、社会因素、政策因素等方面对其进行原因分析。

3. 移民村群众对扶持项目的意愿。包括移民村群众意愿的调查方法和调查成果。

以上资料可充分利用《大中型水库移民后期扶持规划》的原有成果。

六、规划任务及主要内容

（一）任务

规划主要任务是解决库区和移民安置区长远发展问题，重点是加强基本口粮田建设及配套水利设施建设，加强交通、供电、通信和社会事业等方面的基础设施建设，加强生态建设、环境保护，加强移民村群众劳动力就业技能培训和职业教育，发展使移民村群众能够直接受益的生产开发项目。

项目确定时，要切实维护移民村群众的知情权、参与权和监督权，在规划报告中要说明移民村群众在规划编制过程中的参与情况和主要意愿。

中央直属水库移民遗留问题处理 2002～2007 年规划中未完工及未实施的项目，可优先纳入本规划逐步解决。

（二）主要内容

1. 基本口粮田建设及水利设施配套项目规划

在落实耕地和基本农田保护各项措施的前提下，拟定土地整理、开发、中低产田改造及农田水利配套设施项目，发展农产品生产基地建设，计算主要工程量，估算工程投资并提出资金筹措方案，说明移民村群众受益情况。

2. 农村饮水安全、农村沼气、交通、供电、通信和社会事业等基础设施项目规划

对人畜饮水存在困难或饮水安全没有达标的村（组），可规划必要的水源开发、引水、供水、改水等项目。

对于适宜发展沼气的村（组），可规划建设农村沼气项目。

村（组）内交通条件差的，可规划村（组）内道路整治项目及其他必要的交通设施；对

不通公路的行政村,可规划公路建设、道路改造等项目。

对无电地区应规划必要的输、供电设施,对农村电网进行完善。

社会事业方面,对文化、教育设施不完善或条件较差的行政村,可规划必要的校舍、文化站等文化教育设施;对医疗卫生条件较差的行政村,可规划卫生室项目;对不通电话、电视的村(组),可规划必要的通信广播设施。

以上项目要结合现有专项规划,按照有关规程、规范设计,计算主要工程量,估算工程投资并提出资金筹措方案,说明移民受益情况。

3. 生态建设及环境保护规划

对库区和移民安置区需要进行生态环境保护的地方,可规划生态环境保护项目,重点包括库区塌岸、浸没影响、淤积、水土流失等问题的处理。提出处理方案,计算主要工程量,明确资金筹措方案,说明项目区生态环境改善情况。

4. 劳动力技能培训和职业教育规划

根据移民村劳动力状况,结合劳动力市场需求和输出情况,规划实用技术、职业技能培训和职业教育项目,说明培训内容、范围、费用、移民受益及劳动力转移情况等。

5. 生产开发项目规划

生产开发项目规划应根据区域经济发展、产业布局和市场需求,充分利用库区和移民安置区资源,在尊重移民村群众意愿的基础上,对移民村群众直接受益的种植业、畜牧业、渔业和加工业、服务业等项目进行合理的规划。提出扶持方向、扶持方式、投资估算、市场与效益(包括移民增收)分析。

对于移民村群众受益范围广、市场前景好、效益突出的龙头企业项目可以进行适当扶持,但是要明确这类项目的产权组成和经营管理方式。

以上各类项目要根据所在行业的有关规定编制相应的技术文件。

七、规划投资规模及筹措方案

对规划项目投资进行汇总,估算规划所需的投资总规模,提出分年度投资计划。根据实际情况提出切实可行的资金筹措方案,并提出政府性资金(包括预算内投资、国债资金、扶贫资金、农业综合开发资金)、各类建设基金、专项资金等和其他资金的投入额度。

八、规划实施效益分析

针对各个项目实施的效果,总体分析规划目标实现程度。

(一)经济效益分析

分析规划实施后,对移民村群众收入水平和当地经济发展的影响。

(二)社会效益分析

分析规划实施后,对移民村群众生产生活水平和当地经济社会发展的影响。

(三)环境效益分析

分析规划项目实施后,对当地移民村群众生存条件及生态环境的影响。

九、规划实施的保障措施

(一)明确规划实施管理工作的组织领导机构,提出各级机构的工作职责和管理权限。提出为保障规划顺利实施拟制定的规章制度名称及主要内容。

(二)落实规划实施管理工作的机构经费和工作经费;提出落实资金筹措方案中地方配套资金的措施。

(三)明确监督监管机制,提出移民监督、行政监管、监测评估的主要内容。

十、规划编报程序及有关要求

规划是确保库区和移民安置区长期发展与稳定的又一项重要基础工作,各地区、各有关部门要高度重视本次规划的作用和意义,进一步统一思想,提高认识,加强领导,明确责任,周密部署,精心组织,确保规划的编制和实施落到实处。

规划编报工作分为各省(自治区、直辖市)大中型水库库区和移民安置区基础设施建设和经济发展规划纲要(以下简称规划纲要)、各县(市、区)大中型水库库区和移民安置区基础设施建设和经济发展规划两部分。

规划编制工作大纲是指导各省(自治区、直辖市)编制规划纲要和县(市、区)政府编制规划的重要文件,经有关部门同意后,由水利部下发各省(自治区、直辖市)人民政府,指导规划编制工作。

规划纲要是各省(自治区、直辖市)结合本地区实际,全面落实国务院 17 号文件,促进库区和移民安置区基础设施建设和经济社会发展的纲领性文件。规划纲要由省级人民政府组织编制,于 2007 年 8 月底前报全国水库移民后期扶持政策部际联席会议审批。《规划纲要》应结合饮水安全、农村沼气和乡村道路等已有的和正在编制的“十一五”专项规划,统筹考虑需要与资金的可能。规划纲要编制具体要求见《大中型水库库区和移民安置区基础设施建设和经济发展规划纲要编制指导意见》(见附件)。

大中型水库库区和移民安置区基础设施建设和经济发展规划由县级人民政府组织编制,省级人民政府按照批准的规划纲要进行审批。规划编制以库区和移民安置区的村(组)为基本单元,要与县域经济发展五年规划相衔接,原则上每五年编制一次。

附件 《大中型水库库区和移民安置区基础设施建设和经济发展规划纲要》编制指导意见

《大中型水库库区和移民安置区基础设施建设和经济发展规划纲要》(以下简称《规划纲要》)是各省(自治区、直辖市)结合本地区实际,全面落实国务院17号文件,促进库区和移民安置区基础设施建设和经济社会发展的纲领性文件。《规划纲要》由省级人民政府负责编制,报全国水库移民后期扶持政策部际联席会议审批。为确保《规划纲要》的质量,现就《规划纲要》的编制工作提出以下意见:

一、规划范围

《规划纲要》的范围为大中型水库库区和农村的移民安置区。要阐述大中型水库移民现状,主要说明水库数量、移民人数及其分布情况、生产生活现状。明确说明规划实际覆盖的移民安置县(市、区)、村(组)的数量、受益人口。

二、库区和移民安置区存在的主要问题

阐述当前大中型水库库区和移民安置区存在的主要问题。从基础设施、社会事业、生产生活条件和收入水平等方面分析移民村群众存在的问题;分析制约库区和移民安置区经济社会发展的主要因素和关键问题。

三、指导思想、原则和目标

根据规划编制工作大纲的要求,结合本省的实际情况,提出规划纲要的指导思想和原则。明确规划的基准年和水平年,提出不同水平年的具体发展目标。

四、规划任务

要根据库区和移民安置区存在的问题,提出切实可行的措施。项目扶持要切实尊重移民村群众的意愿,在规划纲要中要说明确保群众的知情权、参与权和监督权的原则和程序。

(一)解决基础设施建设问题的措施

结合已有的和正在编制的“十一五”专项规划,以及政府性资金、后期扶持结余资金、调整完善后的库区维护基金、社会捐助和对口扶持等投资渠道,提出解决库区和移民安置区基础设施建设问题的措施,并分析解决实施后的效果。

(二)解决经济发展问题的措施

结合已有的和正在编制的“十一五”专项规划,以及后期扶持资金结余、调整完善后的库区维护基金和政府性资金等投资渠道,明确提出解决移民基本口粮田及其配套水利设施、就业技能和实用技术培训、生产开发项目等方面的措施并分析解决实施后的效果。

五、投资规模及资金筹措

根据需要和可能,估算规划的投资总规模,提出资金筹措方案。

六、规划工作的保障措施

明确规划工作的组织领导机构，提出各级机构的工作职责和管理权限。提出为保障规划顺利实施拟制定的规章制度名称及主要内容。

落实规划工作的机构经费和工作经费；提出落实资金筹措方案中地方配套资金的措施。

明确监督监管机制，提出移民监督、行政监管、监测评估的主要内容。

参 考 文 献

[1] 徐乘,刘伟平,唐贵忠,等．水利水电工程移民监督评估[M]．郑州:黄河水利出版社,2008.

[2] 杨建设．水利水电工程移民监理[M]．北京:中国水利水电出版社,2007.

[3] 李文义．水利水电工程移民监测评估[M]．北京:中国水利水电出版社,2007.

[4] 张绍山．水利水电工程移民政策法规[M]．北京:中国水利水电出版社,2007.

[5] 陈文晖．工程项目后评价[M]．北京:中国经济出版社,2009.

[6] 廖蔚．水库移民经济论[M]．北京:中国财政经济出版社,2005.

[7] 施祖留．水利水电工程移民管理研究[M].上海:上海科学院出版社,2007.

[8] 戚安邦．项目评估学[M]．天津:南开大学出版社,2006.

[9] 胡宝柱,郭书英．水库移民监测评估指标体系[J]．海河水利,2001(5).

[10] 苗立峰．论有效开展移民监测评估的作用及相关建议[J]．水利规划与设计,2008(3).

[11] 李军朝,吴应真．三峡水库农村移民社会经济监测评价体系研究[J]．水利水电快报,2007(12).

[12] 孙永正．管理学[M]．北京:清华大学出版社,2003.

[13] 余文学,李波．新时期移民工作的政策保障[J]．中国农村水利水电,2008(4).

[14] 程守玉．水库移民后期扶持工作的几个鲜明特点[J]．黑龙江水利科技,2008(4).